親職教育與親師合作
家庭與學校夥伴關係

張民杰　著

五南圖書出版公司 印行

推薦序

　　我們都來自於家庭，雖然在社會上工作，但也勢必回歸到家庭。家庭對我們的影響之深，不言而喻，因此，我們有必要對家庭與教育作深入了解。親子教養對我們學習和成長的影響至鉅，學校親職教育的重要性也因之與日俱增。隨著社會發展的日趨複雜及知識的爆增，國人教育程度隨之提升，父母對子女的關心也更應逐漸增加，尤其在家長教育選擇權的提倡下，家長參與學校事務已成為學校辦學的重要項目，也是學校教育成功與否的重要指標。

　　不論在國家層級、地方層級、學校層級、或班級層級的家長參與，都需要更多人的關心。其相關觀點的論述、理論的整理及實務的解析，都需要更加深入的研究。相對於教師是教育的專家，家長是孩子的專家，彼此如能成為密切的合作夥伴，一起關心和探討研究，相信成果會更加豐碩，教育也才能竟其功。

　　張民杰教授在師資培育領域鑽研甚深，他從班級經營出發，漸漸擴展到親職教育與親師合作的研究。廣泛地蒐集親職教育、家長參與、親師溝通的相關理論、教育領域和學校現場的實務現況，以及多年累積研究而來的案例，綜合寫成這本著作，對中小學教育階段的家庭學校關係：親職教育與親師合作等層面，作深入的論述，內容豐富，深入淺出。

　　本書的出版，相信能為有志成為教師的師資生、現職中小學教師，為人父母者、或身為家長的教育夥伴們，提供很有價值的參考。有學生，才會有教師，這是教師和學校存在的必要條件；而沒有家長，也就沒有孩子、沒有學生。因此，家庭與學校的親師合作，是中小學教育成功的必要道路，期待大家同心協力，共同為培育下一代而努力。

國立臺灣師範大學教育系名譽教授

謝文全 謹識

自 序

緣起

 2019 年臺灣的出生人口和死亡人口相近並出現交叉，而 2020 年以後，出生人口數已少於死亡人數，少子女化的情形漸趨明顯。據統計，小一學生數分布將從 111 學年，17.9 萬人，每年少幾千人，到 117 學年，僅存 14.5 萬人，依目前數據顯示，未來出生人數可能再減，整個教育產業將受到很大衝擊。在少子女化的年代，如何帶好每一位學生，顯得更加重要，而家庭與學校、家長與教師的家校關係、親師關係，將更顯得必要和重要。

 以往家庭學校關係，親職教育與親師合作在幼兒園和小學較為強調，而師資職前教育課程，如果開設此類課程，也大部分會在幼兒園和小學師資類科，較少在中等學校師資職前教育課程。本書主要即針對中學的親職教育與親師合作而撰寫，不過進一步如果對照現有的幼兒和小學的親職教育書籍，本書應該也有延伸學習的效果，畢竟孩子／學生的身心發展雖然有階段之分，但是連續的，如果能夠把時間拉長來看，可能會有更完整和周延的理念和實踐。

 作者 20 多年來，開設班級經營，深知親師關係的重要，因此在拙著《班級經營：學說與案例應用》就開始有親師關係的專章討論。2020 年開設「親職教育與親師合作課程」，發現國內師資培育大學，中等學校師資職前教育，很少有此類課程，因此更加感受有責任著作專書，提供有興趣的人士參考。

 由於現代家庭結構有很大的變化，親職教育不但重要，而且增加許多挑戰。本書透過理論與實務的結合，以「家長參與」（parent involvement）的角度，幫助讀者建構親職教育的意義與價值，認識重要理論與實務作為、了解家長的教育參與權利和教育法規，並培養親師合作的成功策略，以建構提升有意義家長參與的方案，促進親師生共好、共學的多方成長。

親職教育與親師合作漸受重視

斯賓塞（H. Spencer, 1820-1903）主張教育的目的是為將來完美生活做準備的活動。完美生活至少包括以下五大內涵：1. 直接有助於自我保全的活動；2. 從獲得生活必需品而間接有助於自我保全的活動；3. 目的在撫養和教育子女的活動；4. 與維持正常的社會和政治關係有關的活動；5. 在生活中的閒暇時間用於滿足愛好和感情的各種活動。其中第 3 項跟家庭教育，父母的親職教育、親子教養，家長和學校及教師的親師合作有關，足見其對完美生活的重要性。

美國教育測驗服務社（Educational Testing Service, ETS）提出培育師資的 20 項高槓桿實務（high-leverage practices）（Martin-Raugh, et al., 2016），以及美國密西根州教育廳（Department of Education, Michigan）提出的 19 項核心教學實務（core teaching practice），其中都有：「與學生家長或監護人對話」及「了解學生的文化、家庭、知識及個人經驗和資源」這兩項實務。國內對於中小學教師的核心素養，也都會把親師溝通列入（吳清山，2013；施宜煌，2017）。足見國內、外對家校與親師關係的重視。學生的經驗大部分來自於家庭，年齡愈小的學生愈是如此，因此要建立學校與家庭關係的先決條件，就是要了解學生的家庭。修正的《民法》第 12 條：「滿 18 歲為成年。」《民法》總則施行法第 3 條之 1：「中華民國 109 年 12 月 25 日修正之民法第 12 條及第 13 條，自 112 年 1 月 1 日施行。」因此從 112 年 1 月 1 日，滿 18 歲就是成年，父母對於成年之子女，就無保護、撫養之義務。而中小學生絕大部分都在 18 歲以下，更設定了中小學家長參與的關鍵，這階段之前，家長就要能讓子女獨立自主，成年後子女就要完全為自己負責。

感謝過去六個學期修課的同學，讓我備課、教學和議課的結果對親職教育與親師合作這門課的教材和教法有更深刻的體會和認識。詢問學生過往求學過程有沒有父母親和教師親師溝通的經驗，剛開始的幾學期，大學生的回答通常沒有，有的話，大概是國小的經驗，然而最近幾學期，同學的回答逐漸增加，以最近一次而言，50 位學生，只有 3 位填無，3 位填沒有觀察到父母和教師有親師溝通，1 位舉出國小經驗，而其他 43 位同學都能舉出在國中和高中階段，父母或家長和教師的親師溝通事件和經歷，此現象可解讀為中學親師間的溝通互動有增加趨勢。剛開始上這門課的第一節，開宗明義常常跟學生說：要當老師，一定要來修這門課，因為親師關係、親師溝通與親師合作，會伴隨我們的教書生涯；後來會再增加說詞：修了這門課對以後當父母親有很大的用處；到了現在，又會跟學生增加說明：修了這

門課，可以讓大家更認識自己，了解自己在家庭、學校所在的位置和角色，提升自己的人際關係與溝通品質。這三段逐漸增加的說詞，說明我對這門課的價值有深刻感受。

本書章節架構與理念特色

本書《親職教育與親師合作：家庭與學校夥伴關係》（Parenting education and parent-teacher cooperation: Family and school partnership）分為 3 大篇、10 個章節：

第 1 篇親職教育，描述家庭意涵的變遷、親職教育的內涵、各種親職教育理論與應用，包括：古典的心理學理論、生態系統理論、家庭系統理論。親子教養與親子互動，描述親子教養類型、親子的溝通互動，特別運用 A. Adler 學派溫和而堅定的溝通、T. Gordon 父母效能訓練，以及 C. Dweck 成長型心態的溝通方式，並論述親子教養議題、多元家庭與教養及親子互動。

第 2 篇家長參與，探討家長參與的意涵與美國、臺灣家長參與的歷史沿革、相關法規，家長參與的理論基礎，包括：影響重疊範圍理論、資本理論、多元文化理論，並分析家長參與模式與衡量指標、家長參與效果與障礙，並討論共育網絡的建立。

第 3 篇親師關係，主要描述人際關係與溝通的原理、家長與教師的背景觀點與權利義務、親師溝通網絡、親師溝通策略，溝通障礙與效果評估、親師合作促進、及親師衝突因應。

本書的理念有四：1. 家庭與學校、家長和教師是合作的夥伴關係，而不是對立的關係。2. 親師應該秉持豐富的模式（enriched model），相互協助與欣賞，促進孩子成長，而不是缺陷模式（deficient model），相互指責。3. 親師應該彼此同理與尊重，而不是過度干涉或糾結。4. 提高認知層次，重視提問和討論，而不在於知識或概念的堆積。AI 時代，網際網路資訊容易取得，因此系統知識、問題關鍵、實務經驗、練習實踐，才是本書重要的內涵與提示，本書內容也呼應潮流，許多論述也跟 ChatGPT4o 討論過，做了修飾和調整，而本書提供的案例，基本上也不提供答案，讀者可以從書中內涵找到作者想法，讀者也可以運用 AI 詢問，腦力激盪，獲得多元觀點，找到問題解決關鍵。

而本書有何特色呢？本書每一章，包括：1. 每章開頭有本章的學習目標，以利讀者了解研讀本章後，可以達成的學習目標。2. 每節結尾有問題討論或實務演練，以利課堂上問題討論或模擬演練。3. 實例與經驗：本書在行文過程，會適時舉出實例或真實案例，藉以檢證或結合書中提到的理論，以利讀者閱讀或課堂上討論運用。

結語

　　有詩一首以明志：「少子化過程在走、親師的溝通要有、家校合作屬關鍵、親職教育成必修。參與合作有理由，冷漠衝突找源頭、親師關係聯繫好、教學生涯樂悠遊。」從事教職，因為有家長的參與，而豐富精彩，它突破了教育人員的同溫層，讓我們看到周遭不同的人事物。老師要認識自己、賞識孩子、接納家長，傾聽、同理、尊重、信任，感謝家長來到我們生命中，帶來的人事物豐富我們的生活閱歷與人生體驗。

　　本書得以完成付梓，要感謝五南圖書出版公司長期鼎力支持教育領域的論著出版，更要感謝黃文瓊副總編輯及李敏華編輯等多位夥伴的協助，才有本書的出版，在此表達由衷感謝之意。

　　最後，由於親職教育、家長參與和親師溝通的理論與實務浩瀚無涯，加上作者才疏學淺，涉略有限，本書宛如滄海一粟，只博諸君會心一笑，花點時間瀏覽參看，諸多疏漏訛誤之處，尚祈方家，不吝指正。

國立臺灣師範大學師資培育學院教授

張民杰

目 次

第 2 篇　家長參與

第 3 篇　親師關係

圖目次

表目次

案例目次

第 **1** 篇

親職教育

核心家庭

第 **1** 章

家庭與親職教育

在全球化與資訊化的浪潮下，現代家庭結構與親職教育經歷了深刻的變遷。家庭的意涵從傳統以血緣關係為基礎的單位，轉變為以情感支持為要素的單位，而家庭類型、生命週期的多元化與成年初顯期的出現，也帶來了新的景象和挑戰。隨著性別角色的重新定義，親職教育不管對父或母而言，其重要性愈加凸顯，旨在提升家長或父母教養孩子的能力，促進家庭和諧，並支持子女的健康發展。而這些變遷也反映出社會對家庭功能的再認識，以及更全面性的教育資源支持家庭教育。

本章的學習目標

研讀本章，可以達成以下學習目標：

G1.1.1　能說出家庭意涵的變遷。
G1.1.2　能了解多樣的家庭類型，重新省思家庭生命週期。
G1.1.3　能了解成年初顯期的意義和現象。
G1.1.4　能區辨家庭功能與有功能的家庭，及社會變遷過程家庭最主要功能。
G1.1.5　能體會父母親職角色的轉變。
G1.2.1　能了解家長的定義與親職教育的意義。
G1.2.2　能熟悉親職教育的內容。
G1.2.3　能了解親職教育的重要性。
G1.2.4　能了解國內家庭教育相關法規及團體提供的家庭教育資源。

1.1 家庭意涵的變遷

　　家庭變遷指的是家庭結構的變化（changes in family structure），從傳統大家庭到核心家庭、單親家庭增加、重組家庭出現。婚姻模式的變化，結婚年齡推遲、未婚同居增加、離婚率上升。生育模式的變化，少子女化、晚生。性別角色的變化，雙收入家庭增加，性別平等意識提高、多元化家庭的出現等。以下從家庭意涵的變遷、家庭類型與生命週期、家庭的功能與有功能的家庭、父母親職角色的改變，加以說明。

1.1.1 家庭意涵的變遷

　　由於現代社會變化快速，家庭的意涵也隨著有所變遷。以下從傳統觀點和現代觀點來看家庭意涵的變遷。

一、傳統觀點

　　《民法》第 1122 條：「稱家者，謂以永久共同生活為目的而同居之親屬團體」，家庭的傳統觀點是由一群人藉著婚姻、血緣或收養（adoption）關係而緊密結合，生活在同一個建築物內，並依照相關角色彼此親密互動與溝通，共同創造和維持生活所需與共有的組織次文化或特色的團體。

二、現代觀點

　　現代對於家庭給予較自由、彈性而寬廣的界定，不再侷限於合法的婚姻、血緣或收養關係。強調家庭成員間共同生活、相互依存的經濟關係、彼此承諾長期相互照顧者，即可被視為一個家庭。《民法》第 1123 條第3 項：「雖非親屬，而以永久共同生活為目的同居一家者，視為家屬」，即依此觀點而訂定。因此只要以永久共同生活為目的居住在一起，即可構

成家庭，無論是否有血緣、親屬或收養關係。

1.1.2 家庭類型與生命週期

一、多樣的家庭類型

　　由於家庭意涵的變遷，也讓家庭的類型有了多樣的型態，傳統家庭可能包括：祖父母、父母和子女等直系血親外，還有叔伯姑嫂等旁系血親，然而這樣的家庭已經是少數了，父母和子女構成的核心家庭慢慢成為主流，然而還包括：隔代家庭、雙生涯家庭、單親家庭、重組家庭、收養/寄養家庭、同居家庭、單身者家庭等等，多元成家的觀念也逐漸形成（黃迺毓等人，2001：20-40）。而且這些家庭類型的數量與比率，也在變化中，例如：傳統家庭急遽減少，重組家庭也有增加的趨勢等。然而對於家庭類型的多樣化，教師更應該要留意自己的刻板印象（stereotypes），以為單親家庭就比較無力教養孩子等，如此反而會忽視學生行為影響的複雜因素，造成親師合作的阻礙。

二、家庭生命週期

　　家庭生命週期（family life circle）又稱為家庭生命生涯（family life career），指的是每個家庭都經歷了某些可預期的階段（Turnbull, 2013/2011:4-3），然而隨著家庭類型的多樣化，也逐漸呈現不同樣貌。核心家庭可以有以下 8 個階段：第 1 階段：新婚夫妻（married couple）、第 2 階段：養育孩子的家庭（childbearing family）、第 3 階段：學齡前孩子的家庭（preschool children family）、第 4 階段：學齡孩子的家庭（school children family）、第 5 階段：青少年的家庭（teenagers）、第 6 階段：孩子均已成年且離家的家庭（launching family）、第 7 階段：中年父母的家庭（middle-aged parents）、第 8 階段：老年的家庭（aging family members）。然而以現代的家庭言之，任何人可能在不同的年齡階段，只要是以永久共同生活為目的，就可能組成家庭，不以養兒育女作為家庭的生命週期，因此可能回歸為相似於青年、中年、老年等個人生命週期的家庭生命週期。而在這些家庭生命週期中，家有幼兒、學齡兒童時，是家庭與學校最需要相互溝通、互相成為合作夥伴的階段。

三、成年初顯期的出現

依據內政部 111 年人口統計資料顯示，國人平均初婚年齡再度升高，男性為 32.6 歲，女性為 30.7 歲，相較 110 年增加 0.3 歲。而女性生育第 1 胎的平均年齡為 31.43 歲，35 歲以上者占 32.44% 也有提升，顯示國人生育年齡普遍延後，而這也是先進國家普遍的現象。所以 Arnett（2000）提出 18-25 歲「成年初顯期」（emerging adulthood）來說明現代社會年輕人在度過青少年期，但還沒有正式進入成年人期間的過渡階段。

Arnett（2004）發現處於成年初顯期的年輕人，雖已達成人的年齡標準，卻感覺自己介於青少年與成人之間（feeling in between）、知覺到很強的不穩定性（instability）、花很多心力做認同探索（identity exploration）、自我關注（self-focused）程度高，同時充滿可能性（possibilities）。也因為如此，初婚或女性生育第 1 胎的年齡往後延，而為人父母的年齡相較上一代的父母要高。如此可能讓父母教養子女的能力提升，育兒態度也較為正向和穩定。但父母的生理狀態因年齡較大，是否影響胎兒，也需要評估和探究。而隨著人類平均壽命的增加，人口的高齡化以及少子女化，也勢必影響家庭的類型以及家庭生命週期。

1.1.3 家庭的功能與有功能的家庭

家庭具備很多功能，以下條列 7 項，但是有些家庭有功能，有些家庭卻是失功能的，各自呈現許多特徵：

一、家庭的功能

　　家庭功能因時代和社會不同而有所不同，從傳統上家庭有以下 7 項功能：1. 經濟的功能、2. 保護的功能、3. 娛樂的功能、4. 宗教的功能、5. 教育的功能、6. 生育的功能、7. 情愛的功能。由於社會變遷，專業分化和複雜化，在這些功能中，對孩子而言，最受看重的是兒童保護的功能和教育的功能（黃迺毓等人，2001）。

二、有功能的家庭

　　Marxen 與 Fuller（2008）認為有功能的家庭，或多或少有以下 16 個特徵：溝通和傾聽、肯定和支持其他家人、教導互相尊重、發展信任感、遊戲和幽默感、展現對責任的分擔、教導是非觀念、有強大的家庭儀式和傳統、家庭成員均衡的互動、分享宗教核心精神、尊重家人隱私、重視為家人服務、擁有家庭時間表和對話、分享休閒時間、體認和尋求問題的協助，此外，家庭生活會有樂趣，是生活的享受（Marxen & Fuller, 2008）。

　　相對地，失功能的家庭也會有一些特徵，例如：缺乏對他人親密感的信任，低自尊，過度自我批判、過度罪惡感，失去擁有樂趣的能力，經常充滿憤怒、憎惡與悲傷，過於嚴肅而無法自我解嘲。羞恥感，認為本該如此，不值得較好的對待，除非有正向的介入，否則可能離開失功能家庭後，羞恥感仍伴隨其成長，成為失功能家庭痛苦的父母（Marxen & Fuller, 2008）。

1.1.4 父母親職角色的改變

　　臺灣是華人文化傳統的社會，然而受到以美國為主的西方文化影響，加上政治民主、經濟自由，因此傳統「父養家，母持家」的刻板角色形象已經有所改變。現代的父母親被期待為彼此合作，共同分擔家庭與職

業的雙重角色。而在父母親職的角色職責、父母對子女管教態度，也應有所轉變。

一、父母親職的角色職責

　　現代父母親職的角色，變得更重視子女的自主行為、試著去了解子女和自己、承認自己和子女的個別性、提高子女為自己行為負責。父母會培養子女獨立自主、滿足子女情感的需求、鼓勵子女的社會發展、促進子女的智力發展、提供較豐富的環境、照顧個別孩子發展的需求等。

二、父母對子女的管教態度

　　過去強調長幼有序、尊卑有別的威權式人際關係，轉變為彼此尊重、各自平等的民主式關係。為人父母要擴展自己的生活觸角，多去了解孩子日常生活經常接觸的事物，科技快速變遷時代甚至轉而要向孩子學習，才能對孩子有適度和正確的引導，彼此互相學習和影響，父母對子女的管教態度要更具民主和開放性。

本節問題討論或實務演練

Q1.1.1	家庭的意涵和結構有何改變呢？
Q1.1.2	如果獨居，算不算家庭呢？
Q1.1.3	你對家庭生命週期的看法如何？有受到家庭意涵變遷的影響嗎？
Q1.1.4	成年初顯期有顯現在你周遭的家人或朋友嗎？
Q1.1.5	家庭有哪些功能？哪些功能已日漸式微？
Q1.1.6	可否談談你原生家庭的特徵為何？
Q1.1.7	父母親職角色有哪些變遷（異和同）？

1.2 親職教育的內涵

在當今多元化的社會中，家長與親職扮演著至關重要的角色。本節探討了家長及親職教育的定義、親職教育的重要性，並深入分析親職教育的內容和資源，旨在幫助家長及教育工作者提升教育知能，促進子女的健康成長和學業進步。

1.2.1 家長與親職教育的意義

隨著家長定義的改變，親職教育的對象已不限於父母或監護人，實際照顧者、或將成為上述三類角色者，都需要學習親職教育。

一、家長的定義

家長（parent），依據《民法》第 6 章第 1123 條規定：「家置家長。同家之人，除家長外，均為家屬。雖非親屬，而以永久共同生活為目的同居一家者，視為家屬。」第 1124 條規定：「家長由親屬團體中推定之；無推定時，以家中之最尊輩者為之；尊輩同者，以年長者為之；最尊或最長者不能或不願管理家務時，由其指定家屬一人代理之。」

而《國民教育階段家長參與學校教育事務辦法》第 2 條則稱：「本辦法所稱家長，指國民教育階段學生之父母、養父母或監護人。」雖然修法方向未來擬加入家庭主要照顧者，但是因為主要照顧者認定不易，因此尚未正式修訂條文。然而同年《特殊教育法》修法後在第 24 條第 1 項規定，對學生與幼兒鑑定、安置、輔導及支持服務如有爭議，及第 2 項規定之懲處，得由學生或幼兒之法定代理人、實際照顧者代為提起申訴，以符應實際情形。這是對家長定義的擴大，因應實際情形及多元家庭的需要。

然而我們教育人員所稱之家長，有時是泛稱其親屬，包括：其祖父

母、叔伯姑嬸姨舅、較年長的兄姊等，而且加上家庭變遷，家庭組成的改變，甚而也有非親屬的家屬照顧者（張民杰，2021），因此也可以廣義地把家長包含扮演主要照顧者或家長角色的那些人，親生父母、親戚、養父母或無親屬關係的照顧者（Berger & Riojas-Cortez, 2019/2022）。所以說家長可以是最狹義的一家只有 1 位，到父母或監護人 2 位，或廣義的泛指共同居住的家屬，均可稱之。

二、親職教育的意義

親職教育（parenting education，或稱為 parent education），依據《家庭教育法施行細則》第 2 條規定：「親職教育：指增進父母或監護人了解應盡職責與教養子女或被監護人知能之教育活動及服務。」親職教育是家庭教育的一部分，家庭教育還包括：子職、性別、婚姻、失親、倫理、資源管理、多元文化、情緒、人口等教育。換句話說，親職教育是家庭教育很重要的一部分，就是針對為人父母、或將為人父母，並隨著家長定義的改變，還有監護人、實際照顧者，或將成為上述角色者，提供子女或受照顧者成長、適應與發展有關的知識，增強其教養知能的教育。

1.2.2 親職教育的重要性

父母可說是孩子的第一任老師（王夢萍，2007）。而父母和孩子的互動是相對的，親職教育配合的就是子職教育。

一、父母是孩子的第一任老師

孩童在家的時間最為長久，父母可說是孩子的第一任老師，倘若沒有適當的親職教育，則其身心無法健全成長。親職教育可以培養父母懂得有利於人格成長的教養方式，對家庭中的子女在人格、學業和行為上，有深遠的影響。雖然目前社會上家庭結構產生許多多元的變化，但是親職教育

可以提供父母學習因應社會快速變遷，於此壓力驟增的時代，更特別彰顯親職教育的重要性。

二、親職教育對應的是子職教育

親職教育對應的是子職教育。子職教育，係指增進子女或被監護人對父母或監護人應盡義務與應享權益之教育活動及服務。換句話說，係指為人子女在發展歷程，依其角色，如手足角色、同儕角色、子女角色等權利及責任，展現關懷親人、賦能家人，並提升家庭價值知能的活動。而子女展現為父母做事或親和態度表現的行為密集度，與透過參與學習增進與父母互動的技巧與態度，達成提升親子間的情感交流及親密感，有密切關係。

1.2.3 親職教育的內容

親職教育隨著子女的身心發展，有主要三大項重要的知能，包括：有關父母角色職責與家庭管理的知能、有關養育子女的知能、協助子女在學校教育適應與學習的知能（王以仁，2014），分述如下：

一、有關父母角色職責與家庭管理的知能

這些知能包括：1. 正確的家庭婚姻觀、2. 自我情緒的管理與調適、3. 家庭的意義與家人關係、4. 父母職責角色與對子女的影響、5. 良好家庭關係經營的具體作法、6. 營養與健康的相關資訊、7. 家庭中食、衣、住、行的經營與規劃、8. 合理的金錢、時間與精力的運用、9. 各項社會資源的搜尋及使用。

二、有關養育子女的知能

這些知能順應子女的身心發展而必須具備，包括：1. 兒童生理發展

各階段的特質與需求、2. 兒童心理、人格與道德發展的特質與需求、3. 教育子女的方法、4. 子女在性教育方面的教導、5. 指導子女結交同性及異性的朋友、6. 獎懲孩子的適當方法與管教態度、7. 預防孩子的偏差行為及生活適應問題的介入。

三、協助子女在學校教育中適應與學習的知能

這些知能因應學齡子女進入學校教育而產生，包括：1. 父母在子女學校教育中的權利與義務、2. 為子女就學做準備並使子女也做好準備、3. 如何指導子女有效的學習、4. 親師溝通的管道與互動方法、5. 與學校之間的相互配合、6. 學校活動的關心及適度參與、7. 與子女升學訊息有關的資訊。

本書由於主要讀者在中小學老師，因此本書之親職教育以論述協助子女在學校教育中適應與學習的知能最多，輔以有關養育子女的知能，而以有關父母角色職責與家庭管理的知能等論述最少。期待藉此與本書第 2 篇家長參與、第 3 篇親師關係，互相結合，做交叉論述。

1.2.4 家庭教育資源

依照《家庭教育法》，家庭教育的資源包括：專業知識上的資料提供，還有經濟上的物質協助等，主要來源於政府機關、學校，還有社會福利機構及出版事業，以下依照各項法律規定加以說明。

一、家庭教育法的規定

《家庭教育法》於 2003 年 2 月 6 日公布實施，最近一次修訂是 2019 年 5 月 8 日。該法第 9 條規定，推展家庭教育的單位包括：直轄市、縣（市）的家庭教育中心、終身學習機構、各級學校、各類型大眾傳播機

構、其他與家庭教育有關之公私立機構、法人或團體。這些設置的組織主要即在提供家庭教育資源。

《家庭教育法》第 13 條規定，高中以下學校每學年應在正式課程外實施 4 小時以上家庭教育課程及活動，並應會同家長會對學生及其家長、監護人或實際照顧學生之人辦理親職教育。因此，高級中等以下學校，每學年均會擬定「親職教育計畫」，辦理各項課程和活動，這是家庭教育知能上的資源。

二、高中以下學校家庭教育諮商或輔導辦法的規定

2004 年 8 月 5 日發布的《高級中等以下學校提供家庭教育諮商或輔導辦法》最近一次修訂在民國 2020 年 3 月 23 日，其第 6 條規定：「學校提供家庭教育諮商或輔導之內容包括：個案會議、家庭訪問、家庭教育課程、家庭教育諮詢、家庭教育輔導、家庭教育諮商。」該辦法附有學校提供違規學生及其家長修習之課程內容及時數，共有 9 種建議課程及其重要概念，以作為學校辦理違規學生及其家長家庭教育課程至少 4 小時之依據。

學校在規劃《家庭教育法》、《高級中等以下學校提供家庭教育諮商或輔導辦法》的親職教育計畫時，如果要推動成功，可以把握以下訣竅，包括：邀請家長參與規劃和決策，讓主題具有相關性和意義性、活動宣傳運用各種方式散播給所有的家庭或相關家庭，包含日期、時間、地點、主題等具體明確的資訊提供，時間和地點的變化，以免固定時空，使一些家長無法參加，而親職教育資料簡潔、清楚，容易了解，不要用太多教育專業術語或公文格式，都是親職教育計畫推動成功的重要關鍵（Lim, 2008）。

三、社會福利機構、法人或團體

　　除上述依家庭教育法設置的各直轄市、縣（市）的家庭教育中心，均設置「4128185」諮詢輔導專線，各縣市生命線的「1995」（要救救我）服務專線，財團法人「張老師」基金會專線「1980」（依舊幫您），還有很多基金會、慈善團體和社會福利團體，例如：信誼基金會、勵馨文教基金會、靖娟文教基金會等，均提供家庭教育的諮詢服務，及急難家庭的經濟資助。另外，還有一些基金會或出版社，也會出版有關家庭教育的書籍和學習資源，例如：《親子天下》、《張老師月刊》等，都有提供親子教養、親職教育學習資源。拜現今網際網路的普及，透過電腦等行動載具，網頁或線上，很容易找到各類家庭教育資源。

本節問題討論或實務演練

Q1.2.1　父母、養父母、監護人、法定代理人、特別代理人之間，有何異同？學校如何制定家庭教育、親職教育的實施計畫呢？

Q1.2.2　隨著家庭意涵的變遷，家長的定義是否應該加以調整？如何調整？

Q1.2.3　學校應該辦理哪些親職教育活動？如何辦理才能吸引家長參與呢？親子共作纏繞畫、烹飪、烘焙、縫紉等是選項嗎？

Q1.2.4　請搜尋網站上各項政府機關、民間機構、出版社、基金會等，整理其所提供的家庭教育資源。

Q1.2.5　家庭資源對於兒童及青少年的影響，是否從學前教育到高等教育始終如一，還是隨著時間的推移，影響的強度逐漸減弱？

第 2 章

親職理論與應用

　　在親職教育領域，各種心理學理論提供了豐富的理論基礎和應用架構。古典心理學理論，如心理分析、行為主義、人本主義和社會學習理論，分別從不同的角度探討父母與子女的互動和影響。心理分析強調潛意識和早期經驗，行為主義關注可觀察行為的學習過程，人本主義則注重個體潛能的開發，而社會學習理論強調觀察與模仿的重要性。再者，生態系統理論從多層次次級系統探討家庭與外部環境的互動，強調個體發展的系統性和環境影響。而家庭系統理論則聚焦於家庭內部的動態和結構，認為家庭是一個互相影響的整體系統，尤其是情緒的單位。這些理論不僅豐富了對親職行為的理解，也為實踐提供了有力的指導。

本章的學習目標

　　研讀本章，可以達成以下學習目標：

G2.1.1　能了解心理分析論的要點及其在親職上的應用。
G2.1.2　能了解行為主義的要點及其在親職上的應用。
G2.1.3　能了解人本主義的要點及其在親職上的應用。
G2.1.4　能了解社會學習理論的要點及其在親職上的應用。
G2.2.1　能了解生態系統理論，及其五個次系統。
G2.2.2　能舉例說明微系統、中系統、外系統、巨系統、時間系統。
G2.2.2　能分析生態系統理論相關研究，得出對親職的啟示。
G2.3.1　能了解家庭系統理論的八大概念。
G2.3.2　能了解自我分化的意義，及提升自我分化的作法。
G2.3.3　能運用家庭系統理論於人際互動或問題解決。
G2.3.4　能分析家庭系統理論相關研究，得出對親職的啟示。

2.1 古典的心理學理論與應用

　　心理學發展過程有許多理論對於親職都有幫助，以下列舉心理分析取向、行為主義取向、人本主義取向、觀察學習取向，來說明這些古典的心理學理論在親職上的應用。

2.1.1 心理分析取向

　　心理動力（psychodynamic）理論代表人物是 S. Freud 在 1896 年所創立。他以心理分析（psychoanalysis）探討患者焦慮、恐懼及固著人格等問題，找出疾病根本病因來自潛意識（unconscious），發現潛意識雖是隱藏的個人心念，卻對個體行為有重大影響力（葉重新，2011）。以下分述其理論重點及其在親職上的應用：

一、心理分析理論要點

　　由於基本生物能量存在於心智系統，要去滿足身體的生理需求，然而這些性與攻擊需求的驅力（drives）常和社會規範牴觸，個體心智運作就要在兩者之間取得平衡。而心智運作可能發生在不同的意識層次，因此 Freud 提出了本我（id）、自我（ego）和超我（superego）3 種不同的性格結構。本我依循享樂原則（pleasure principle）運作，追求快樂、逃避痛苦；超我代表人類的道德規範，違背道德標準時預期的懲罰或罪惡感，其作用乃是據以控制自我行為，賞善罰惡；自我根據現實世界的限制與超我的要求，來呈現並滿足本我的慾望，依循現實原則（reality principle）運作（葉光輝，2023）。

　　而在個體發展的不同時間點，追求生理滿足的部位並不相同，這就是 Freud 的性心理階段（psychosexual stage）的理論基礎。首先是 0-2 歲的

口腔期（oral stage）：個體第一個興奮、敏感和能量滿足的部位在嘴巴；再來是 2-3 歲的肛門期（anal stage）；第三是性器期（phallic stage）：4-5 歲，興奮和緊張集中在於性器官上，兒童在性器期認同了父母，而內化了父母許多的道德觀和價值觀。第四進入潛伏期（latent stage），再進入第五個青春期的生殖期（genital stage），成功通過此發展階段，即可以成為一個有能力去愛及工作、心理健康的個體（葉光輝，2023）。而這也說明了 Freud 重視個體早期的生命經驗，而與 E. H. Erikson 認為整個生命週期的發展階段都有重要任務或危機，而心理社會因素在性格發展上和本能同樣重要的主張不同（葉光輝，2023）。

二、心理分析取向在親職上的應用

依心理分析的理論要點，有以下 3 點在親職上的應用：

（一）重視潛意識對孩子的無形影響

對於童年重大創傷後的壓抑，一直沒有處理，會造成往後在某些人格上出現偏差。例如：《家庭暴力防治法》第 8 條即規定：主管機關提供或轉介被害人、經評估有需要之目睹家庭暴力兒童及少年或家庭成員身心治療、諮商、社會與心理評估及處置。如此規定就是要避免被害人或兒童及少年因目睹而在潛意識留下陰影，而影響其身心健康與發展。

（二）讓孩子了解心智運作

由於個體心智運作發生在不同意識層次，有本我、自我和超我三種不同的性格結構。讓孩子能夠根據現實世界的限制與超我的要求，來呈現並滿足本我的慾望。懂得延宕本能的滿足到適當時機，以求得最大的享樂及最少的痛苦。例如：延宕想要買玩具的慾望，累積足夠的零用錢，或再請父母贊助下，再行購買，而非一見到玩具，就想要購買等。

（三）重視孩子早期經驗並給予適度滿足以順應階段發展

重視孩子早期生活經驗並給予適度滿足，而不是過度禁止或放縱需求，以期順應階段發展。例如：口腔期吸奶嘴習性、肛門期清潔衛生的要

求等，尤其在性器期對於性的好奇與探索，孩童在性器期難免會對異性感到好奇，而有偷窺、觸碰等行為出現，若父母給予嚴格的指責或處罰，會讓其從小就對性的好奇與需要產生罪惡感，往往會影響其成長後有關性需求的正常反應。

2.1.2 行為主義取向

行為主義是 20 世紀主流的心理學，其理論要點在親職上有其應用之價值。

一、行為主義理論要點

行為主義理論要點，主要以包括：俄國學者 I. Pavlov、美國學者 J. B. Watson、R. L. Thorndike、B. F. Skinner 等代表人物的主張做說明。Pavlov 的古典制約（classic conditioning），將制約刺激與非制約刺激一起或前後出現，就能讓制約刺激也引起反應。Watson 則強調生活環境對人類行為有決定性的影響力，個體受外界環境刺激一定可以產生預期的行為反應，刺激反應的連結。Thorndike 的迷籠與貓實驗，發現了準備律、練習律和效果律。而 Skinner 更是以 Skinner Box 聞名，他利用獎勵和懲罰來塑造動物的行為，而後面兩位學者的主張也稱為工具制約（instrumental conditioning）或操作制約（operant conditioning）。

二、行為主義在親職上的應用

依照上述要點，行為主義取向在親職上的應用要點，有以下 3 項：

（一）注意刺激與反應的連結

孩子在學習過程，不要安排太過複雜的學習事項，最好一次學習一個明確的目標，並能掌握刺激、反應及增強物間的連結。因此我們要讓孩子一次學習一樣行為，讓刺激反應連結穩固後，再學習下一個行為。

(二) 慎選增強物與增強方式

　　由於個體行為後得到的獎勵和懲罰，是個體在乎想要獲得和避免的，才能發揮影響行為的效果，因此針對每個孩子需求慎選增強物，才能影響後續行為。食物對孩子一般可能都是增強物，但情境不同，吃飽還是餓肚時，就可能不一樣，而且增強物飲料對甲生有效，對乙生就未必有效，因此家長必須視孩子的年齡、學習難易、動機強弱等不同，選用適合孩子的增強物。再則，增強方式很多，例如：Premack principle 運用到後效增強，也可以用固定時距或比率的增強方式、變動時距或比率的增強方式，行為塑造等行為改變的方法，家長應視孩子年齡、個性、情境等的差異，選擇適合的增強方式。

(三) 重視孩子生活習慣的養成與積累

　　多個刺激與反應連結所產生行為就會構成習慣，這是個行為塑造的過程。一旦習慣養成之後，就要運用行為改變技術予以改變，相對地比較困難，因此開始就建立良好的習慣，是行為主義帶給親職重要的啟示。再來，習慣養成後，逐漸地積累，就會發揮很大的功效或作用。例如：荀子〈勸學篇〉有云：故不積蹞步，無以致千里；不積小流，無以成江海。騏驥一躍，不能十步；駑馬十駕，功在不舍，這些都是積累的功夫。行為主義隨後提出來的行為改變技術（behavior modification）也值得在親職上運用，其因為已有專書探討，有興趣的讀者可再自行參閱。

2.1.3 人本主義取向

　　由於人本主義提出的年代，在心理分析及行為主義之後，因此也稱為心理學的第三勢力。

一、人本主義理論要點

　　最能代表人本主義的學者，當屬 C. Rogers 與 A. Maslow，以下以兩

位學者的理論加以說明。

（一）C. R. Rogers 當事人中心治療法

C. R. Rogers 是人本主義心理學創始者之一，也是人本心理治療
（humanistic psychotherapy）的創始人之一。由於其理念是以當事人爲
中心，故又稱爲當事人中心治療法（person-centered therapy），採取此
法有 3 個基本條件：1. 眞誠一致（congruence）；治療師在態度上表裡一
致、自然、誠懇，有人情味。2. 無條件正向關注（unconditional positive
regard）：關心態度是沒有任何條件的。3. 同理心（empathy）：治療師
設身處地了解當事人的心境（張春興，2007）。

Rogers（1961/2014）在著作《以當事人爲中心的治療法對家庭生活
的涵義》，舉出當事人更能向家人表達他們眞正的感受，包括：正、負面
感受，而成爲更眞實的自己。當事人可以發現人可以活在關係裡頭，而且
這種關係還建立在眞實情感的基礎上，可能有厭憎和怨恨，也有親愛和喜
歡，眞正存在且變化多端，而不是假惺惺的表面關係。個人如果願意接納
自己的感覺，並願意表達出來和自己的感覺過活，就會更願意設身處地
的體會家人的生活反應，達到雙向溝通，也會更容許每個家人有各自的感
覺，各自成爲獨立的人。

（二）A. Maslow 的需求層次理論

A. Maslow 最爲人所熟知的是需求層次理論（hierarchy of needs
theory），人類的需求包括：生理需求、安全需求、愛與隸屬的需求、尊
重需求、審美需求、認知需求、自我實現的需求，這些需求分成兩類，
前四種稱爲匱乏需求（deficiency needs），後三者稱爲成長需求（growth
needs）。原則上滿足匱乏需求後，才會逐步追求成長需求，而過多的匱
乏需求滿足並不能取代成長需求，因此個體滿足於匱乏需求後會拾級而
上，追求成長需求。然而滿足需求的序列會因文化、環境、個人等因素，
而有變化。Kaufman（2020/2021）以帆船造型，有別於我們一般看到的金
字塔型，說明需求層次理論，並把 Maslow 晚年主張的自我超越，加進去

討論，讓 50 年來的需求層次理論，有討論的新貌。

由於 A. Maslow 提出需求層次理論時，乃基於反對心理分析論與行為主義兩大學派對人性過於悲觀、消極及自我設限。因此特別重視自我實現與自我超越，提倡有一些體驗是無法解釋的「高峰經驗」（peak experiences），並對健康與自我實現的超越者（transcender）進行深入研究，例如：林肯、愛因斯坦、德雷莎修女等人。而其重視正向人性的理念，也引發後續正向心理學的發展（Kaufman, 2020/2021）。

二、人本主義在親職上的應用

以下歸納 C. Rogers 與 A. Maslow 的理論重點，提出 4 項應用：

（一）父母要以 3 個基本條件對待孩子

父母對於孩子也需要：眞誠一致、無條件正向關注、同理心。父母眞誠一致地面對孩子，才能有眞實的情感，而無條件正向關注才是眞正的愛，並且能設身處地為孩子想，孩子要什麼，而不是父母以自己的想法，給孩子什麼，甚至要孩子一定要接受，如此才能讓子女體會到父母眞正的愛。

（二）讓孩子成為一個人

父母會以為孩子還小，需要照顧保護，這是需要的，但需要保護並非意味著不能自己作主，應該多給予孩子尊重和接納，讓孩子學會自己做決定。容許孩子有自己的感覺，成為獨立的人。能成為獨立的人，生活中時時都需要去「做決定」。一項基本的要求就是「自己負責」；既然一切後果都要由自己承擔，孩子從小就應該學會「自己做決定」、「自己負責承擔」。

（三）滿足孩子基本需求以利追求自我實現

由於食物和飲水等生理需求、免於攻擊和傷害的安全需求、重視親和與愛、被他人接受的愛與隸屬需求、受到讚美、尊重和肯定的受尊重需求，是基本的，因此我們應該給孩子足夠的營養、安全、關愛和尊重，孩

子才能利基於此,激發孩子的潛能,努力追求自我實現。

(四) 從自我實現到自我超越

由於歷史上有些超越者,孩子可以透過偉人傳記或影音欣賞,理解並效法這些人物,讓孩子全神貫注,多方探索和嘗試,從經驗中獲得內在酬賞,認識自己,醞釀自我實現與潛能發揮的渴望,擁有高峰經驗。父母平日要多用心去觀察及了解孩子,探索適合激發孩子發揮其個人潛能的方式,而學習不能外鑠,只能靠自發,學習活動應該由孩子自己選擇和決定,而去擴展視野和抱負、包容他人並關懷世界。

2.1.4 觀察學習取向

觀察學習的代表學者是 A. Bandura。1961 年的「波波玩偶」(Bobo doll)實驗,展示了兒童如何透過觀察成年人對一個充氣娃娃的暴力行為來模仿暴力行為。而這個實驗也簡要說明了「身教重於言教」的觀察學習要義。

一、觀察學習理論要點

人類並不需要全靠自己親自表現行為,然後去獲得行為後果,才得到學習;光是觀察別人的行為及其後果就可以獲得學習,這就是觀察學習(observational learning)。又因為不需要個人親自經歷也能學習,故又稱為替代性學習(vicarious learning)、社會學習(social learning)、或楷模學習(modeling learning),他人的行為、電視節目、YouTube 影片、社群網站上的分享,都可能形成觀察學習。

從觀察到仿效(modeling),實際做出該行為,其實有 4 個因素或階段(葉重新,2011;陳慧娟,2019):1. 注意階段(attentional phase):先注意楷模的行為特徵,尤其是要模仿行為的關鍵部分,例如:甲注意到乙和 ChatGPT 對話過程,注意到需要寫下的提示(prompt),

及 ChatGPT 回覆情形。2. 保留階段（retention phase）：甲個體觀察到乙楷模的行為後，將其轉換為自我表徵的心像或表徵的語言符號，保留在記憶中。3. 再生階段（reproduction phase）：甲要有能力去複製觀察到的訊息或行為，模仿其行為，才能夠操作電腦、輸入資料，真正達成與 ChatGPT 的對話。4. 動機階段（motivational phase）：個體經由觀察模仿學到了楷模的訊息或行為，但還要有意願將學得到的行為表現出來，例如：甲觀察乙的使用 ChatGPT 生成式對話的方法之後，有動機找到電腦搜尋 OpenAI 就試試看。但丙同時從頭到尾也在場，但他覺得不需要趕流行、並無動機想要試試，因此還是不會表現出這些訊息或行為。

二、觀察學習在親職上的應用

以下就 A. Bandura 的理論要點，說明在親職上的應用：

（一）父母要以身作則

父母的言行是孩童模仿的對象，學童在日常生活中，不斷地受父母言行影響，久而久之成為自己人格特質的一部分。因此，家庭環境所提供的機會，可以增強或減緩兒童某些天生特質的進一步發展（陳雅鈴，2006；Bronfenbrenner & Ceci, 1994）。

（二）選擇環境重視同儕影響

孟母為孟子三遷擇鄰處，就是發現觀察學習的效果。居住在殯儀館、菜市場、學校旁邊，就會發現孟子和鄰居小孩玩的是不一樣的活動。這也提醒父母，不但父母以身作則影響，孩子的玩伴、同儕、同學，對成長中的孩子，尤其到了青少年時期，更是影響深遠，程度甚至有時超過父母。Harris（2009/2019）提出「團體社會化理論」（group socialization theory），說明：「在孩童的成長過程中，父母的影響力其實很小，真正具有影響力的是孩童在家庭之外的同儕經驗。」可知孩子同儕互動的重要，孩子擇友的必要性。

（三）親子價值觀討論的重要

　　由於觀察學習歷經的第四階段有意願將學到的行為表現出來，才會出現模仿行為。如果父母能夠跟孩子親子對話，讓孩子了解到同儕對他的重大影響，比較能讓其有能力覺察，同儕的哪些行為可以模仿，哪些行為不值得去追隨。甚至要有生活中的實例，讓他去練習如何選擇行為仿效，才能拉回孩子對自己行為的自主性，而不是只因同儕壓力或跟隨盲目，而模仿同學的行為。

本節問題討論或實務演練

Q2.1.1　能否找到一些兒童早期經驗對後來身心發展影響的例子？或是找到一些反例。

Q2.1.2　行為主義關乎獎勵和懲罰，也關乎行為習慣的養成，其與人本主義有無矛盾的地方？在親職上如何協調並用呢？保留哪些？捨棄哪些？還是如何融合？

Q2.1.3　孩子的身心發展是逐漸成熟的，以認知發展為例，皮亞傑的理論認為會從感覺動作期、前運思期、具體運思期到抽象運思期，因此在行為上的規律也要從他律到自律，人本主義的思維，在發展過程有無實施的不同？有父母反映孩子很被動，適合應用人本主義理論親職教養嗎？

Q2.1.4　給孩子閱讀名人傳記，是否有助於成長發展或楷模學習？或是給他閱讀經典名著呢？可以談談自己的經驗，以及看法的理由依據。

Q2.1.5　電視或網路上有兒童適合的節目和內容，為免孩子觀察學習，模仿或仿效，因此就會加以限制，例如：電影分級管理，你贊成嗎？網路無遠弗屆，讓分級管理這件事情變得困難，如何因應呢？

2.2 生態系統理論與應用

U. Bronfenbrenner 的生態系統理論（ecological systems theory）是用來理解人類發展的架構，強調個體與周圍環境的相互作用。

2.2.1 生態系統理論的內涵

生態系統理論有五個層次：分別是微系統（microsystem）、中系統（mesosystem）、外系統（exosystem）、巨系統（macrosystem）和時間系統（chronosystem）（李宜玫，2019；鄭來長，2021a）。

一、微系統（又稱小系統）

係指兒童每天與其直接互動的環境。例如：兒童每天在家庭的照顧者、在學校的同學互動，這些個別互動的環境即是兒童所處的微系統。在微系統的環境下，家長是兒童發展過程中具重要影響力的人；同樣地，學校教師、同學、與兒童有直接接觸的互動對象，都會影響孩子的發展。

二、中系統

兒童所直接接觸的微系統，實際上有多個，例如：家長、同學、教師、學校其他人員、社區等，各自形成一個微系統，該等微系統彼此之間的互動與關係則構成了中系統，例如：學校與家庭的親師互動、社區鄰里間的鄰居互動等，兒童雖未直接接觸，但看得到、聽得到，而受影響。

三、外系統

係指與兒童間接互動的外部環境，如父母的工作場所。正如 Swick & Williams（2006）所言：「外系統是兒童的父母所經驗的情境，但它卻會影響兒童。」外系統對於兒童來說，不但未直接接觸，也未能直接聽到或

看到，卻影響著兒童。例如：父母忙著工作，無法陪伴孩子，從工作場所帶回來的習慣和價值觀，也在影響著孩子。

四、大系統（又稱巨系統）

兒童所處的大環境，包括：政治、經濟、法律、文化等，都會對個體產生影響。例如：《強迫入學條例》要求學齡兒童都要上學，而實驗教育法通過後，兒童可以在家自行教育。政治上推動國家語言發展政策、或雙語教學政策，兒童的學習課程和內涵同時都會受到影響。以此觀之，少數或弱勢族群的家庭必須處理更多的結構性障礙，才能獲得合理的資源，為了在大系統中支持家長參與，教育人員應該積極了解影響家庭參與學校教育的文化和結構性障礙，重視大系統對學生的影響。

五、時間系統

時間系統是 U. Bronfenbrenner 最後加上去的，將前述 4 個系統互動下所產生的環境事件與生活方式，隨著時間的改變也另成一個系統來思考。例如：孩子在幼兒園、國小、國中、高中、大學，身心發展愈加成熟，父母和師長互動的方式也會改變，又如所處的社會環境、經濟狀況、政治發展、文化傳承也都會有所不同，此從第 5 章家長參與的歷史沿革，就可以了解跟著時代的改變，家長參與的程度和方式，對孩子的影響，也跟著改變。

2.2.2 生態系統理論的相關討論

生態系統是個試圖提供一個全面、宏觀的框架來描述和解釋複雜現象的大型理論（grand theory），可以提供整體觀點、作為學術對話的基礎及研究的構想，但因為驗證困難、有具體應用限制，且需要不斷更新修正。因此以下僅簡要討論其對親子教養和家長參與的影響。

一、生態系統理論對親子教養的影響

　　微（小）系統裡家長的教養類型、親子溝通，中系統裡不同微系統之間的互動，家庭與學校的關係、家長和教師的合作、家長參與社區活動、外系統的家長工作環境、工作壓力、經濟資源，大（巨）系統的價值觀、文化習俗、教育政策和社會福利政策，時間系統的社會變遷和技術發展、個別孩子成長過程的關鍵事件和家長自身的成長經歷，以上這些因素都錯縱複雜的影響著親子教養和親子關係，例如：現代科技裡手機的應用，就加速卻削弱了家庭成員之間的聯繫方式和品質。

二、生態系統理論對家長參與的影響

　　微系統中的家庭環境、家庭與學校互動，中系統裡的親師合作、社區聯繫，外系統的家長工作環境、社會資源的提供，大系統中不同族群文化對家長參與的期望和重視程度，政府和教育政策對家長參與的立法和支持，時間系統裡父母本身的教育背景和職業生涯，科技發展和社會變遷，如網際網路和社群媒體的普及，改變了家長的參與網絡，使得家長能夠透過線上平台參與孩子的學習和學校活動等。

　　這五個次系統交互影響著個體，其中以外系統是最不易了解的次系統，有個笑話如下：小明的老師在聯絡簿寫了一段話給小明的家長：「小明今天拿了同學的鉛筆，請提醒改善。」小明的爸爸看了，跟小明說：「你怎麼會拿同學鉛筆呢？難道我從辦公室拿回來的，不夠你用嗎？」上開笑話就是受到外系統的影響，但是爸爸也是透過工作價值觀外顯的行為直接影響小明，因此也很難說沒有受到微系統的影響。

本節問題討論或實務演練

Q2.2.1　由於五大層次概念上清楚，但實際上彼此之間也會相互影響，因此請以自己自身經驗，說明哪些重大事件受到各層次系統的影響。並挑出最不容易區隔的事件，與同學互相討論，如何歸屬影響的層次？

Q2.2.2　「福是全家福的福」（F is for family）是由美國電視公司出品、在美國 Netflix 平台播出的動畫連續劇，於 2015 年 12 月 18 日首播，講述 20 世紀 70 年代的美國墨菲（Frank Francis Murphy）一家的矛盾生活。請選幾集喜歡看的影片，運用五大層次系統對其家庭成員行為作分析，並說明對本劇的想法和心得。

Q2.2.3　自己從幼兒園、小學、國中、高中到大學，父母或家長的親子教養，是否也有不同的變化？請以自身經驗加以說明。

Q2.2.4　少年會犯罪，乃：「肇因於家庭、惡化於學校、顯現於社會」，你贊同這句話的說法嗎？這跟生態系統理論有無矛盾？

Q2.2.5　處於目前的時代，有哪些時代變遷的思維或產物，對親子教養產生重要的影響？

2.3 家庭系統理論與應用

　　M. Bowen 的家族系統理論是一種用來理解家庭動力和個體在家庭中行為模式的理論框架。這一理論的核心在於將家庭視為一個情緒單位，強調成員之間的互動模式對個體情緒和行為的影響。

2.3.1 家庭系統理論的意義

　　M. Bowen 的家族系統理論（Bowen family systems theory）有八個相互連鎖的主要概念（Gilbert, 2018/2021; Gilbert, 2008/2014; Kerr, 2003/2019）：

一、三角關係

　　三角關係（triangle），即一個三人關係的系統，被認為是一個大的情緒系統中的基本要素。二人關係的系統經常不穩定，容易產生焦慮，就很容易拉進一個第三者來減低焦慮與增進其穩定性。然而這個緊繃關係也就從兩人變成三人，由一連串的連鎖，而擴散出去。

二、自我分化

　　自我分化（differentiation of self），是 Bowen 理論中重要的基礎，是指自我在感情與心智上適度地與整個家庭脫離及獨立。自我分化良好的人，清楚自己真正需要依賴他人的部分，遇事會保持冷靜、頭腦清楚地對事實謹慎評估，不會充滿情緒性思考。對自己思考有信心，支持他人觀點不盲從，反對他人觀點也不極端；相對地，自我分化程度不佳的人，相當需要他人的接納和認同，甚至會很快調整自己想法、說話和行為，去取悅他人、或逼迫他人來順從自己。

三、核心家庭的情緒系統

　　核心家庭的情緒系統（nuclear family emotional system），家庭會衍生問題所在的四個典型關係模式，包括：婚姻衝突（martial conflict）、一位伴侶失功能（dysfuction in one spouse）、一位或多位孩子功能受損（impairment of one or more children）、情緒疏離（emotional distance）。家庭關係長期緊繃或緊繃加劇時，就會增加這四種關係模

式，而哪種關係模式最活躍，症狀可能就會出現在那裡。核心家庭是相對於大家庭（extended family）而言，單親家庭、重組家庭，及其他核心家庭結構，都有這 4 種關係運行其中。核心家庭被 Bowen 視為情緒單位，例如：牛群中有牛受到驚嚇而狂奔，受到驚嚇的牛屬同一個情緒單位，但其他不受影響的牛群，則屬於另一個情緒單位。

四、家庭投射過程

家庭投射過程（family projection process），係指父母會將自己本身未分化的自我或婚姻關係、將自己的情緒問題，透過父、母、子女的三角關係投射到子女身上。投射歷程通常會有 3 個步驟：1. 父母擔憂孩子會有狀況，如沒有自信。2. 父母會解讀孩子的行為，而自我應驗預言證實自己的擔憂：孩子沒有自信。3. 父母就會以孩子已出現問題的方式來對待孩子，不斷要去建立其自信，反而讓孩子無法獨立而失去自信。

五、多世代傳遞過程

多世代傳遞過程（multigenerational transmission process），係指一個嚴重失功能的家庭，乃是家庭感情系統或父母與孩子間分化程度的微小差距，經過多世代操作的結果。其傳遞過程的關鍵在於個體選擇相同分化程度的人為其配偶，且家庭投射過程會造成比父母分化程度還要低的後代。

六、感情切割

感情切割（emotional cutoff），意指個體解不開與家庭成員的情緒議題時，會減少或完全切割與他們之間的接觸。切割否認對家庭的情緒依賴或控制，佯裝較為獨立的樣貌，但其實是問題被擱置而未解決。

七、手足位置

Bowen 採用 W. Toman 的研究，說明手足位置（sibling position）對個人發展與行為上具有相當影響力。手足位置沒有好壞，但可以互補，因此在婚姻中，配偶愈接近童年時手足位置的複製，愈有機會獲得成功。例如：丈夫有妹妹，娶的太太有哥哥。然而是否如此，當然也受到雙方自我分化高低的影響。手足位置在本書第 3 章還有深入的討論。

八、社會情緒歷程

Bowen 把他的理論擴展到社會，主張社會如同家庭一般，其情緒功能是相似的，也有維持集體性與傾向個別化的兩股力量，這是社會情緒歷程（social emotional process）。

2.3.2 家庭系統理論的相關研究與討論

核心家庭系統中，至少有 3 個次系統，包含：夫妻次系統、親子次系統與手足次系統等。家庭系統理論依照上述八大概念，給我們在親職教育上就有許多的啟示（王以仁，2014）：

（一）家庭每位成員都要有良好的自我分化。

（二）避免夫妻關係三角化而把孩子拉近來當作代罪羔羊。

（三）避免家中發生負面情緒的多世代傳遞。

（四）家庭系統理論採取「循環因果論」，而不是「直線因果論」，因此家中如有壞傢伙出現，可能是家庭投射歷程，把焦慮和緊繃傳遞給自我分化程度最低的家人而造成，而未必只是其個人因素。

（五）家庭情緒系統是「動態改變」的，而非「靜態不變」的。

（六）家庭系統中成員的想法、說話和行為，不只看「內容」，而且重視其「過程」。

　　國內學者邱淑惠（2019），運用諮商的個案作爲實例，對於 Bowen 的家庭系統理論有很深刻的論述。其強調 Bowen 理論裡，如何是愛的極致表現呢？就是努力成爲最好的自己，而如何成爲最好的自己？就是提升自己的自我分化程度。而要做好自我分化，就要在關係中強調情緒的界線。我們的行爲模式常常是受到情緒系統支配的自動導航模式，我們要把這種不自覺的慣性提升到可意識的層次，覺察自己的感覺和理智，並在兩者間取得平衡，如此才能了解自己、掌控自己。

　　家庭系統理論在親職上最大的啟示，就在父母要提升自己的自我分化程度，因爲家庭成員的想法、行爲和情緒相互影響，孩子個人出現問題，經常意味著家庭互動有問題，有可能只要改變家庭成員的互動方式，就能改變家庭成員的行爲。這也可說是另類的「以身作則」。Bowen 家庭系統理論提供了我們看事情的架構，讓我們不至於迷失在如叢林般的細節裡（邱淑惠，2019）。

本節問題討論或實務演練

Q2.3.1　試著分析評估一下，家庭成員自我分化的程度如何？自我分化的概念和其他學者提出的哪些理論概念相似呢？

Q2.3.2　你是否在家庭成員中扮演著某種角色？例如：父母爭吵的和事佬、兄弟姊妹的帶頭者？可否運用自我分化，避免功能高低的交換，避免三角關係呢？

Q2.3.3　手足位置對婚姻關係確實有影響嗎？如何加以說明或證實呢？

Q2.3.4　Bowen 家庭系統理論最吸引你的地方在哪裡？在臺灣，有包文理論顧問有限公司，辦理各項諮商、研習、工作坊和講座，你有延伸閱讀到哪些家庭系統理論的書籍、相關學習活動或網路資源嗎？

第 **3** 章

親子教養與互動

　　在現代社會中，親子教養已成為一個廣受關注的議題，本章將從多個層面探索親子教養的多樣性和複雜性。首先，我們將探討親子教養的不同類型，包括：二類型、三類型和四類型，以幫助讀者理解各種教養風格的特點和影響。接著，我們將深入分析親子溝通與互動的重要性，探討溫和堅定的溝通技巧、父母效能訓練和成長型心態的應用。隨後，我們將研究親子教養的理論爭議及實際挑戰，並透過多元文化的視角，檢視不同文化背景下的教養觀念，涵蓋中國式教養、臺灣諺語及其他國家的教養方式。透過這樣的多層次分析，本章希望為讀者提供更全面的親子教養認知，因此將分為親子教養類型、親子溝通互動、親子教養議題、多元文化的教養觀四節，來加以說明。

本章的學習目標

　　研讀本章，可以回答以下問題：

G3.1.1　能了解親子教養的類型，及其分類依據。

G3.2.1　能了解親子溝通的意義。

G3.2.2　能熟悉並運用溫和堅定的親子溝通技巧。

G3.2.3　能熟悉並運用父母效能訓練的親子溝通技巧。

G3.2.4　能熟悉並運用成長心態的親子溝通技巧。

G3.2.5　能熟悉家庭會議的親子溝通方式，並思考替代做法。

G3.3.1　能充分認識親子教養議題的理論爭議。

G3.3.2　能多元看待親子教養議題的實際挑戰。

G3.4.1　能了解傳統典籍反映的教養觀。

G3.4.2　能了解臺灣諺語反映的教養觀。

G3.4.3　能了解其他國家或族群的教養觀。

G3.4.4　能具備批判思考、嘗試錯誤與調整修正的態度。

3.1 親子教養類型

親子教養類型從以一個維度作爲分類的二類型、三類型，到兩個維度四個類型，有助於我們了解教養的因素。

3.1.1 二類型

美國社會學家 Lareau（2011/2021）依其田野研究的成果，將親子教養分成兩類：

一、規劃栽培（concerted cultivation）

第一類是中產階級家庭的孩子，生活排滿父母規劃安排的活動，父母並會確保孩子能夠獲得這些經驗，讓孩子接受規劃栽培。在培育過程，建立孩子的權利感（a sense of entitlement），讓孩子在學校環境中學會質疑成年人，讓孩子跟成年人相處時，能夠自在，並認爲自己和成年人可以平起平坐。

二、自然成長（accomplishment of natural growth）

第二類是相對地，勞動階級和貧困階級的孩子對休閒活動有更大的控制權，大多會自由外出，和住在附近的親戚朋友一起玩耍，父母讓孩子自然成長。然而由於學校是規劃栽培的策略，以至於對勞動階級與貧困階級的孩子而言，與其家庭教養的文化邏輯和體制標準不一致，而使這些孩子在體制經歷產生疏離、不信任感和侷限感（sense of constraint）（Lareau, 2011/2021:11）。這是以單一維度父母作爲分類教養。

3.1.2 三類型

Coloroso（2001）則將親子教養分成三類型，分別是：

一、獨裁（authoritarian）

像磚一牆（brick-wall），結構是剛性的，用於控制和權力，而這兩者都掌握在父母手中。

二、權威（authoritative）

則如骨幹（backbone）一般，在骨幹家庭中，結構是存在、堅固、靈活和功能性的，並且透過尊重與愛行事、非暴力、慷慨，尊重他人的權利和需求。

三、寬容（indulgent）或放任（permissive）

則像水母（jerryfish）。水母的家庭中，結構幾乎不存在，或對結構的需求，甚至可能不被承認或理解，孩子覺得世界不可預測，或對自我價值有懷疑的感覺。

Nelson（2006）也提出親子互動 3 個主要的類型：嚴厲（strictness）：過度的操控；正向教養（positive discipline）：權威、態度溫和同時堅定；放任（permissiveness）：沒有限制。同樣也是以單一維度，並以強度不同來作為教養分類。

Doucleff（2019/2022）從非洲坦尚尼亞的哈札比人（Hadzabe people of Tanzania, Africa）中觀察到「無發號施令式的教養」，這種方式下，父母和孩子都擁有自主性。她從宏觀和微觀兩個角度將教養分為三種類型：一是直升機父母（helicopter parent）：宏觀層面上，父母嚴格控制孩子的整體日程安排；微觀層面上，父母嚴密掌控孩子在這些活動的行為。二是自然放養：在宏觀層面，父母為全家制定日常行程和整體時間表；然而在

微觀層面，孩子在這些家庭活動中擁有極大的自主權，可以自行決定自己的行為，父母很少干涉。三是自由放養：宏觀層面上，父母允許孩子自行安排時間；在微觀層面上，孩子在活動中也有完全的自主權，父母幾乎不加干預，甚至放任孩子。「自然教養」即哈札比人的教養方式，體現了在父母提供宏觀架構下，微觀給予孩子行為上的自由。

而發展心理學家 D. Baumrind，則以父母對孩子的回應（responsiveness）與要求（demandingness），兩個維度，提出權威式（authoritative）、寬容式（permissive）、獨裁式（authoritarian）三種類型，如此可以更清楚各類型的父母如何與其孩子互動，也間接形成兩個維度構成的教養類型。

3.1.3 四類型

史丹佛學者 E. Maccoby 與 J. Martin，依上述 D. Baumrind 的類型，增加了忽略式（neglectful），成為 4 種主要的教養類型（Nelson-Simley, 2020），要求為 X 軸，回應為 Y 軸，依象限分為：

一、權威式（authoritative）

回應高、要求高。其教養特徵是父母常常說：「讓我們來討論吧！」具有高度期望、明確的標準、果斷、民主、彈性、回應、溫暖。

二、寬容式（permissive）

回應高、要求低。其教養特徵是父母常常說：「不管你要什麼」，具低度期望、少有規則、放縱、接納、寬容、避免對抗、溫暖。

三、忽略式（neglectful）

回應低、要求低。其教養特徵是父母常常說：「我真的不在意」，沒

有期望、少有規則、缺席、被動、疏忽、不感興趣、非優先事項。

四、獨裁式（authoritarian）

回應低、要求高。其教養特徵是父母常常說：「因為我說了算」，具有高度期望、明確規則、專制、僵硬、懲罰、有限的溫暖。

臺灣社會學者藍佩嘉（2019），也根據其在臺灣社會田野研究成果，提出教養的四類型。其根據的兩個維度是：益品追求是自然成長還是競爭流動為 X 軸，父母資本總和為 Y 軸，分成以下 4 個象限：

（一）培養國際競爭力：資本總和高、益品追求競爭流動
（二）規劃自然成長：資本總和高、益品追求自然成長
（三）順其自然成長：資本總和低、益品追求自然成長
（四）培養階級流動力：資本總和低、益品追求競爭流動

楊宜靜、楊靜利（2024）以上述藍佩嘉（2019）作為架構，以 X 軸益品追求是課業學習的規劃安排與自自由發展，Y 軸是帶到夜市隨身照顧及未帶到夜市遠端／委託照顧，分成夜市工作者的教養策略 4 個象限：

（一）雙重期許、學習為主，幫忙為輔
（二）便於照顧、家庭事業幫手
（三）科技監督與委託親友交互替代
（四）安排學習與委託親友並行

該研究還以分出 4 個象限的親子關係，分別是同心體諒、童年失落感、缺乏安全感、真實共處時光的子女親子關係感受，印證父母教養策略四象限。結果發現象限一和二（帶到夜市）子女親子關係感受較難對應父母教養策略；而未帶到夜市較能留在相應的象限，其研究也發現親子互動頻率和品質是主要影響親子關係因素，且品質可以相對彌補頻率不足（楊宜靜、楊靜利，2024）。上述兩則是國人針對臺灣父母教養策略的分類，值得探討和後續研究。

　　以上的教養分類，一類是以人際互動的心理需求作爲判斷的維度，如 B. Coloroso、E. Maccoby、J. Martin 與 D. Baumrind；另一種則以父母身處的階級對孩子的影響作爲判斷維度，如：A. Lareau、藍佩嘉、楊宜靜與楊靜利。

　　教養的類型有助於對父母對待孩子的理解，但隨著情境的不同、每個孩子特性的不同，還有年齡身心發展的不同，加上父母本身的學習成長，這些類型只是幫助我們更加理解和省思父母的教養方式而已。

本節問題討論或實務演練

Q3.1.1 親子教養類型，是否存在「金髮姑娘策略」（goldilocks strategy）？也就是在寬嚴的兩個極端之間的中庸策略？

Q3.1.2 是否有較佳的親子教養類型？權威型？規劃栽培？培養國際競爭力？規劃自然成長？您個人未來的親子教養會是哪一型？

Q3.1.3 請以自身經驗說明父母或家長的教養類型？有無因為情境、孩子特性、年齡身心發展，甚至事件本身，而有所改變或調整呢？

Q3.1.4 舉出文學作品或影片，說明其親子互動所屬的親子教養類型。

Q3.1.5 請找出探討親子教養類型的文獻，並說明其親子教養的分類，及其對孩子教養影響的研究發現。

Q3.1.6 以夜市工作者之教養策略進行探討相當有意義，你覺得還有哪些族群也適合作探討？軍公教族群？其他呢？

Q3.1.7 何謂直升機父母？珍古德（Jane Goodall）曾經說過母猩猩 Flo 和子猩猩 Flint 的故事。Flo 持續幫 Flint 作了很多諸如整理毛髮等事情，雖然 Flint 已經成年了，但還是依偎在母猩猩身旁，母子關係很好，感情深厚。但當母猩猩 Flo 去世，Flint 陷入嚴重的憂鬱，而停止了進食和社交活動，最終在母親去世不久也去世了。這則故事給你的啟示為何？慈母多敗兒？

3.2 親子溝通互動

　　溝通在家庭成員間、親子間都很重要，如何檢視親子對話（溝通），還有如何運用 A. Adler、R. Dreikurs、J. Nelsen、T. Gordon 與 C. Dweck 的理論，進行親子溝通？家庭會議有助於家人間的溝通嗎？以下加以探討。

3.2.1 親子溝通的意義

　　親子溝通是父母與子女間，在思考、情感、意見、態度、喜好等方面，透過口語或非口語的表達，並經由溝通的歷程，增進彼此之間的了解，並能提升親子關係（王以仁，2014）。

　　溝通是家庭很重要的元素，有良好的溝通能夠讓家庭在凝聚力和彈性兩方面保持平衡。良好的溝通可從以下 6 個向度來加以衡量：1. 傾聽技巧：聆聽後給予回饋。2. 說話技巧：以說出自己心裡的話為主，非為他人代言，例如：用我訊息表達。3. 自我坦承：高度感受分享。4. 澄清：訊息清晰。5. 鎖定焦點：專注於主題。6. 高度地尊重與關懷（Olson & DeFrain, 2006）。

　　Filliozat（1999/2022）認為最好的教養，從接受負面情緒開始，因此父母可以用 7 個問題，來檢視和孩子的對話：1. 孩子經歷了什麼？孩子用自己的眼睛看世界，因此要試著辨識他正在經歷什麼、感受到什麼、在想什麼，尤其要先聆聽情緒，怎麼了？什麼事情讓孩子難過。2. 他在說什麼？尋找孩子的情緒、尋找孩子的需求，一切都有動機。3. 我想向他說什麼？傳達愛的訊息而非毀滅訊息，孩子在聆聽和觀察父母。4. 我為什麼這麼說？是什麼讓我們答應或拒絕孩子的請求？是什麼在主導我的態度？5. 我與孩子的需求是否相互競爭？承認自己的需求並表明你自己的需求，

尊重彼此需求，並透過合作來解決問題。6. 對我來說，什麼是最重要的？最重要的是孩子的愛和孩子對父母的信任。7. 我的目標是什麼？專注於孩子的需求，而非他人的評價。

　　以上說明親子溝通的意義、良好溝通的特徵，及可用以檢視親子對話（溝通）的 7 個問題。

3.2.2 溫和堅定的親子溝通

　　臺灣對 Adler 的親子教養觀念，主要來自於 Nelsen（2006/2024）正向教養（positive discipline）的一系列著作，其乃奠基於 A. Adler 的個體心理學，以及 R. Dreikurs 提出的四個錯誤目標的追求：獲得注意、尋求權力、報復、顯現無能（或避免失敗）。以下加以描述：

一、了解孩子錯誤目標的追求

　　R. Dreikurs 的理論稱為民主的教學與經營程序，認為孩子的所有錯誤行為源於一個或一個以上錯誤目標的追求。父母跟老師一樣，也可以先確認孩子的錯誤目標（Manning & Bucher, 2017: 147-148）：

　　（一）獲得注意（attention getting）：孩子感受不到自己的價值，沒有機會感受可以透過有用的貢獻，獲得社會接納和社會地位時，就會表現一些錯誤行為來引起父母師長的注意。他們甚至覺得受到懲罰，也比受到忽略好。

　　（二）尋求權力（power seeking）：孩子以反抗師長或做其他想做的事來證明自己的權力。他們只有在成為情境的主導者或是能控制他人，才感受到自我價值。為了尋求權力，他們會更加叛逆，做出包括：違反秩序、頂嘴或公開反抗的行為。

　　（三）報復（revenge）：孩子想要傷害人，因為他相信報復對自尊是重要的，所以他想要以受到傷害的相同方式來傷害別人。報復讓孩子變得

更爲兇惡，外表懷有敵意，依年齡和發展不同，可能出現偷竊，踢撞、蓄意傷害他人等。

（四）顯現無能（feelings of inadequacy）：學生內隱的無助和自卑感受，會讓其專注於不適切的目標。這些孩子經常想要獨處，甚至表現積極做事來避免和他人接觸，因爲只要單獨一個人，對他沒有要求，缺陷、沒有能力、和不適當行爲就不明顯。這類孩子可能看不出錯誤行爲，但師長們應該鼓勵他們扮演積極的角色。Nelsen（2006）將此項改爲自暴自棄（assumed inadequacy）。

二、讓孩子思考邏輯後果給予選擇權

所謂「邏輯後果」（logical consequences）就是後面的結果與前面的行爲有連結或邏輯關係，例如：規定要寫作業，就是要把作業寫完，在家沒寫完，來學校就要把它寫完。這與「自然後果」（natural consequences）、「獎勵和懲罰」（reward and punishment）有些許不同。自然後果就是個體行爲自然會發生的結果，例如：沒寫作業，沒有學會上課內容，段考自然就會考不好；獎勵和懲罰：由他人直接對個體進行獎勵或懲罰，例如：寫完作業，老師或家長就給予點心獎勵，沒寫完就剝奪玩電動的時間等。

R. Dreikurs 的理論之所以稱爲民主的教學與經營程序，就是因爲他主張師長應該要和孩子共同訂定明確且簡單的規則，然後列出做到和違反的邏輯後果，讓孩子選擇要怎麼行爲，承擔行爲的邏輯後果，爲自己行爲負責。這有別於只是依照師長的好惡進行獎勵和懲罰，也與自然後果稍有不同，因爲有些自然後果有健康和安全因素，例如：孩子一直吃零食，不管他，自然健康會出問題；孩子在馬路橫衝直撞，沒關係，最後可能就會出車禍，由於這些自然後果出現以後，對孩子影響太大、或是要花太多時間訓練、會影響別人的權益、或孩子不覺得自然後果和自己的行爲是個問題，都不適用自然後果。因此以邏輯後果取代之，並且讓孩子參與制定和

修改，也讓孩子有選擇自己行為的權力，但要為自己行為負起責任。

三、父母與孩子專注於共同尋求解決方案

R. Dreikurs 提出上述的親子溝通互動理論，主要也是受到個體心理學（individual psychology）的影響。個體心理學常談到「課題分離」。在健全的人際關係中，每個人都能允許他人與自己「分離」，愈是有「分離」心態的人，愈不需要改變他人，且更能容忍他人的獨特性與行為上的差異。父母不把孩子當作屬於自己的，也不是父母的延續，而是一個分離、獨特的個體，這樣就能改變父母的態度，減少對孩子行為的不接納，連 Gordon（2000/2011）都贊同「課題分離」的主張。

Nelsen（2006/2024）的正向教養（positive discipline）更延續這樣的主張。然而民主討論邏輯後果，卻仍然無法避免成人誤用作為懲罰的現象，因此 2015 年 Nelsen（2006/2024）聲明正向教養不再涉及邏輯後果的使用，全面提倡以專注於共同尋求解決方案取代之。正向教養是以溫和堅定作為核心態度，強調相互尊重，教導親子合作，共同運用孩子犯錯的時機，教導孩子解決問題的思維和技能。最後協助孩子把針對自己的關心轉向去關心別人，培養社會情懷。

而父母在與孩子專注於共同尋求解決方案的過程，也不用操之過急，Nelsen（2006/2024）提出積極暫停（positive time-out）。親子雙方先冷靜下來，避免戰或逃（fight or flight）的反應，有時候忘掉孩子的行為，而專注於與孩子的關係，會取得更好的效果，父母要記得在糾正孩子之前，先建立情感連結。而找到問題解決方法，父母就以鼓勵（encouragement），讓孩子逐步克服或達成。

3.2.3 父母效能訓練的親子溝通

Gordon（2000/2012）認為父母不該只是受到責備，指責其不懂親子

溝通，應該給予訓練的機會，因此提出「父母效能訓練」（Parent Effect Training, PET）。PET 的親子溝通有三大重點，一是聆聽感受、二是運用我訊息、三是無人輸（稱為第三法）的問題解決，而其重要關鍵就是讓孩子自行解決問題。分述如下：

一、聆聽感受

孩子對父母的親子溝通，通常在使用語言或想法外，還包括語言背後通常隱藏的感受。父母在了解子女的想法外，也要了解子女的感受。首先，父母應該使用接納的語言，讓孩子有被愛的感覺。如何接納孩子，可以採取「不干涉」孩子的活動，以非語言的方式傳達接納的訊息，尊重孩子的隱私權，不隨意闖入孩子的空間，要視孩子為獨立的個體。「不說話」，保持沉默，消極聆聽也是相當有效的語言訊息。

再來，父母可以積極聆聽，讓孩子自行解決問題。積極聆聽就是聽出孩子的感受及弦外之音，然後用自己的話表達出來，向對方求證。父母不要加入自己的意見、分析、評價、勸告等，只要說出孩子的意思及其感受。例如：預先設想「對方現在這樣，一定有什麼不得不的理由或委屈」，然後仔細聆聽「他真正想要說什麼事情？」或者「他真正希望的是什麼？」想像「如果是我的話，會希望別人怎樣聽我說呢？」就會理解，不論是誰，都是希望對方能夠不批評、不反駁地接納自己的說法，讓自己感受到「有人理解我說的話」這種心情。

二、我訊息運用

父母對孩子的行為，也可能因為環境和心情而有所不同，面對孩子的行為，父母往往會因為外在因素變化而產生不同感受，例如：同樣孩子在家的玩鬧行為，是祖父母來訪時就可以接納，但是朋友來訪就無法接納等。因此接納線是會移動的，這是父母要自我察覺的。

父母也是人、也會做錯事，接受真實的自己，知道分析自己的真實

感覺。因此對孩子的行為，可能有時可以接納，有時又不可接納的情況出現。接納線受孩子行為影響，也受到父母個性、人格特質、心情，以及環境的影響。當父母無法接納孩子的行為，就要以我—訊息（I-message）來表達。

　　我—訊息（I-message）可讓孩子弄清楚自己之行為可能產生的具體影響，此對孩子日後的行為，能逐漸深思熟慮；其構成有三個要素，X：行為，造成的 Y：影響，Z：我的感受。在 Gordon 的 PET 裡，父母不會給孩子建議（註：在 Canters 的本我訊息，會給出建議）。我的感受以初級情緒為佳，生氣、憤怒有可能已是次級情緒，而擔心、焦慮、無助、害怕才是初級情緒。

　　我訊息的運用，同時可以避免運用你訊息，而產生 T. Gordon 所說的 12 項溝通的絆腳石：1. 嘲諷、羞辱；2. 指使、命令；3. 訓誡、辯論；4. 提醒、威脅；5. 講道、反覆灌輸；6. 評斷、批評；7. 分析、診斷；8. 探究、詢問、質問；9. 同情、安慰；10. 忠告、提供解決方法；11. 讚美、同意、我也是；12. 退縮、故作幽默。我訊息同時也可以顯示父母對孩子的接納，認為其有能力解決問題。

　　使用我訊息的關鍵在父母要先說出客觀事實行為的描述，再說明行為造成的問題或困擾；接著表達自己初級情緒的感受，切勿直接價值判斷，或立即提出建議或忠告，把後兩者留給孩子思考。

三、無人輸（第三法）的問題解決

　　如果是孩子有問題，父母就要聆聽感受，如果是父母擁有問題，就要以我訊息讓孩子了解父母的感受。因此運用 PET 時，重要的是要判斷問題歸屬（Who owns problem?），了解問題歸屬後，用第三法來解決問題或衝突，而第一法是父母贏、第二法是孩子贏、第三法是「無人輸」（no-lose method）的方法。這個方法是親子間在面臨相衝突的狀況時，親子雙方共同協商一個能滿足彼此需要且都願意解決的方法，使衝突能圓

滿化解。此時，親子雙方皆是贏家，且能維持親子關係。

　　以第三法來解決問題或衝突，T. Gordon 提出以下 6 項步驟：1. 定義問題、2. 產生一般的可能解決方法：腦力激盪、有創意的方法。3. 評估能滿足雙方需求的解決方法。4. 選擇一個解決方案：要避免表決而是尋求共識。5. 實施解決方法：共同協商，並使用我訊息。6. 評估解決方法的效果：選定雙方同意「回去檢查」（back to check）的時間。解決方法有效最好，如果無效，檢視錯誤再重來。

　　由於父母效能訓練（PET）受到很多國家的廣大父母歡迎，因此 Gordon（2003/2015）還出版《教師效能訓練》（*Teacher Effect Training, TET*），期盼教師也能和父母一樣，運用此理論來與學生溝通。

3.2.4 成長型心態的親子溝通

　　Dweck（2017/2019）提到 A. Binet 雖然不否認個別的孩子智力程度有別，但他相信教育與練習可以對智力造成根本改變，而 R. Sternberg 認為一個人能否獲得領域專長，主因素不在擁有某種固定能力，而是有目的的努力。H. Gardner 也認為卓越的人有一種特殊才能，就是能辨認自己的長處與弱點。基此，Dweck（2017/2019）提出以下主張：

一、成長型心態與固定型心態

　　學習動機可以分為兩類：精熟取向（mastery oriented）和表現目標（performance goal），Dweck（2007）認為有一類學生為了求得高分而學習，為求得父母歡心或得到老師讚美而學習，這類學生的學習動機背後隱藏的是表現目標；另一類精熟取向的學生則反之，在意的是自己學習的收穫和成長。前者易形成固定型心態（fixed-mindset），而後者可發展為成長型心態（growth-mindset）。

　　固定型心態認為個人的素質，包括：智力和能力等，是不會改變的，

而且不管是好事、不好的事，都貼上強烈的正、負標籤；而成長型心態認為個人的素質是可以改變、發展的。鼓勵自己持續精進，包括：找到對的方式、足夠的資源，並投入心力，相信透過學習可以增進能力，也喜歡自己的學習和成長。心態（mindset），可說就是人的心念，A. Adler 在《自卑與超越》（*What life should mean to you?*）也曾說：童年的經驗對個體的影響為何？重點在個體對過去成長經歷的解讀，而成長心態正所謂「我命由我，不由天」，命運掌握在自己手裡，而不是一切「命中註定」。《三字經》最後 4 句有云；「勤有功、戲無益，戒之哉、宜努力」，如果把「勤」解釋為勤於找方法，把「戲」解讀為荒廢，那麼也很有成長心態的意涵。

二、讚美策略影響心態

Gordon（2000/2012）將我訊息限制在當父母無法接納孩子的行為時，面質孩子的有效方法。許多父母就提出疑問：「為什麼不用我訊息來表達對孩子可接納行為的正面感受呢？」Gordon 提出了讚美的危險，父母的讚美希望能塑造孩子的行為是個陷阱，而且父母讚美孩子會使用「你訊息」，具有判斷和對孩子評價，因此要謹慎使用正向的我訊息，只在溝通單一且自然的感受，說出當下真實感受而已，以避免讚美的危險（頁189-190）。而 C. Dweck 提出讚美的策略，可以培養孩子成長心態。

心態從何而來？Dweck（2007）認為父母的讚美和建設性批評，可以培養孩子的成長型心態。讚美要針對努力、專注、嘗試新方法、尋求意見和幫助、有始有終完成困難工作的毅力。而建設性批評，則要能夠幫助孩子矯正，得出更好的作品、或是更好的表現，而不是評價。Dweck（2017/2019）在新版的《心態致勝：全新成功心理學》也強調，讚美可以針對過程和結果，不必侷限在過程，而成長型心態亦在幫助孩子成長，而不是在為不能成長找理由，說因為是固定型心態之故，也不是用來歸類哪些人是固定型心態，而作為指責的依據。

三、成長型心態的學習指南

Brock 與 Hundley（2016/2019）還把成長型心態簡約成 12 則作為鍛鍊的學習指南，分別是：1. 教育是練習：注重過程、做出努力、調整、以達到目標，不求完美。2. 人人都能學：每個人都有發展、成長，以及在任何領域成功的潛力。3. 大腦像肌肉一樣會成長：神經具可塑性，腦部像肌肉一樣，透過規律練習，可以成長茁壯。4. 我屬於這個團體：讓學生相信課堂是安全的地方，可以冒險、嘗試錯誤。5. 我們愛挑戰：積極面對挑戰，並克服障礙。挑戰和高度期許是成長心態的特徵。6. 意見反饋是禮物：重視讚美孩子對某事付出的努力，而非讚美天生的特質和才能，提供具體、適時、有目的且持續的意見反饋。7. 設定目標：才能專注於學習方向，培養恆毅力（grit）。8. 錯誤是學習的機會：錯誤是寶貴的學習經驗，學習不是一塵不染，而是一片混亂，可用「建設性錯誤」的策略。9.「不知道」跟「還不知道」有差別：「還沒」（not yet）具有重大意義還不知道只是「還沒」知道而已。10. 我做得到：自我對話的重要。11. 如果我不照顧自己，就沒辦法照顧別人：反思、放鬆和再出發，照顧個人的習慣，培養健康習慣、健全身心靈再出發。12. 新的一天是新的成長機會：成長型心態的路徑是一段旅程，能高度掌握成長型心態，具備技巧和策略，才能成為致力於學習與成長的人。以上這些可以同時用來激勵父母和孩子，親子共同學習和成長。

3.2.5 家庭會議的親子溝通

西方家庭有些有舉行家庭會議（family meeting）的傳統，特別是在一些重視家庭溝通和合作的家庭中（王以仁，2014）。

一、家庭會議的目的

在解決問題、制定計畫、增進溝通及設定規則。

二、家庭會議的運作方式

要定期召開：例如：每週一次，設立議程、輪流主持、共同制定決策。

三、家庭會議的優點

包括：增進家庭凝聚力、促進責任感、提高溝通技能。例如：利用家庭會議討論孩子的教育和學業進展，並共同制定學習計畫和目標，或是討論家事分配、家庭財務狀況和預算，讓所有成員合作完成家事，並了解家庭的經濟狀況。

四、家庭會議的實踐

總結來說，家庭會議在西方家庭中是一種有效的工具，用於冷靜思考、討論問題、感受歸屬感，促進溝通、解決問題和增進家庭成員之間的合作與理解。Nelsen 與 Lott（2012/2014）認為家庭會議就像公司企業定期員工會議一樣重要。雖然十幾歲的孩子可能不熱衷家庭會議，而家庭會議因為家庭不同，有些較正式、有些隨興，家庭會議時間也可以縮短，但定期召開可以相互傾聽、關心家人、腦力激盪、尊重合作、問題解決。

然而家庭會議如果問題都是父母提出來的，也都由父母主持整個會議，容易流為大部分時間是父母在發言，常常是訓話或說教，孩子雖然有機會表達意見，但最後決定的是父母。孩子起初會覺得好玩，後來就會厭煩，而淪為 Gordon（2000/2012）所講的父母想要贏的「第一法」。

五、家庭會議跨文化的適用性

在東方社會，家庭會議則屬少見，課堂詢問學生經驗，每學期在 50

多位學生中大概只一、兩位有召開家庭會議的情況。家庭會討論的時機多半只有在重大生活事件發生時，例如：孩子畢業後升學要選擇哪個科系？家人遭遇人生重大事件，例如：意外傷害、重大疾病、家庭經濟財務有重大改變等。反而由於通訊媒體的發達，家人會組成 LINE 群組，作為日常溝通訊息、或家庭事務討論的空間。在資訊科技發達的現在，如何運用科技產品的便利性，增加家庭成員溝通和討論的效率和品質，共同計畫和制定決策，是非常必要的。

本節問題討論或實務演練

Q3.2.1　找來新聞事件或個人經歷，判斷孩子的不當行為，表達的是在追求哪一項或哪些項目的錯誤目標？

Q3.2.2　請練習對家人或朋友使用針對努力、專注、嘗試新方法、尋求意見和幫助、有始有終完成困難工作的毅力等的具體讚美。

Q3.2.3　家人或朋友所做的事情，讓我擁有問題時，請練習以「我訊息」表達，並說明效果及使用心得。

Q3.2.3　請練習對家人或朋友相處時，讓他們和自己共同決定（吃飯餐廳、旅遊地點等），並給予對方二個以上選擇權的溝通方法，並說明其效果及心得感想。

3.3 親子教養議題

　　親子教養一直是社會關心的議題，以下分為理論爭議與實際挑戰，針對九大親子教養議題做討論。

3.3.1 親子教養的理論爭議

　　理論或主張之間，可能觀點一致，也可能會相互補充，甚至可能相互矛盾，以下列出五項常見的爭議。

一、先天遺傳 vs. 後天環境孰重？

　　先天遺傳 vs. 後天環境孰重？也就是天性（nature）和教養（nurture）的爭議？先天遺傳是重要的，人類生下來與生俱有的基因是不容易改變的，然而環境也很重要，甚至研究發現，在受精卵形成細胞複製的過程，遺傳和環境都參與其中，所以遺傳和環境可說是交互作用，互相發揮影響力。Brek（2009）甚至認為人們都同意遺傳與環境的影響不是單獨的，而是相互影響，而且由於遺傳與環境交互作用的方式相當複雜，已無法一一釐清而區分出遺傳或環境到底對哪些特質或能力較為重要。

二、第一個照書養，第二個照豬養？

　　這是個俏皮話，傳神地表達因為第一次為人父母，緊張害怕、兢兢業業、手忙腳亂，因此努力翻找書籍，了解如何教養子女，而生第二個孩子之後，因為已經有了經驗，知道如何面對，出現比較從容的態度，因此隨興地教養子女。其實每個孩子都不同，父母還是要仔細觀察每個孩子這個獨立的個體，然後依照該子女的特質和個性，來進行教養工作。

三、不要讓孩子輸在起跑點？

　　人類社會是競爭和有壓力的，為了讓子女有比較好的將來，父母「望子成龍、望女成鳳」，害怕自己的孩子輸在起跑點，因此什麼事情都希望孩子早早開始，練習寫字、學習英語，因為早期發展對孩子影響很大。成長確實有關鍵期（critical period），例如：語言學習在幼兒時期發展，會較易成為母語，過晚學習可能成為習得語言，然而發展過程也需要成熟，

過早的學習並無助於發展，反而揠苗助長，影響孩子的學習興趣，而阻礙後續學習的動機。

四、多元智能就是要孩子樣樣能？

哈佛大學教授 H. Gardner 的多元智能（multiple intelligence）家喻戶曉。然而有些家長卻誤解了，以為人類至少有 8 種智能，那麼就要孩子精通八項智能，所謂琴棋書畫，最好孩子樣樣會，不會的話，就樣樣去補習。其實這樣的想法，曲解多元智能的本意。其本意有三：第一、每個人都有其優勢智能，不侷限在傳統的語文推理、數理邏輯、空間關係，更包括：內省智能、人際智能、動覺智能、音樂智能、觀察智能，甚至是生存智能。第二、每個人具備何項優勢智能，具有個別差異，某甲擅長內省智能，某乙可能是動覺智能。第三、可以運用個體的優勢智能來協助弱勢智能的學習，例如：人際智能較優勢，可以運用人際互動來學習弱勢的語文智能的學習等，但不是要孩子樣樣精通，樣樣能。

五、出生序對教養有否影響？

出生序顯然會在家庭的手足關係中出現，那麼是否對教養造成影響呢？答案是肯定的。不過出生序造成的手足位置，只是有其優勢和弱點，並沒有哪個手足位置優於其他位置，但是可以幫助我們對自己和他人的理解。

（一）A. Adler 對出生序的描述

在《自卑與超越》中，A. Adler 談到因為孩子的出生序不同，對孩子性格的影響。他說：即使父母合作良好，盡心盡力教養子女，但每個孩子在家庭中的排行，仍然會造成很大的差異，而且每個孩子也因此在完全不同的情境下成長，即使在同一家庭中，兩個孩子也不會處於完全相同的情境（Adler,1932/2022）。

1. 長子：通常在家庭中享有獨特的地位，最初是家庭中唯一的孩

子，享受了全部的關注。然而，隨著弟弟妹妹的出生，長子需要適應失去獨占關注的情況，這可能導致他們發展出責任感強、保守和喜歡掌控的性格。長子往往表現出領導才能，但也可能變得過於嚴肅和焦慮。長子如果學會合作，會形成習慣保護他人或幫助他人的性格，但也可能會有要別人仰賴自己或想控制別人的欲望。

2. 次子：生來就有一個競爭的對象（長子），這使得次子往往充滿競爭心態，努力超越哥哥姐姐。次子可能變得更具冒險精神和創新能力，但也可能感到自己不夠好，容易有自卑感。

3. 老么：通常受到更多的溺愛和保護，這可能導致老么依賴性強，缺乏獨立性。老么常常被視為家庭的「小寶貝」，這種地位可能使他們發展出較高的社交能力和樂觀性格，但也可能過度依賴他人。

4. 中間的孩子：處境比較特殊，他們既不是最早出生的，也不是最小的，這使得中間的孩子需要找到自己在家庭中的位置。他們可能發展出強烈的協調和調解能力，成為家庭中的和平使者，但也可能感到自己被忽視，進而形成自卑感。

另外，獨生子女和雙胞胎，也有一些討論。由於手足間彼此相距的年齡和性別，也會造成影響。而在中國社會或東方社會因為男尊女卑，甚至為了傳宗接代，一定要生個兒子才行，孩子的性別對出生序可能造成更大的影響，值得深入探討。

（二）M. Bowen 家庭系統理論對手足位置的描述

M. Bowen 運用心理學家 W. Toman 在《家庭星座》（*Family Constellation*）所研究的手足位置（sibling position）作為理論的一個基礎概念。Toman 認為「在所有其他條件都相同的情況下（all things being equal），一個人的出生序、父母的出生序，以及手足間的性別組合，是人格特質的主要決定因素（Gilbert, 2018/2021）。其基本概念就是家中排行相同的人們，可以預料會發展出重要的共同人格特質。例如：老大可能是領導者，老么可能是追隨者。不過這些人格特質沒有好壞，只是可以互

補。Toman 的研究發現，如果夫妻的手足位置是互補的，對應的位置跟成長過程一樣，離婚機率會較低。換句話說，如果丈夫有妹妹，太太有哥哥，可以互補。丈夫是哥哥的位置，與太太是妹妹的位置，跟成長過程一樣，如此離婚機率較低（Kerr, 2003/2019）。

不過手足位置即使相同，各自展現出來的功能也會有所不同。換句話說，每個人很少在所有其他條件都相同，而自我分化的概念可以解釋這些差異的原因。例如：老大較能擔起責任和領導，但是如果成長過程受到過度關注，而變得優柔寡斷，太在意他人期待，自我分化程度低，而使弟弟成為「功能性老大」替補家庭系統中的空缺。因此手足位置造成的影響，並非一成不變的（Kerr, 2019），然而對於手足關係的理解，讓人們能夠多一個客觀看待關係障礙的方式。對於困在關係模式的人而言，了解手足位置的角色，以及關係組合中，手足位置如何彼此互相影響，會有很大幫助（Gilbert, 2018/2021）。

3.3.2 親子教養的實際挑戰

以下是父母對孩子在教養上最常見的實際挑戰，包括：寫作業、做家事、給零用錢、3C 產品的使用。

一、孩子寫作業

孩子寫作業是親子教養重要議題，也是親師溝通重要內涵，因此以下將用較多篇幅，詳細討論家庭作業的意義、歷史沿革、正負向影響、指派注意事項、親師合作，安親班教師的協助：

（一）家庭作業的意義

家庭作業（homework），俗稱功課，乃指學校教師指派學生在課餘時間完成的任何活動（Cooper, 1989），是每個人求學階段共同的記憶，相信國內每位進過學校讀書的人，絕大部分都寫過家庭作業。以前家長回

到家，看到就讀國中小的子女，第一句話就會問：「功課寫了沒？」可見家長對孩子家庭作業的重視，甚至是親子家庭生活的壓力源，老師出作業、學生寫作業、家長督促、老師改作業，形成周而復始，學生／孩子學習的日常工作（張民杰，2014）。

（二）家庭作業的歷史沿革

中小學生寫家庭作業在西方已超過百年，各界對家庭作業的態度，更反映當時的社會趨勢與教育思潮，有時贊成、有時反對家庭作業。以美國為例：19 世紀末，小學五年級學習地理、歷史、文學和數學，有練習、記憶和背誦，開始有家庭作業出現（Vatterott, 2009）。20 世紀初期，進步主義興起，開始有反對家庭作業的聲音，認為會妨礙學生接觸陽光、新鮮空氣和運動，造成學生眼睛疲勞、壓力、睡眠不足和其他狀況，搶走學生社交機會。但在 1957 年，蘇俄發射第一枚火箭史潑尼克號（Sputnik）後，趨勢反轉，擔心學生未能因應未來競爭，學校教育人員和家長又贊成家庭作業，認為其乃累積知識的方法。1960 年代末期，反越戰和公民權利運動興起後，又反對家庭作業，但 1983 年全球經濟競爭時代，《國家在危機中》（*A Nation at Risk*）報告書，明確要求應該給予中學生更多家庭作業。於是贊成與反對家庭作業，在美國就如鐘擺一樣（張民杰，2014；Bennett & Kalish, 2006; Kohn, 2006; Kralovec & Buell, 2000）。臺灣雖然沒有明顯的鐘擺效應，但家庭作業一直是親師生互動重要的議題。

（三）家庭作業的正負向影響

家庭作業的正向功能，包括：1. 從增加學習機會去促進學業成就。2. 增進個人的發展，包括：良好學習態度、自信、負責、時間管理等（林尚俞，2003；徐嘉怡，2000；彭婉婷，2006；Vatterott, 2009）。3. 促進親子關係、親師溝通、同儕互動等人際互動（Epstein & Voorhis, 2001），也讓教師及家長了解學生學習情形及教師的教學品質（林尚俞，2003）。而家庭作業也可能產生負面效果，包括：造成壓力、減損興趣和健康、干擾家庭生活、形成錯誤學習習慣等等（林尚俞，2003；Bennett

& Kalish, 2006; Kohn, 2006）。

（四）家庭作業指派須注意的要點

　　因此教師應該將設定值設定為不用寫家庭作業，因此有必要才指派家庭作業（Kohn, 2006）。教師在指派家庭作業時，應注意以下 6 點：1. 該作業有利學生才指派，建議家庭作業的數量，國小大概 40 分鐘、國中 70 分鐘、高中大概 100 分鐘。Chin 等人（2022）以 TIMSS 在臺灣 2011 年國中八年級學生數據發現，作業時間過長（超過 90 分鐘），反而會對學習成效產生負面影響，顯示出過多的作業可能不如適量的作業有效。2. 作業要設定是基礎的要求，讓全班都能做到，或設計差異化作業。3. 要考慮指派作業書寫時間和分量，教師自己可以先試作。4. 家庭作業的主題可能是最近教學內容，但不一定是當天內容（Cooper, 1994）。5. 繳交期限要合理並有提醒。目前國內各國中小，每學期都會有作業抽查的機制，用以了解各任教科目和班級的作業完成情形、是否符合教學進度、品質和數量如何等，對教師設計和指派、批改或評分，也構成一些壓力（彭婉婷，2006）。6. 假期愈長，作業要適度，不能太長，否則會剝奪家庭長假的休閒活動，學生作業品質也不理想，連帶影響教師批改和回饋。

（五）教師和家長在家庭作業上的親師合作

　　教師要因應社區背景和學生特性來調整家庭作業的數量和難易程度。根據研究，不同地區家長對家庭作業的數量多寡有不同的觀感，而每位學生寫同樣一份作業的時間，差距可能高達五倍，更要考慮特殊需求兒童，或臨界特需生的特性。而家長在家對於孩子的家庭作業，則在督促、陪伴、檢查，安排固定地方讓孩子寫作業，了解孩子是不願寫、不能或沒時間寫、抑或不會寫，然後跟學校教師溝通傳達。千萬不要越俎代庖，代筆完成，不然反而讓孩子失去學習的機會，並讓老師錯誤評估孩子的學習狀況（張民杰，2014）。大部分家長對於孩子的數學作業，大概最為困擾，白雲霞（2024）發現，家庭作業的學習，同時會連動到學習情緒，學生對家庭作業所產生的相關情緒可以預期其學業成就。因此，教師可以利

用家長日等親師互動，鼓勵家長欣賞孩子的創見、跟孩子討論解題策略，不要只看到孩子解題錯誤，責備其所犯之錯誤，以免加深做數學作業的恐懼，產生消極或保守的態度。以下表 3.3.1 是一份美國聯邦政府教育部制定的家長協助孩子家庭作業檢核表，教師可以調查或提供給家長檢核，作為親師合作的基礎。

表 3.3.1
美國聯邦政府教育部發展的家長協助孩子家庭作業檢核表

（一）顯示你對教育和家庭作業的重視
1. 你是否替孩子設定每天一個固定的時間做家庭作業？
2. 你的孩子是否有要做家庭作業的文具和設備，像是紙張、書籍、鉛筆，及其他做作業需要的物品？
3. 你的孩子有一處安靜的地方可以寫作業嗎？
4. 你能夠以身示範一些學習時重要的事項嗎？
5. 你有和孩子的老師保持密切聯繫嗎？
6. 你知道孩子的家庭作業內容是什麼嗎？他們應該做多久時間？老師要家長參與的程度為何？
7. 你有看到孩子開始做家庭作業和寫完結束嗎？
8. 你有閱讀到老師對孩子家庭作業的評論嗎？
9. 你有注意到看電視和玩電腦遊戲中斷了孩子庭作業的時間嗎？
10. 你有協助孩子整理家庭作業嗎？你的孩子需不需要一本記事簿或作業簿呢？一個書包、背包或資料夾呢？
11. 你有鼓勵孩子發展出好的學習習慣嗎？（例如：為大作業安排足夠的時間、作練習測驗等）
12. 你有跟孩子談起家庭作業嗎？孩子們了解這項家庭作業嗎？
（二）家長和教師會談以解決問題
13. 在問題還未發生之前，你已聯絡過老師了嗎？
14. 假如問題出現了，你會去找老師談嗎？
15. 你會和教師一起發展一項計畫或安排解決家庭作業的問題嗎？

16. 你能否跟隨著教師一起看孩子是否在進行這項計畫呢？

資料來源：Marzano、R. J. & Pickering, D. J. and Pollock, J. E.（2001）. *Classroom instruction that works: Research based strategies for increasing student achievement*. Upper Saddle River, New Jersey: Pearson.

（六）安親班老師對家庭作業的辛勞與投入

隨著雙薪家庭的增加，國中小學生放學後，許多人會先到安親班，尤其是國小學生，安親班老師是一群默默為孩子家庭作業付出的無名英雄。每間安親班有來自同學校不同班級、或不同學校的學生，安親班老師最後都會熟悉每位學校老師出家庭作業的方式和批改的風格和要求，甚至有時候還會代替父母在聯絡簿上簽名或說明。開始的時候有些學校老師不是很能接受，因為上面是請家長簽名，但是實際上督促孩子完成家庭作業的是安親班老師，這是不爭的事實，而家長把孩子送安親班，雖然嘴巴不一定說出來，但是心裡面總是期待著安親班要搞定孩子的家庭作業。以下案例3.3.1 及案例 3.3.2 是作者研究時碰到的案例，分享給讀者思考，你如果是安親班老師，你會如何處理？下次會如何預防？

案例 3.3.1　小孩不寫作業，ㄍㄧㄥ到七點多才回家

有一個二年級男孩的媽媽，因為是單親又是獨子，所以對孩子課業非常看重，偏偏她小孩又是軟硬不吃，脾氣倔起來可以整個下午都不寫半個字（或者是會寫出超級醜的字）。有一次就是他又不肯寫讀書心得，我好說歹說沒用，只好跟他耗，對他說要寫完才可以回家。結果一下就到了七點多，他媽媽打電話來，問說孩子有沒有在這裡？我說有啊，他媽媽馬上劈里啪啦數落一頓，說 5 分鐘後，她要到安親班來！我聽完電話忐忑不安，想說媽媽不會是來揍我一頓吧？幸好她雖然在電話裡氣勢洶湧，但實際見到人還算客氣，先是劈頭把自己兒子痛罵一頓（因為她也知道是她兒

子不寫功課），然後才轉過來跟我說話。原來她今天晚上是特意請假要參加兒子的家長會，結果回到家發現孩子不在，打電話問了親朋好友也都不知兒子去向，最後一急才想到安親班。說來也是我沒經驗，留了小孩但卻沒有想到要打電話告知家長，害家長著急。後來也跟媽媽溝通不少教學方式（針對她兒子的，比如說他不寫功課應該怎樣怎樣之類的），結果還算圓滿。

案例 3.3.2　家庭作業錯一個字就興師問罪的家長

　　有一件事情就很誇張，是一個小六男生的家長，嚴格來說，是他媽媽離婚後同居的男友，稱作叔叔。那位叔叔是比較三教九流，頭腦不清楚的人。有一次我在檢查那個男生的作業，看到他國語習作上有個錯字，順手用鉛筆幫他改了，沒想到晚上，那位叔叔直接打電話給主任，說我這樣做事很有問題，怎麼能夠這樣教育小孩，劈里啪啦說了一堆，還說要親自找我談。我隔天才從另一個老師口中知道這事，當場傻眼，因為不過是一個字罷了。照那人的意思是以後幫他訂正，只能另拿紙張謄寫，這算什麼事啊？（我一般都是圈起來，再在旁邊寫正確字叫小孩訂正，那天是因為剛好他功課很多，我懶得讓他走來走去，所以順手幫他改一下而已），沒想到他叔叔反應這麼大。同事陳老師倒是安慰我說這沒什麼，他叔叔本來就是個怪人，回家作業只要讓他看到一個錯字，就會批評老師都沒有認真，做事馬虎，一點都不用心。天知道我們怎麼可能只專注於他小孩的功課呢？而且他自己對那小孩也不好，有錯字老師倒楣，小孩更衰，錯一個字常會罰寫 50、100 遍，在氣頭上喝酒還會打小孩呢！後來我也問那個孩子，你叔叔是不是常常看你功課？他說前陣子沒有，沒想到這幾天又開始，所以被揪到錯誤實在倒楣，我們兩個只好皮繃緊一點。後來他的作業我都會看得特別仔細，還叫他拿回去後多看幾遍，省得兩人再挨罵。話說過 2 天，他叔叔果然跑過來跟我談，一臉地痞流氓樣，我只好虛以委蛇一番，真是不經一事，不長一智啊！

二、孩子做家事

很多研究發現，做家事有利於兒童的發展，像 White 等人（2019）研究 2010-2011 年美國進入幼兒園的 9,971 名兒童到小學三年級後，做家事的頻率與三年級時兒童社交、學業和生活滿意度呈正相關，與性別、家庭收入和家長教育程度無關，而經常做家務的孩子也較沒做家事的高（White, et al., 2019）。

大部分的家長應該都會贊成讓孩子做家事，而做家事當然要考慮孩子的成熟度，隨著年齡，有各種不同的家事項目。然而馬雅家庭的「自然教養」育兒法，認為孩子做家事不應該建立在分配工作給孩子，還有獎勵孩子的方式，而應該有以下的做法（Doucleff, 2019/2022）：

（一）讓孩子參與並觀察大人的日常：目標讓孩子們關注周遭的世界，並且學習在需要的時機，完成特定的家務。所以不做家務分工表，培養孩子關注周遭世界的能力和習慣。在大人需要幫忙時，出手協助做家事。

（二）把任務交給家中最不稱職的成員，可以讓其從嘗試錯誤中獲得做家事的技能。

（三）讓孩子體認他是家中成員，應該盡所能給予家人幫助和貢獻。

（四）示範、鼓勵、要求幫忙。

（五）任務要實際明確、有真實貢獻、能力所及、不強迫。

（六）給予家庭成員歸屬感、我們是一體的，在同艘船上。團結、鼓勵、自主、不干涉，做了家事，也不用物質獎勵，而是稱許其長大了，對家庭有貢獻。

三、孩子的零用錢

隨著孩子年齡漸漸長大，父母需要給予適度的零用錢，自主金錢花用，可以培養孩子的理財觀念。行為主義學者可能會做家事給零用錢，然而更多學者認為不要把零用錢和作家事掛勾，反而孩子更能學得理財和責

任。孩子想買東西時，父母也可以要孩子自己存零用錢購買，讓孩子更加珍惜買到的物品（Nelsen, 2006）。

臺灣各縣市目前也積極在高級中等以下學校推動金融基礎教育融入教學計畫，培養學生由生活中自我負責、生活經營、自主學習的微型社會能力。鼓勵教師融入領域教學、帶領學生體驗金融場館，增進師生金融基礎教育知能，並透過學校推展至家庭與社會，強化國民理財知識能力（臺北市教育局，2023）。

四、孩子沉溺3C產品

隨著資訊科技的日新月異，電腦、平板和手機，尤其是手機，已成為學齡兒童普遍擁有的科技產品。加上政府網際網路寬頻的基礎建設，在臺灣也幾乎每個地方都能上網。因此孩子使用手機上網、瀏覽新聞、各類網站、各種影音平台、社群網站的方便性和使用時間，逐漸增加。由於手機具備多項生活上的功能，舉凡拍照、錄音、錄影、蒐集天氣預報、查找地圖路線、行事曆、時間提醒、電話、通訊聯絡、手遊等娛樂休閒功能，而手機的功能和容量也大幅提升，只要有充電裝置，幾乎 24 小時可以不用關機，因此愈來愈多人離不開手機。另外加上各種社群網站（如：FB, IG）和通訊軟體 APP（如 LINE），更使得人際互動的模式線上化，虛擬的世界卻深深影響每個孩子，成為教養的新議題。

父母如何引導孩子正確使用手機等 3C 產品呢？以下 5 個具體做法可供參考：

（一）覺察自己：要有意識自己在使用手機及 3C 產品，甚至可以每日定時檢視一下自己每天使用的時間。為人父母則要記得「白熊效應」，如果我們只是對孩子不斷提醒不要用 3C，不要玩手機，不但會引起孩子的反彈和反感，而其效果反而讓他一直複誦著、關注著 3C 產品或手機。因此與其不斷提醒禁止規定，不如「教他覺」，你使用多久時間了？你用在哪裡？你還有什麼事情要做？讓他想著要做什麼，而不是不做什麼，如

此才可以避免白熊效應。

（二）適度使用：要孩子每天設定瀏覽的時間，或瀏覽過後要多久才能再瀏覽的時間。如果孩子能夠覺察自己，就容易做到適度使用。而要適度使用，有時不能只靠個人意志力，而在藉由環境和 3C 產品保持距離。如此才能夠避免過度的使用，所以想要適度使用，可以透過改變環境，讓自己身體離開這些設備，才容易做到。

（三）**教學學習**：手機和 3C 產品，透過網際網路，帶給現代人生活和工作方便和效率，因此其正面效益不小，而如果能夠妥善運用於教學和學習，也能做到很多書面紙本、實體教學無法達到的創新和效果，促進教學品質和學習成效。

（四）**以身作則**：孩子的學習，除了自己親自的嘗試錯誤外，就是觀察學習和鷹架支持，因此父母最重要的是自己能以身作則，如此孩子就有仿效的楷模，容易養成正確的使用習慣和態度。

（五）**討論陪伴**：父母和孩子在一起，也可能各自瀏覽著 3C 產品或手機，也可能藉由通訊軟體，例如：LINE 等溝通互動。所以親子討論網站、媒體的內容，顯得重要，如此父母也可以藉機和孩子溝通，藉此了解孩子手機瀏覽的內容。尤其現在孩子是數位原生代（digital native），對於手機或 3C 產品的功能、網際網路和視聽媒體、自媒體（例如：YouTube、Podcast 等），都比父母熟悉，父母反而要借重孩子的經驗和能力，去了解這些功能和內容。因此討論和陪伴，是親子在面對手機和3C 產品時，很重要的活動。

本節問題討論或實務演練

Q3.3.1　請針對親子教養的各項理論爭議，蒐集相關資料，提出自己的主張。

> 　　請針對親子教養的各項實際挑戰，說明自己的個人經驗，您贊同本書提出的觀點嗎？贊同或不贊同的原因為何？
>
> **Q3.3.3**　可以和同學討論自己以前在安親班和老師互動和寫作業的經驗，也可以想想未來為人父母，你對孩子安親班的期待。
>
> **Q3.3.4**　出生序真的會影響到親子教養嗎？描述一下你自己的出生序對你和家人互動及發展的影響。
>
> **Q3.3.5**　父母如何教養獨生子女？如何教養兩個以上的孩子？該做什麼、不該做什麼？
>
> **Q3.3.6**　你贊成親子教養最重要的是父母以身作則嗎？就如 J. Nelsen 所說：教養孩子是個持續歷程，育兒必須育己，成功實施正向教養的關鍵是成人同樣也可能犯錯，成人也能承認犯錯，負起責任，認定犯錯是學習的良機，成為孩子的身教模範。

3.4 多元文化的教養觀

　　文化是居住在同一區域、同一族群或同一國家的人們，所持有的一組行為思想法則，而這些法則通常和人們在家庭和職場等的核心社會關係，以及宗教、道德等的重要價值觀設定及其運作規範有關。而每一個社會團體都有其成員共同認可的行為思想法則。有心理學學家概括的將東方文化，包括：中國大陸、臺灣、日本、韓國、印度、東南等，與西方文化，包括：美國、加拿大、歐洲、澳洲、紐西蘭等，做對比，東方文化是集體主義文化（collectivism），重視與他人保持和諧關係，以及教導對家庭、社會與國家盡責任；西方文化稱為個人主義文化（individualism），發展和珍視個人獨特性（胡志偉，2023）。教養觀是否也有文化上的不同呢？

3.4.1 虎媽戰歌—中國式教養？

20 世紀末，全世界對中國感到好奇，張戎的英文書籍《鴻：三代中國女人的故事》（1991），引起西方人士廣泛的注意。而美國的華裔耶魯大學教授，也為了滿足西方對中國文化的好奇，因此以自己親身教養兩個女兒為例，寫作了《虎媽的戰歌》（Chua, 2011/2011）。

一、虎媽戰歌的教養方式

《虎媽的戰歌》是美國華裔第二代母親，依照第一代的教養方式教育第三代孩子的記錄。作者蔡美兒在第一章就列了十項禁止規定，包括：禁止去別人家過夜、任何一科成績低於 A、彈奏鋼琴或小提琴以外的樂器等，定義了何謂中國式教養。作者強烈要求兩個女兒達到上述要求，並要他們不斷地練習小提琴或鋼琴，全書標榜了三怕：1. 怕孩子輸在起跑點：從小就開始練琴。2. 怕浪費時間：勤能補拙，到哪裡都要練琴，假日練琴更是平常的兩倍。3. 怕失敗，只有設定成功的腳本，失敗了只知道要更加努力。

全書也看得出母親全心投入女兒教養，犧牲自己很多時間，參與陪伴女兒練琴，也犧牲自己金錢或物質享受，讓孩子有名師指導。母親自己不公開稱讚小孩，然而不惜成本，開演奏會或派對，讓孩子受到別人稱讚。當虎媽被問到：「妳做的這一切，是為了女兒還是自己。」她的回答是：「百分百為了女兒。這樣做，自己也苦不堪言，累死人，一點都不好玩。」

然而這樣做，視子如己，把孩子當成是自己的延伸，不尊重孩子的選擇，不重視孩子的感受。所以雖然在大女兒蘇菲亞身上得到比較成功的印證，但是在二女兒露露身上，卻引發很大的壓力和反彈，成長過程中，母女不斷衝突和爭吵，二女兒甚至喊出：「我討厭妳，可怕的媽媽。」而作者的父親成長歷程也是痛苦經驗。她的奶奶不喜歡她爸爸，對他很不好，

常常拿兒女做比較，吃虧的是排行第四的父親。所以作者也說，中國式的教養模式成功時，其成效很大，但不一定能成功，她父親就是個例子。作者還拿養狗和中國式教養做比較，養狗只需要愛心和耐心，剛開始投入一些訓練時間；中國式教養最難在有時候必須被「你所愛，而且希望他也愛你的人」討厭，而且絕對沒有鬆懈及突然變簡單的時候，是永無止境的奮鬥（Chua, 2011/2011）。

二、虎媽戰歌教養方式的反思

就如書中作者母親提醒作者：「每個孩子都不一樣，你必須調適你自己。看看你爸爸的例子就知道了」（Chua, 2011/2011）。單一的教養方式不一定適合每個孩子，每個孩子都是獨特的存在，具有個別差異，而比較更是一大忌諱。《史記·高祖本紀》，記載劉邦曾當面跟其父親說：「始大人常以臣無賴，不能治產業，不如仲力。今某之業所就孰與仲多？」劉邦稱帝尚且將父親拿他與弟弟比較放在心裡，何況一般百姓。《虎媽的戰歌》出版 10 年後，作者也自己承認，後悔當時對孩子所說太嚴厲的話，對她們發飆。知道如果自己不改變，孩子會討厭自己一輩子，會失去她，所以決定向後退。10 年後，2 位女兒都進了哈佛大學，大女兒甚至已拿到法學博士，但兩個女兒都沒有成為職業音樂家。

3.4.2 傳統典籍反應的教養觀

根據《家庭教育法施行細則》第 2 條規定，親職教育是指增進父母或監護人了解應盡職責與教養子女或被監護人知能之教育活動及服務。而子職教育是指增進子女或被監護人對父母或監護人應盡義務與應享權益之教育活動及服務。以此觀之，傳統許多典籍，內容包含親職教育、子職教育，兩者夾雜論之。如以《孝經》、《弟子規》，明顯是子職教育，而《顏氏家訓》、《三字經》、《養兒子》則兼而有之，因為其中不乏親職

教育、親子教養的內容。因此，論述其內涵有關教養觀如下；

一、《顏氏家訓》

魏晉南北朝的顏之推所著《顏氏家訓‧教子篇》，其主要的親職教育在以下 4 項要點；第一、父母教導子女要愈早愈好，而且要勤加督促、規訓孩子：父母教養最好從胎教開始，並引孔子云：「少成若天性，習慣如自然。」俗諺曰：「教婦初來，教兒嬰孩。」該篇舉了許多歷史典故，說明父母溺愛子女的下場。第二、要易子而教：再則又舉了詩、禮、書、春秋、易等典籍，說明父母難以親教子女，應該易子而教。第三、對待個別孩子要公平：人之愛子，罕亦能均；自古及今，此弊多矣。賢俊者自可賞愛，頑魯者亦當矜憐，有偏寵者，雖欲以厚之，更所以禍之。第四、要子女能夠判斷是非、獨立思考：教子最後一段舉了齊朝有一士大夫教子女要學習鮮卑語及彈琵琶，投當時達官貴族所好，以事公卿，擔任要職為例，要子女不要如此閹然昧於世。這段話還被顧炎武引用於《日知錄》的〈廉恥〉一文，然而其中因為時代背景下的士大夫忠君思想和夷狄之辨，也隱藏在其中。

二、《三字經》

《三字經》是中國傳統兒童啟蒙教材，是經典中最淺顯易懂的讀本之一。其取材典故廣泛，其中與親職教育最有關者，當屬開始前的幾句：「人之初、　性本善，性相近、習相遠，苟不教、性乃遷，教之道、貴以專，昔孟母、擇鄰處，子不學、斷機杼，竇燕山、有義方，教五子、名俱揚，養不教、父之過，　教不嚴、師之惰……。」其中提到孟母為孩子孟軻選擇環境、自己身教買豬肉給兒子吃，及孩子不努力向學，割斷織布機上的布來勸勉，還有竇燕山原本家境富裕，為富不仁，後來改過自新，處處行善，建立書院，供人讀書，如此以身作則，而後五個孩子各個登科入士，傳為佳話。說明《三字經》闡述的親職教育，重視環境的選擇、強調

以身作則。

三、《了凡四訓》

　　《了凡四訓》是明代袁學海，後改號為了凡，寫給兒子袁天啟的書。書裡分為立命之學、改過之法、積善之方、謙德之效四個部分。袁先生講述自己母親要他放棄科舉改學醫，遇到一位熟悉邵子皇極數的孔先生，幫他推算的結果極為靈驗，以至於袁先生認為一切命中注定、槁木死灰，直到又遇到雲谷和尚才知道：「命由我作，福自己求。」袁先生原號學海，改號了凡，並按照雲谷和尚所示行事為人，得子天啟（李亦安，2018）。全書的親職教育就是袁了凡要兒子能夠建立改造命運的信心，而改造命運的方法，就是要改過、積善和謙虛，並以自己的經歷、周遭人物作為實例，以身作則要兒子能夠遵循。

四、《養兒子》

　　《養兒子》是日本江戶時期唐通事教材之一。日本於 1604 至 1867 年間在唯一通商口長崎設立唐通事以擔任翻譯工作，相關的語言教育與通事教材也於此一時空背景產生。當時的教材之一《養兒子》，說明當時的親職教育或教養觀，早稻田大學圖書館目前有其善本書。《養兒子》開宗明義寫道；「善良自有善良子、強惡終生強惡兒」，說明為人父母以身作則的重要。該書認為養兒子跟養樹木花草是同樣的道理，襁褓下細心照顧，5、6 歲進學堂，學字、讀書，學習仁、義、禮、智、信五常的道理，父子、君臣、夫婦、長幼、朋友五倫的道理，讓孩子有本事，而不要嬌生慣養，沒本事，反而害了他。所謂「好酒出深巷、嚴父出孝子」、「養子不教、父之過、教而不嚴、師之惰」、「鑿壁引光對聖賢、囊螢照夜讀書編、古人多有磨鍼士、今世誰堪雪裡天」、「不為名兮不為己、只徒顯宗孝心存、埋頭需讀養兒子、到老方知父母恩」。

　　清朝有唐彪輯著《家塾教學法》，其中亦有親職教育、親子教養的內容。唐彪曰：「父兄教子弟，非僅六七歲時延塾師訓誨便於工作謂可以謝己責也，必多方陶淑。」換句話說，父兄不只是要幫子弟找到好老師而已，還要循循善誘。不過在父兄尊師擇師、學問成就全賴師傳，仰賴明師指點之益。這部書後續主要談論爲師之道，因此不再贅述。以此觀上述傳統典籍反應的教養觀，不外乎有如心理分析論一般，重視孩童早期經驗，並以權威式高回應、高要求的教養模式爲主，也強調行爲主義刺激反應連結後習慣的養成。尤其在親職教育上十分強調父母親要以身作則，因此歸納這些觀念後，可以發現親子教養就是律己、行善。因此教養不必用拚的、也沒必要有親子教養的焦慮，父母只要以身作則，並且有養也要有教。

3.4.3 臺灣諺語反應傳統文化的教養觀

　　由於臺灣諺語是一種句子簡短、音調和諧，能反映出人生道理的流傳俗語。這些諺語是一個族群生活經驗的智慧，也是風土民情與思想信仰的縮影。因此透過祖先的「古早話」，我們可以了解本土文化的淵源（許晉彰、盧玉雯，2009）。張民杰（2019）將這些臺灣諺語所反映的傳統文化教養觀，依照對孩子行爲的要求、成人本身行爲的自我要求、成人與孩子的互動加以分類，發現：

一、對孩子行為的要求

　　要有明確的是非觀念：「一返一、二返二」。從小就要養成好習慣：「細漢偷挽瓠、大漢偷牽牛」。重視小細節：「甕仔嘴毋縛、涵缸嘴縛無路」。提倡聽從、不多言：「歹瓜厚籽，歹人厚言語」、「膨風水蛙刣無肉」。重視努力和積累的工夫：「三日無餾，爬上樹」、「做雞著蹌，做人著翻」。鼓勵改過自新、不怕挫折：「神仙扑鼓有時錯、腳步踏差啥人

無」。重視最後的成果：「開花滿天香，結子才驚人」、「艱苦頭，快活尾」。

二、成人本身行為的自我要求

待人應和善、做好情緒管理：「好也一句，歹也一句」、「荏人，厚性地」。重視身教及觀察學習：「殺雞教猴」。切莫盲從：「一犬吠形，百犬吠聲」。做人做事要留餘地：「人前留一線，日後好相看。」凡事都有利弊得失：「甘蔗，無雙頭甜」。

三、成人與孩子的互動

公平：「藤條舉上手，無分親戚恰朋友」、「吃甘蔗、隨目齧」。不溺愛但也不嚴懲：「捷拍若拍被、捷罵若唱歌」、「嚴官府，出厚賊；嚴父母，出阿里不達」。相互尊重、分享和合作：「打狗看主人」、「相分食有椿、相搶食無份」、「有量，著有福」。重視個別差異、因材施教、大器可以晚成：「憨的，也有一項會」、「一枝草，一點露」、「大隻雞，慢啼」。

而這些臺灣閩南語的諺語，與國語和客語的諺語，也都所相似或同義。例如：國語的「言多必失」、「禍從口出」（龍偉，2006），「棍棒出孝子、恩養無義兒」、「人非聖賢、孰能無過」、「浪子回頭金不換」（趙玉林，2006）。臺灣客家諺語：「子要幼時教、竹要嫩時拗」、「小時偷人針、大了偷人金」、「縱豬擎灶、縱子不孝、縱細妹仔、毋落人家教」、「寵兒出逆子、嚴父出孝郎」、「殺狗教猴」、「大鬼無有樣、小鬼做和尚」、「戲棚唇的豬嬤，會噴嚏也會打拍」、「一身死了了、總剩一張嘴未死」、「嘴甜舌滑」等（黃永達，2005）。說明在臺灣各族群有相同，至少是相似的教養觀。

3.4.4 其他國家的教養觀

各國教養觀琳瑯滿目，精彩豐富，但要考慮不同文化和孩子的個性，思考其適用性。

一、各國教養觀的精彩豐富

其他國家或族群的親子教養，也是我們所好奇的，因為文化習俗的不同，存在著差異性。例如：猶太人善於理財，為世人所公認。其教養子女的方式，根據其傳統經典《塔木德》（Talmud）。塔木德是猶太數百年來對口傳律法的研究概要，時間從他們居於巴勒斯坦、巴比倫尼亞（今伊拉克）開始，至中世紀結束。其內容龐雜，包括：律法、傳說與哲學，還有大量獨特的邏輯論證與精明的生活智慧，還有豐富的歷史、科學、軼聞，筆鋒常帶幽默（Steinsaltz, 2010/2015）。坊間有關塔木德教養的書籍，尤其是理財致富的書籍，都是擷取自包含宗教、文學、歷史、哲學、法律、飲食、節日與習俗，觸及生活各層面約 250 萬字的經典鉅作。

再者，像陳之華在芬蘭親身經歷的學校教育與親子教養觀念（陳之華，2008、2009），由於其居住芬蘭 6 年，不再只是「旅人說故事」。因此在中文出版當時，也在臺灣造成轟動，而回到臺灣，對比臺灣的教育現況，也寫了令人深思的觀察筆記（陳之華，2010）。此後這類其他國家親子教養的書籍，如雨後春筍般，陸陸續續出現（趙麗榮，2018）。

二、各國教養觀的適用性

然而這些介紹各國親子教養的書籍，在閱讀時，應該加入以下問題思考其內涵：

（一）書內描述的內容真的能代表該國人民的教養觀嗎？例如：《虎媽的戰歌》，是美國華裔第二代母親，依照第一代的教養方式教育第三代孩子的記錄。這個特定時空背景的親子教養經驗，真的可以代表中國傳統

文化或中國父母的教養觀嗎？書中經常看到蔡美兒安排兩位女兒學習樂器，排滿行程的做法，跟 Lareau（2011/2021）描述美國中產階級安排子女組織式活動的做法是相同的，這跟美國式的教養不盡然都不同。同時期的布朗大學（Brown University）日裔教授及其研究團隊也先後發表比較西方和東方文化教養觀的異同，發現日本也有家長讓孩子參加課外補習或輔導，所謂「影子教育」（shadow education）以彌補文化資本的不足（Yamamoto & Brinton, 2010），與中國教養觀相似。

她們也發現亞裔父母對孩子學業期望高於拉美裔和非裔，然而父母期望與孩子學業成就有正相關的卻是歐裔美國人，上述三者反而關聯微弱（Yamamoto & Holloway, 2010）；中國移民父母選擇幼兒園的品質主要看師資，與歐裔美國父母觀點主要看是否符合自己和孩子的需求，兩者也有不同（Yamamoto & Li, 2012）。因此這些教養觀與環境互動後，事實上是很複雜的表現。

（二）每本書籍都說該國教養好的地方、值得學習之處，但沒有點出不好的地方、不適合之處。換句話說，都介紹好的面向，沒有看到不好的面向，倒是蔡美兒《虎媽的戰歌》，忠實交代她失敗之處。

（三）各個國家之間的教養方式，都是獨特的嗎？各國教養觀強調的是其不同之處，然而教養可能有更多共同的原則。

（四）各個國家獨特、不同的教養方式，真的能夠適合我們自己的文化，作為我們的教養方式嗎？各國文化脈絡、地理位置、氣候環境都不相同，北歐天寒地凍、自然景觀、人口密度，都跟臺灣不同，他們的教養方式，真的適用於臺灣嗎？

Gross-Loh（2013/2015）訪談了很多在聯合國兒童權利公約中幸福指數高的國家人士及其異國鄰居，包含：芬蘭、瑞典、德國、法國、日本、義大利等，寫作《教養無國界》（*Parenting Without Borders*）一書，認為教養方式因為階級、地區、宗教與種族而異，文化複雜變動，也隨時在演化。但看看其他國家的例子，可以讓父母跳開框架，了解到每個國家親

子教養的優點，而跳脫自己國家或文化的思維，這點應該是無庸置疑的。因此照著別人經驗的書籍來教養，還是要依照自己孩子個性與所處情境來教養，兩者之間應該取得平衡，並在嘗試過程加以反思修正，才是適合自己的教養策略。

本節問題討論或實務演練

Q3.4.1 教養是否有共同元素？還是因為文化而各自不同、各有特色？

Q3.4.2 《三字經》有云：「勤有功、戲無益，戒之哉、宜努力」，與成長型心態有否相同之處？有無不同之處？

Q3.4.3 晉朝陶淵明有〈責子詩〉一首：「白髮被兩鬢，肌膚不復實。雖有五男兒，總不好紙筆。阿舒已二八，懶惰故無匹。阿宣行志學，而不愛文術。雍端年十三，不識六與七。通子垂九齡，但覓梨與栗。天運苟如此，且進杯中物。」宋朝蘇東坡也有首〈洗兒詩〉：「人皆養子望聰明，我被聰明誤一生。惟願生兒愚且魯，無災無難到公卿。」請討論兩位詩人墨客的親子教養觀。

Q3.4.4 您是否還瀏覽到哪些國家或族群的教養觀？這些教養觀引起您注意的原因是什麼？您對這些教養觀的看法為何？

第 **4** 章

特定情境家庭的親子教養 與親師互動

　　本章探討特定情境下，家庭的親子教養與親師互動，針對身心障礙、離婚、隔代教養、家庭暴力及貧窮等家庭情境，提供全面的分析。首先，探討身心障礙子女家庭中，家長的情緒反應和壓力，並探討教師如何有效地與這些家庭溝通。接著，分析離婚家庭中，孩子受到的影響，以及師生和親師互動的挑戰。第三，隔代教養家庭可能的優勢與問題，以及與教師的互動方式，亦是本章的重點之一。第四，對家庭暴力和兒童虐待與疏忽的問題也有詳細探討，並提供教師可採取的措施來支持受影響的孩子。最後，本章討論貧窮家庭的挑戰，以及學校和教師可提供的協助。透過對這些家庭特定情境的深入理解，教師能更好地理解多元化的學生家庭背景，並與家長有良性的互動。

　　對於特定情境的家庭親子教養與親師互動，首先教師要檢視的是自己的態度，有無偏見或刻板印象。例如：貧窮的家庭，認為家長只要努力一點，就可以改善經濟狀況？這些特定背景的家庭並不代表家庭有問題，而是相對地家庭容易處於弱勢，而有些孩子所處的家庭可能有多重的弱勢。例如：身心障礙、隔代教養、貧窮，這些孩子因此生活機會受到影響，而學習機會也受到影響。再則，理解特定情境家庭是教師達成「了解學生的文化、家庭、知識及個人經驗與資源」，這項高槓桿實務的關鍵，是現代教師必備的素養。

本章的學習目標

研讀本章，可以回答以下問題：

G4.1.1　能了解家有身心障礙兒，家長的情緒反應歷程。

G4.1.2　能體會家有身心障礙兒，家長面臨的壓力。

G4.1.3　能熟練教師與身障學生家長的溝通技巧與親師合作。

G4.2.1　能了解離婚家庭對孩子的影響。

G4.2.2　能了解教師對離婚家庭夫妻與其孩子／學生的互動。

G4.3.1　能比較廣義和狹義隔代教養的區隔和異同。

G4.3.2　能說明隔代教養的優勢與可能遭遇的問題。

G4.4.1　能了解家庭暴力的定義。

G4.4.2　能了解兒童虐待與疏忽的定義和類型。

G4.4.3　能熟悉教師對學生有家庭暴力、或兒童虐待與疏忽的處理程序。

G4.5.1　能了解貧窮家庭對家庭及學生造成的影響。

G4.5.2　能熟悉學校及教師對貧窮家庭可能的協助。

4.1 身心障礙子女家庭

　　特殊教育，包括：身心障礙和資賦優異，由於身心障礙學生較為弱勢，需要教師和家長更多的關心和照顧，因此本小節特別描述身心障礙的家庭及親師互動。所稱身心障礙，依《特殊教育法》第 3 條有 13 種障礙類別，經專業評估及鑑定具學習特殊需求，須特殊教育及相關服務措施協助，而擁有這些身心障礙類別孩子的家庭。另外，學生的父母也可能是身心障礙人士，同樣對於孩子的教養，有需要教師特別協助的地方，由於父母的身心障礙類別不同，有可能造成貧窮、或教養能力不足等，可參考其他特定情境之家庭給予協助，本書未作進一步探討。

4.1.1 家有身心障礙兒的家長情緒反應與壓力

　　家有身心障礙兒的家長面臨情緒和壓力上的挑戰，從震驚與哀傷，到長期的適應過程，這些挑戰深刻影響了他們的生活。了解這些情緒反應和壓力來源，有助於提供更有效的支持與介入。

一、家有身心障礙兒的家長情緒反應

　　家長在得知子女身心障礙時，猶如自己失去了完美的子女，伴隨著出現震驚、挫折、憤怒、徬徨、無奈、傷心、無助和逃避等哀傷的情緒，還有罪惡感、責任感、怪罪他人、隱藏缺陷、猶豫及過度保護等感受或行為（黃富強等人，2013）。

　　身障家長情緒反應有主張階段論，也有主張長期哀傷理論。主張階段論者，有學者 Blacher（1984）認為，父母哀傷的歷程可以分為 3 個階段：1. 震驚與否定、2. 憤怒、失望與罪惡感；3. 適應接納和重整生活。而 Dale（1996）後來又分為：1. 震驚、2. 否認、3. 傷心、4. 適應、5. 重

組等五個階段。然而，也有學者提出長期哀傷理論（Seligman, 1991），指出父母在子女確認為身心障礙者後，在子女成長過程會遇到一些困難，難免會再度陷入哀傷，未必會因為時間而消失。

二、家有身心障礙兒的家長壓力

對家長來說，孩子身體缺陷是對自我價值巨大的打擊，處於親職中的困境，生活有以下壓力（Gestwicki, 2015/2015; Turnbull, et al., 2011/2013）：

（一）長時間費力照顧孩子，較少的休息時間、睡眠不足的生活壓力。

（二）醫療花費的經濟壓力。

（三）家長預料或經歷到的拒絕、憐憫、或嘲笑等社交壓力。

（四）父母因花時間和精力照顧身心障礙的孩子，而造成彼此關係的壓力。

（五）處理或忽略其他非身障孩子需求的壓力。

三、家有身心障礙兒的家長情緒管理

教師對身障學生家長的情緒反應有感知能力，比較能理解和同理家長，增加親師溝通時適當的回應。黃富強等人（2013）提出認知行為介入法來管理家長照顧身心障礙孩子的情緒壓力。以下是其運用的方法：

（一）身心思維自我分析表：事件引發後，試著分析自己的身體反應、情緒反應、行為反應和思維反應，並用「情緒溫度計」記錄每個事件的情緒指數，可以用 1-10 分，愈高表示愈生氣。

（二）五常法：了解自己思維反應後，運用：常留意身體警告訊號、常喚停負面思想（註：依白熊效應，本書作者建議改為常覺察自己負面思想）、常自我反問（運用多元觀點）、常轉移注意力、常備聰明卡（用座右銘或心靈牌卡，正面鼓勵自己）。

（三）活動尺：列出幾項想要去做、有助於身心健康，讓自己有滿足

感的活動和事項，然後逐項去完成，完成時並給自己內在酬賞。例如：到公園散心，走完後，心中感謝自己完成活動、或順便喝個飲料等。

4.1.2 教師和身障學生家長的溝通與合作

教師首先應該要了解與身障生家長的溝通要領，並具備融合教育的專業知能，將這些專業運用在與身障生家長合作上。

一、教師與身障生家長溝通要領

家長還未與教師互動前，可能就先與其他像社工師、醫生等專業人士互動過，其互動經驗會影響家長與教師的互動。教師與家長互動良好，可以獲得孩子發展、醫療、社交和情緒上的訊息。教師和家長互動，有以下7項要點（Gestwicki, 2010、2015/2015; Turnbull, et al., 2011/2013）：

（一）每個家長都是獨特的：同一家庭不同家長，如父母，也是兩個獨立個體，意見也可能不一致。教師要尊重每個家庭的獨特性，勿對身障生家庭貼標籤。

（二）聚焦於現在及未來：身障生家長可能有罪惡感或責備他人的傾向，避免訊問原因，聚焦於現在與未來計畫，讓家長看到孩子的進步與能力。

（三）澄清資訊，並持樂觀而實際的態度：教師要認知自己的角色在澄清事實，而非評論其他專家的診斷。老師也可定期與專家團隊互動，注意孩子學習階段的銜接問題。由於身心障礙可能伴隨學生一生，因此雖然要樂觀，但也要持務實的態度，協助家長接納缺陷和限制，也給家長協助和希望，為每個小進步感到高興。

（四）鼓勵家長參與課堂活動：讓家長有孩子的第一手資料，有助其參與親職教養，但因家長本身已擔負許多壓力和期待，教師只需營造歡迎的態度，讓家長量力而為，自我選擇回應方式。目前學校層級的家長會，

有法定身障生家長代表。

（五）知道社區可使用的資源：了解社區與特殊教育資源，提供身障學生家長適當的轉介服務，或尋求學校輔導室、社區社工師的協助。

（六）協助家長重建自信：身障學生家長在社交與情感可能較為疏離，教師可協助建立社交支援網絡，透過與其他相同境遇家庭對話，重建自信。例如：提供訊息，鼓勵家長加入身障扶助團體，互相幫助，讓家長不用獨自面對漫漫長路的種種困難。

（七）協助家庭學會放手：家長因罪惡感而過度保護身障的孩子，要讓孩子逐漸學會獨立。發展孩子的自助技能，也避免同學過度協助，而妨礙身心障礙孩子自助能力的培養。

二、教師須具備的融合教育高槓桿實務

由於國內輕度和中度的身障生大部分都在普通班級，在特定的科目和時間才到資源班，因此所有幼兒園及中小學教師都需要具備融合教育的知能。McLeskey 等人（2018）提出，師資培育的發展與革新務必加入高槓桿實務（high-leverage practices, HLP），方能促使教師在融合教育情境中善用這些有效的教學實務，改善融合教育實施成效。

McLeskey 等人（2017）提出了 4 個向度 22 項融合教育高槓桿實務，其中與教師和身障生家長合作與溝通的前三向度包括：

（一）合作：1. 與專業團隊合作，以提高學生的成功率。2. 組織並促進與專業團隊和學生家庭召開有效的溝通會議。3. 與學生家庭合作，支持學生學習並獲得所需的服務。

（二）評估／評量：4. 透過多元資訊來源，全面了解學生的優勢能力和學習需求。5. 與利害關係人解釋和溝通評估資訊，以共同設計教育計畫。6. 在特教老師制定教學目標（擬定 IEP）後，評估並適性或適切調整學生的教學計畫。

（三）社會情緒行為：7. 建立一致、有組織及相互尊重的學習環境。

8. 提供積極和建設性的回饋，以指導學生的行為。9. 教導社會行為。10. 進行功能性行為評估（Functional behavior assessment, FBA），以制定個別化的學生行為支持計畫（McLeskey, et al., 2017）。而另外還有 12 項教學／指導向度的高槓桿實務。

三、教師與身障學生家庭的合作

上述前 10 項高槓桿實務的第 2、3 兩項更與家庭相關，其內涵如下，可以作為教師與身障生家長合作最重要的項目和內涵。

（一）第 2 項：組織並促進與專業團隊和學生家庭召開有效的溝通會議。其詳細內涵為：能領導／參與一系列會議（例如：與家庭、個別化教育計畫（IEP）團隊、個別化家庭服務計畫（IFSP）團隊（學齡期前、2 歲以後）、教學計畫團隊等會議）。在這些會議中：1. 能制定議程，分配時間。2. 能以積極的口頭和非語言交流建立共識、鼓勵分享多種觀點或資料資訊、表現出積極傾聽和徵求回饋的方式，領導會議進行。3. 能實現會議目標，例如：確定明確、可評估的學生成果，並制定支持這些結果的教學和行為計畫。

（二）第 3 項：與學生家庭合作，支持學生學習並獲得所需的服務。其詳細內涵為：1. 能就個別學生的需求、目標、計畫和進展情況，與家庭進行尊重且有效的溝通。溝通方式應考慮到家庭背景、社經地位、語言、文化和優先事項等。2. 能確保家庭了解他們的權利及特殊教育的過程（例如：IEP、IFSP）（McLeskey, et al., 2017）。以上這些能力的要求具體明確，相當具有參考價值。

本節問題討論或實務演練

Q4.1.1　訪談一位有身心障礙孩子的家長,讓她／他聊聊,發現孩子身心障礙以來的心路歷程。

Q4.1.2　在與身心障礙家長互動時,如何同理家長?哪些話應該多說?哪些話不要說?教師如何具備敏感度?

Q4.1.3　融合教育的高槓桿實務,在教師與家長及其他專業人士合作,有兩個項目,請自我評估自己是否具備這樣的素養。

Q4.1.4　身為導師,針對融合教育,需要和哪些人員合作?合作項目為何?試舉例說明之。

4.2 離婚家庭

　　從內政部統計月報網站上的資料顯示,臺灣從 2001 到 2021 年的粗結婚率最高曾經有每千人 7.63 對,2021 年是每千人 4.88 對,粗離婚率曾經為 2.87,2021 年是 2.04。這個數字表示一定期間內,總人口數結婚和離婚的對數,粗結婚率 4.88 表示 2021 年每千人有 4.88 對結婚,粗離婚率 2.04 表示 2021 年每千人就有 2.04 對離婚,比率不小,對家庭結構產生不小的影響。

4.2.1 父母離婚對孩子的影響

　　以下主要依照 Gestwicki(2010、2015/2015)的主張,再參考其他文獻,將父母離婚對學生的影響,摘述如下:

一、離婚對家庭的影響

離婚並非僅帶來負面影響，亦可能帶來正面之改變，有可能離婚讓人如釋重負，展開新期待的感覺（薛怡君，2009）。

然而離婚也會破壞家庭平衡和結構，導致家庭結構的變化，對家庭系統造成損害。離婚家庭結構變化後，父母的親職能力可能會下降數月或數年，影響孩子的需求照顧。

二、對孩子的影響

離婚對大人來說，是一個關係的結束，需要重建自己的生活，然而可能面對收入減少和生活品質變低的挑戰，也因此影響孩子的生活。而在孩子情感上，可能經歷遺棄、創傷、拒絕、憂鬱等情感反應，經歷的程度因年齡、經驗、外在支持、性別和人格而異。而情感就會影響行為的變化，顯現出壓力和困惑。

父母離異，孩子的適應可能有否認、憤怒、協議、沮喪、接受等 5 個階段（賴歆怡，2012）。而一般孩子大概需要 2 年的調適，但可能永遠改變對社會和自我的態度，及對安全感和保護的需求持續缺乏。父母離婚是僅次於家庭成員死亡的主要壓力源，對孩子的影響可能比自然災害等其他危機更深遠，因為其他危機通常會以保護孩子為優先。

三、年齡不同影響的差異

孩子年齡愈小，父母離婚對其造成的影響可能愈大。幼兒可能出現分離焦慮和情緒壓力；學齡兒童影響其情緒、行為和學業的表現；青少年及成年後也會影響其婚姻和親子關係的決定。

4.2.2 教師與離婚家庭家長與子女的溝通與協助

以下主要以 Gestwicki（2010、2015/2015）提出在課堂上的互動及親

師互動兩者，再加上其他學者的看法說明。

一、課堂上的師生互動

教師應先自我檢視態度，接著覺察團體反應，鼓勵孩子從表達情緒到接受。教師要提供可預測有次序的環境，讓孩子回復平常生活，有娛樂時間和良好的社交互動，說明如下：

（一）教師的自我檢視：教師要關心這些背景的學生，檢視自己的態度和期待，避免刻板印象。教師要支持孩子，讓他們知道並不會因此失去父母和兄弟姐妹，更不需對父母的離婚負責。

（二）覺察團體的反應：老師可能會發現在團體中，有些孩子會擔心父母離婚或離開他們。最好在此時告訴孩子，每個家庭都是不同的，即使父母往後不在一起了，他們仍然會疼愛及照顧自己的孩子。此外，老師應告訴家長孩子在擔心什麼，以便提供更好的支持。

（三）鼓勵表達情緒：老師對孩子的了解與關注，來自於平日的觀察及聆聽。每個孩子有不同的性情、支援系統和其他因素，因此在遇到問題時的反應也各不相同。善用積極聆聽技巧的老師，有助於孩子釋放壓抑的情緒，這對學齡中的孩子尤為重要，因為他們往往較少和父母或同儕談論傷心事。

（四）鼓勵孩子接受：老師可鼓勵孩子接受家庭現況的轉變，並在言行中表達對不同家庭的尊重，強調家庭的獨特性。老師的教學活動應顧及學生的感受，例如：避免強制要求學生參加父親節卡片製作等活動。

（五）維持可預測有次序的環境：孩子在這樣的轉變階段，極需一個井然有序、可預測的環境。學校提供的家庭以外的撫慰性環境對孩子至關重要，因此雖然有時老師可以減少對這些孩子的要求，但整體上還是對這些孩子和其他同學一樣有一致的要求，以保持穩定。教師以平常心面對，依需要做彈性調整就好。

（六）娛樂和支持：提供娛樂計畫給孩子、手足和朋友，以幫助他們

渡過難關。娛樂是支持措施的一部分，因為父母離婚之際，孩子充滿焦慮、憂鬱或憤怒的心情，幫助孩子在過渡期間保持積極的心態和良好的社交互動。

二、教師與離婚父母的親師互動

教師首先表達關心，要父母放心會照顧學生，並清楚說明要家長協助事項，而且也要遵守父母離婚判決或協議結果，協助取得社區資源，也要檢視自我界線。依照 Gestwicki（2010、2015/2015）的意見，說明如下：

（一）讓父母放心：老師應以關心的態度對待家長，示範如何開誠布公地進行親子情緒溝通，澄清離婚的事實及新生活狀態。這樣可以幫助家長理解調適需要時間，提供悲傷歷程及正向結果的資訊，減輕他們的罪惡感。

（二）需求明朗化：教師應與家長溝通，清楚明確地說明需要家長協助事項，確保這些要求在經濟和時間上是可行的，例如：學習用品準備或班級活動參與等，以適應父母離婚歷程親職能力的下降。

（三）遵守法規與協議：老師需要了解親職間照護孩子的法律與非正式協議，包括：監護權的分配、聯合監護權和探視權等，而且遵守這些法規和協議來提供協助。

（四）取得社區資源：教師的專業在於與孩子的互動，主要提供情感支持、有用資訊和善意的聆聽。若家長需要專業諮詢幫助解決問題，老師可以轉介至適當的社區機構。

（五）教師自我的界線：教師提供的協助主要在協助學生，讓學生能適應家庭的變化，然而教師自己的專業與時間有限，也要檢視自己的角色，不要介入其他家庭事務，劃定協助的界線，減少其他的情感糾葛，可以避免事態更加複雜，如此才能夠真正幫助到孩子和家庭。

本節問題討論或實務演練

Q4.2.1 學生的父母離婚，教師在法律上要注意哪些事項？

Q4.2.2 學生的父母離婚，教師在親師互動時，要注意哪些事項？

Q4.2.3 學生的父母離婚，教師在師生互動時，要注意哪些事項？

Q4.2.4 根據學者的研究（沈瓊桃，2017），在離婚訴訟過程，造成子女適應困難的父母作為包括：要求孩子選邊站、離間彼此、禁止會面互動、搶奪及拐帶子女、爭執扶養費、照顧異常、或互相猜忌放大檢視子女照顧議題，因此提議應有離婚親職教育方案，甚至強制離婚有未成年子女者實施，您同意嗎？請討論原因。

案例 4.2.1　阿宏寫不寫作業，爸媽不同調

案例人物背景

　　訪談時阿宏（化名）是位國中二年級學生，常不寫作業，成績在班上屬於中下。父母親在這一年離婚，先前夫妻常有爭吵而分居，但阿宏尚不知父母已辦妥離婚手續。阿宏的媽媽目前是保險業務員，而爸爸是位廚師，開了一家餐廳，離婚後，阿宏的監護權給了父親，現在和父親同住。以下案例內容是訪談阿宏的媽媽所得，因此用媽媽作為第一人稱加以說明：

　　我跟老師的溝通，主要還是針對孩子的學習狀況，還有在校與同學之間的人際關係，例如：孩子的作業有沒有如期完成，有沒有行為偏差，還有和同學之間的互動。阿宏目前常常沒寫作業，所以聯絡簿上，老師常和我有書面上的互動。

阿宏聯絡簿上「親師橋樑」的文字對話

> 阿宏媽媽：老師早，我每天看到阿宏的聯絡簿，讓老師們不斷地催促未繳交的作業，內心之痛苦呀！每天問他寫了沒、交了沒，他總有理由說。像數學，先說是搞丟了，也去跟數學老師說，重新拿作業回來過。唉！真是無言以對。（3月2日）
>
> 阿宏導師：媽媽您好：阿宏他其實有進步：作業大部分都會交，只是數學這一次真的拖太久，讓他學著承擔後果也好。（3月3日）
>
> 阿宏媽媽：老師，阿宏又怎麼了？（註：可能學生回家有反應當天發生的事情）（4月7日）
>
> 阿宏導師：沒有，他成績有進步！可是該交的作業還是沒交齊。（4月8日）
>
> 阿宏媽媽：老師早，不好意思，週末時，未能督促阿宏把罰寫的項目完成，請再多給他一、兩天時間，我會親自督促完成。抱歉了。（5月25日）
>
> 阿宏導師：沒關係，到禮拜三，只剩他囉！（5月26日）
>
> 阿宏媽媽：她又跟我說，他放在學校未帶回（指作業簿）。（5月26日）

阿宏目前不寫作業的可能原因

　　我是在去年的下學期吧！阿宏國中一年級下學期的時候，跟他爸爸離婚了。先前因為他爸爸在大陸的關係，我還能掌控好阿宏，現在他的功課沒辦法如期完成，有一部分是爸爸的影響，因為每次爸爸從內地回來，為了久未謀面的孩子，會用一種比較慰勞的方式，以物質來滿足他，如果功課沒寫也認為沒關係、放縱他，養成一種逃避的心態。然而他和我在一起，我就會叮嚀他，這是出自於關懷的叮嚀，但他卻認為媽媽很囉唆、碎碎唸，有時候回家，常常會把聯絡簿撕掉，再不然就漏抄作業項目回家。

　　因為漏抄，我檢查作業沒看到，就沒寫了，有一次我生氣起來，做過一件比較傷他自尊的事情，因為他的作業，老師已經連續催兩個禮拜了，他都不寫、也不交，我問他，他說：「我寫完啦！交給老師了。」

可是老師還是連續一直寫他沒有交，他又跟老師講說：「啊！我寫完了，放在家裡」，就這樣雙重的一直騙老師，回到家又騙媽媽。對他這種舉動，有次我就很生氣地直接跑去學校，想要利用早自習的時間，坐在他旁邊看著他寫完，結果他意興闌珊，只寫一、兩行。有次我先處理一些事情再到學校去看他，結果發現他在學校通廊和一群同學在那邊，不但沒在吃早餐、也沒在幹嘛！只是在那邊嬉戲、開玩笑，我先前叮嚀他說，今天會到學校去看喔！結果他完全沒放在心上，不寫作業，我當時很生氣，當著他那一票同學的面前，拉他的耳朵。這個舉動，或許傷他自尊蠻大的，後來我每次要跟到學校，他就會說，你不要來。我也因為那次拉耳朵的舉動，問他是不是傷了自尊？我跟他說對不起，不過我也是出於好意、也是為你好，因為我是你媽媽，才會做這個舉動，老師聯絡簿一直連續寫 3、4 天，你沒交作業了，卻一點都不打緊，心急下，才會有這樣的舉動。

　　功課是你在學習，不是我在學習，學習當然是你的，現在他好像認為寫功課不重要，可能是很久以前，爸爸灌輸他的觀念：「不會讀書，不要緊，我也是讀到國小畢業而已，現在還是可以做到餐廳的老闆。功課哪有一定要寫？」這是他爸爸的想法。我是一直不斷地跟阿宏講，爸爸媽媽這一代是農業時代，跟現在不一樣，不能拿以前爸爸學習的模式來跟現在比，不一樣的，然而現在小孩子在爸爸那裡，我更沒有辦法，只能關心。而班上導師和輔導老師也對他輔導，但他甚至書包裡一本書也沒有，聯絡簿也沒有，現在情形變得很糟糕，很糟糕就對了。

爸媽教養觀的不同

　　現在阿宏看到我，也不跟我打招呼，這個小孩整個行為都偏差了。現在再辛苦也只能用早上時間陪他，一起到學校，想藉由這個短短 10 分鐘，當面跟他稍微聊一聊也好、或看一看也好，可是他變得很不耐煩，而學校老師那邊，可能爸爸好像跟他們講，不要跟媽媽聯絡，事情不要讓媽媽知道。只是先前學校留下的資料、都是留我的手機、留我的住家電話，所以現在他在學校有什麼問題，都還是打我的家裡電話、打我的手機。前陣子，學務主任打電話給我，事情大概是因為他爸爸為了滿足小孩需求，買了一隻手機給他，本來放在我這裡保管，因為孩子要寫功課和考

試，但他就一直來跟我要，要了兩次不給他，結果他爸爸又買了一台新的給他。他爸爸的用意可能要滿足小孩子，讓他不要來我這邊找我。買給他之後，他很想拿去跟同學炫耀，就坐在學校五樓長廊的欄杆上面，學務主任打電話給我，就是因為他坐在欄杆上把手機音樂放得很大聲，吹著涼風，底下站著另一位同學，萬一不小心失足了，怎麼辦？學務主任告誡我說孩子不聽勸導，萬一失足了，做父母親恐怕要哭沒眼淚了。他做這種危險動作，讓人很擔心。

阿宏目前寫作業的狀況

本來我都會配合老師，按照聯絡簿催他趕快完成功課，因為功課本來就是今日事今日畢。但是這半年來，沒有再盯他，要不然以前我都是以他為主，他學校一放學，如果有補習就去補習，沒補習，一回來，我就一定會先盯他把功課寫完。但是他也會跟我說，他在學校一整天，回來很累想看個電視，但偏偏看完電視，我也煮好晚餐，接著要他吃晚餐，而且寫功課的速度很慢，寫一個功課要寫2、3小時耶，就愛寫不寫這樣子。後來才想說，這種孩子我不能再自己教了，乾脆送到補習班，不過到補習班也一樣，老師一直盯著他寫，寫完就好了，回家也不會再看，我要幫他複習也不要，說他剛剛看過啦，在補習班看過啦，唉！變成這種心態，對我的每次叮嚀，他都會反彈就對了。

功課不懂，不會請教別人

在學校，老師會在課堂上特別叮嚀他，特別問他說：「你了解嗎？懂不懂啊？」他的回答是他懂，但其實他根本不懂。我也請老師可不可以安排同學當小老師教他？譬如說，班長或鄰座同學，可以教他。不過問題出在我自己小孩身上，他不喜歡主動請教別人，是不是覺得不好意思，我不知道。他跟我講與班上同學互動良好，可是我發現碰到假日或任何活動時，他都不會主動邀約同學，一般來說，我們在學時期總有幾個比較麻吉的同學，就算是損友或益友也一定會有，對不對？當然要去衡量損友跟益友，但他這個現階段，還不懂怎麼去拿捏，最起碼功課不會，還會經常有幾個同學，可以打電話聯絡什麼的，但他卻沒有！或是老師今天功課教到

哪裡、有不懂的地方請教同學，甚至約打球的同學也沒有！他不會主動去邀約同學，我擔心他在學校的人際關係、跟同學間的互動也不好。不過老師倒是說他在學校跟同學互動很好，只是他功課不會請教同學。

媽媽不太敢再主動到學校關心

有問題時，一般我都會直接去學校找老師，到學校先去導師室看看老師在不在？如果不在，才會到樓上教室找老師，有些同學看到，就會跟他說：你媽媽在後面耶，他有時也會知道我去學校。但他認為我去學校，同學們可能認為這不是什麼好事，有可能因為上次拉扯耳朵的那個動作，他的同學可能認為他一定又犯錯了，所以媽媽才會又來了。所以我去學校，小孩子有負面印象，所以就會有反抗的情緒。

家庭因素導致成績低落

阿宏在小學六年級時，好像學習已經全部關閉了，有時成績故意把它考零分，因為三、四年級時，成績還在中上以上，但到了六年級之後，就整個 DOWN 下來了，或許是因為經常看到我跟他爸爸起爭執，就是為了錢的事情在吵。現在我跟他爸爸離婚簽字蓋章時，就跟他爸爸提到，說阿宏現在上國中，先暫時不要讓他知道，因為我怕他反抗心態會更強，先讓他穩定一點、成熟一點，再跟他說離婚的事，這是我跟他爸爸提出唯一的要求。所以他現在以為我跟他爸爸只是分居而已，現在他搬過去跟爸爸住，我就管不到了，這是比較傷腦筋的事情，以前老師任何事情，只要功課一沒寫，什麼事情，就一定會打電話或傳簡訊給我，甚至在聯絡簿知會我，現在開始他國中二年級之後，可能爸爸大概跟老師講了，感覺什麼事情都不再聯絡我了，我只是擔心阿宏學壞而已。

父親的教養態度

老實講，我這個小孩心地蠻好的，也很熱情、很樂於助人，在學校有什麼粗重的工作要做，他一定第一個舉手，可是在課業上他就這樣，悶悶的，就懶得讀書。因為爸爸灌輸一些不會讀書沒關係的想法，也不是說不好，只是說以目前社會，不是說養個孩子不用教就大了，除非這個小孩子

很喜歡讀書，我認為要教育還是要教育，我常跟他爸爸講，最起碼要讓他九年國民教育順利畢業，但再繼續這樣下去，他能順利畢業嗎？他們導師楊老師也說：如果這樣的話，要如期畢業，真的有點難。現在爸爸開店，每天下午4點準時去學校就把他接走，然後就直接去店裡幫忙。他爸爸認為不會讀書沒關係，爸爸有手藝，可以教你，你來店裡學，去店裡學哪有時間寫功課？哪有時間複習功課？沒有嘛，去到那邊就開始忙了，因為做餐飲的，下午5點就開始忙。再來，店裡忙完有時候11、12點才回到家，這樣小孩子睡眠怎麼夠，所以現在楊老師發現，他每天去學校就是趴在桌上睡覺。以前跟我住的時候，我會習慣讓他10點前就寢，現在不是啦，有時候睡過頭了，他爸爸也不會叫他起床，就有一次睡過頭，8點半了，才打電話跟我講：媽，我睡過頭了，你可不可以來載我去學校。像這種事情，我就跟兒子說，我擔心的事情總算來了，遲到這種事情一定會有一就有二，有二就有三。上次不知道腳怎麼傷了，突然間下午3點半就回家了，我那天剛好提早回家，問他怎麼3點半就回來了，結果他說爸爸帶他去看腳。後來我打電話去問老師，老師說爸爸在他上歷史課的時候，約3點半左右就把人接走，幫他請假了。我心想又不是什麼大傷，有差半個鐘頭嗎？3點半就幫他請假，這一請假，以後小孩子一定會有慣性，下次是不是也會如此？以後一定會經常累犯，這是我比較擔心的，功課沒辦法如期完成、現在又是請假又是遲到，以後怎麼辦？

要不要讓阿宏補習，父母不同調

由於他們導師是教英語的，所以其他譬如像數學、國文，之前就讓阿宏去補習，而現在進入二年級了，數學是不是更難，國文也是，尤其是作文，國文的國字我唸給他寫，他不見得寫得出來，這也是我擔心的事情，想讓他繼續補習。可是他爸爸都會牽扯到錢，只要是小孩子的學習要用到錢，他爸爸就會說也可以不用吧！一般作家長，是不是都會認為小孩子沒辦法教了，尤其是現在功課，作家長沒辦法教了，就讓他們去補習班，至少那裡有老師可以請教，可是反正只要牽扯到錢的事情，他爸爸就會問他說，不要去了好不好？去補習，考試也沒有比較好，不要去了啦，替爸爸省一點錢。尤其阿宏又是沒有主張的人，就答應了。但是這樣

對嗎？我不知道耶！當然或許每個家庭狀況不一樣，有人可以全心全意栽培小孩，有的人覺得顧肚子都來不及了，小孩子沒有去補習也OK啦！是不是？花這麼多錢，你功課又沒進步，他爸爸常對著孩子這樣說，我再講什麼都沒有用，我自己再自掏腰包請家教來教，也都沒有用。上回請家教老師，老師後來竟然也講：「媽媽，你不要再花這個錢了，因為每次上課他就開始打呵欠，說他很累，想休息一下，結果就熟睡了，還睡到打呼！這樣子，我怎麼好意思再叫他起來。他的學習態度已經偏了，即使要做補強、補救，也很困難。」家教老師是針對他目前的課業問題，不懂，可以多教你，多複習，但要家教老師再從基礎教起，怎麼可能再花這麼多時間呢？不知道該怎麼辦，才好。

跨區就讀心目中的明星國中

升國一的時候，我因為擔心學區內的國中正在減班，學生比較散漫，就把他遷到鄰近的明星國中就讀。現在回想，這樣子會不會讓他課業變得更重，老實講，當時是希望那邊有人可以一起激勵小孩，我兒子又是一個比較容易被牽著走的人，所以我才會把他遷到目前的這所國中。我覺得現在這個楊老師，我求助他，他都有幫我。可是現在變得我沒有辦法插手，因為他爸爸不希望老師什麼事都跟我講，有時候我會私下去問老師，老師當然會跟我講，但他也很無奈，他說：「媽媽，我知道你的無奈、你的擔憂，我也很想幫你，可是這個關鍵點還是在爸爸。」他爸爸讓他學習心態變這樣子，讓他睡眠不足，課堂上趴著睡覺，灌輸他不會讀書也沒關係，讓他的學習變得很鬆散、很散漫，課堂上老師的要求也容易分心，因為聽不懂，分心之後就容易打瞌睡，或者直接趴在桌上睡覺，這是很直接的連續動作，說老師要怎麼配合我？老師他要怎麼幫我？

國中藝能班發覺阿宏的興趣

因為老師本身也是單親家庭，知道我現在的擔憂，真的很想幫助我，阿宏現在不喜歡讀書，也請輔導老師輔導他，既然他說爸爸是廚師，他想當廚師，學校現在有多元化的課程，讓他們沒興趣唸書的學生，可以早一點接觸一些美容、美髮、廚藝、餐飲等。我是這學期才知

道才聽老師講，有一天我就去他家樓下等他，要跟他一起去學校，看他帶很多餐盒要到學校，我問他做什麼用？他說：「今天要做菜啊！」我兒子說：「老師有幫我報名啊！」因為他不喜歡讀書，老師就幫他報名參加藝能課程。可是後來他又不準時上課，有一天老師打電話來說：「阿宏怎麼今天沒有來上課？」後來我才知道，我兒子的手機因為那次坐在欄杆上聽音樂、在那裡打手遊，被學務主任沒收了，所以打手機不通，沒辦法找到他，老師才打給我找人。後來才知道是他爸爸不知道把他接到哪裡去了，老師找不到人，才找到我這裡來。現在變成這樣子，雖然持續關心，但比較使不上力了，不過這孩子喜歡餐飲，也可能因為爸爸是廚師，耳濡目染的關係。

錢的問題，媽媽的憂心

　　其實他對樂器方面也很有興趣，可是學樂器要花錢啊，他爸爸又都把它停了，真可惜！本來我讓他都學到進階課程了，拿到某幾項幾級的特訓。他爸爸剛從大陸回來，沒錢又不讓他學了，我真的覺得很可惜，我就想現在哪個家長不希望小孩能多學一些，對不對？這樣才知道他性向在哪裡，才能幫他做好人生規劃，就因為你沒錢，已經在學了，又把它終止。老實講，有了小孩，做爸爸的怎麼可以一點責任都沒有？我是媽媽，孩子又不跟我姓，把責任都丟給媽媽，還沒離婚前，他爸爸更認為那是應該的，我有在上班，小孩子每次跟他爸爸要錢，像要繳任何費用，我要小孩跟爸爸拿，他爸爸就會跟他說，明天一定要交嗎？隔天再給你，好不好？小孩最後就跑來跟我要。現在小孩子跟他要錢繳學校方面的費用，也會馬上拿給他。但是補習和才藝就全部停掉了，以前我讓他補習，是上數學、英文、國文等，全科就對了，還讓他學太鼓、參加學校的管樂，現在都全部中止了，等於是把孩子所有學習的東西都停掉了，只是每天下課去接他到店裡幫忙而已。

　　然後，晚上 11、12 點才回家，小孩子剛下課應該肚子很餓，他爸爸也不先讓他吃，有時候到深夜才看他們父子買東西吃，吃飽飯就要小孩子倒著頭睡也不可能，所以早上起床就耽誤上學時間。他爸爸整個邏輯很奇怪，他不能把在學習階段的小孩拿來跟現在社會人士比，他爸爸自己作

息顛倒，但小孩是不是不能照著這樣子走？我把阿宏從 0 歲帶到 15 歲，每天陪他，看到這樣就覺得手腳發軟，不知怎麼辦才好。現在，像前天我休假邀他出來吃個飯聊一聊，想問他課業有沒有需要幫助的？有什麼需要協助的？他都不肯講，我怎麼幫他呢？問他課業如果真的不懂，需不需要媽媽再請人個別教導？還是需要什麼參考書？可以買給你。還是在學校老師講課聽不懂，要不要媽媽去跟老師講？還是請班上同學可以教你。有啊，這些事情我都跟他說過，這方面是我比較想要做的事，可是他都不講出來，我也沒辦法。聽老師說他在課堂上就永遠一直畫這個刀，那個劍，我搞不懂為什麼？他在基本資料自己寫「爸媽是分住的」，我覺得這小孩很可憐，我很難受。然後他明明沒有那麼多朋友，他就說很多，卻舉不出同學來，我不知道怎麼樣幫助這個孩子。

【討論問題】

1. 對於阿宏不寫作業，不想課業學習的現況，你比較贊同媽媽的想法和做法，還是爸爸的想法和做法呢？
2. 你覺得這對父母的教養觀有何不同？各有哪些優、缺點？
3. 如果你是阿宏國二的導師楊老師，你會如何協助阿宏呢？
4. 對於已離婚並和兒子分居的媽媽，你會給她哪些和阿宏親子互動的建議？
5. 本書第 7 章的共親職理論，可否用來解釋這家人面對的問題呢？

（註；討論前亦可參考文獻：吳恩瑛（2011/2012）《沒意見爸爸 VS. 想太多媽媽》一書。）

案例 4.2.2　以後叫楊安安

楊平平（化名）這位小女生的媽媽和阿嬤有婆媳問題，經常爭吵。後來爸爸也無法置身事外，到了楊平平小學四年級時，父母選擇離婚，每次父母吵架時，她既不逃跑離開，也不會哭嚎抵抗，而是呆呆地不講話站

在旁邊。爸媽的離婚，讓楊平平一度想要自殺，後來她把她的難過和想法寫了封信，投到學校的校園生活信箱，於是她成了學校輔導室的認輔對象，而在老師們的協助下，才平穩地度過四年級。

升上五年級以後，班上的同學並沒有更換，而是換了一位新的級任老師，此時爸爸請算命先生給她取了一個新名字叫楊安安，新的級任李老師因為剛接班，先前不認識班上同學，也自然就叫她新名字楊安安。可是不久後李老師發現，她桌上寫的名牌叫楊平平，而班上其他學生也叫她楊平平，李老師才知道楊平平並不喜歡楊安安這個名字，因為楊平平有過去和同學三、四年級相處的回憶。

事情發生在萬聖節前，班上創意的南瓜拍照上傳到家長 line 群組，上面寫著她的舊名字楊平平，爸爸看到後打電話給李老師，希望李老師以後要叫他女兒楊安安，也希望同學叫她新名字。李老師找來楊安安詢問，安安說她雖然不喜歡「安安」這個名字，但這是爸爸的規定，只好接受這個名字，而這個名字已經是算命先生五個名字中，她比較能接受的。李老師觀察到楊安安好像比較會封閉自己，在班上人際關係雖然還可以，有固定的幾位好朋友，但有時會看到她大熱天穿外套、不太講話，座位上堆滿東西。

李老師將觀察到的情形和安安心裡的感受跟爸爸溝通，最後爸爸同意同學可以叫她小名：小平，但不要叫她楊平平了，要叫新名字楊安安。他期待李老師能帶頭要同學大家都這麼叫她。而班上同學也都可以遵守，只是下課後同學玩在一起，例如：躲避球傳接球，還是會很自然地叫她楊平平。

【討論問題】

1. 如果你是李老師，接下來如何輔導楊安安？
2. 李老師如何和楊安安的爸爸親師溝通，有哪些親師合作要項？

4.3 隔代教養家庭

　　隔代教養（grandparents parenting），因為社會變遷與家庭型態改變，已經變成全球化的議題，以下先討論其定義與遭遇，再來說明親師互動與師生互動。

4.3.1 隔代教養的定義與遭遇

　　隔代教養是什麼？會遭遇到哪些問題？然而可能也有優勢，以下加以說明：

一、隔代教養的定義

　　依行政院主計總處（2010）人口及住宅普查資料定義的「隔代教養家庭」係指：「祖父母及未婚孫子女所組成之家戶」，該戶成員為祖父母輩及至少一位未婚孫子女輩所組成，且第二代直系親屬（父母輩）不為戶內人口，但可能含有同住之第二代非直系親屬，這是狹義的解釋，英文稱為「skipped generation families」（許嘉家等人，2007）。但廣義來說，祖父母於適當的時機，或是父母輩有需要的時候，對於孫子女的照顧或教養伸出援手，通常有時間的限制，可能白天由祖父母照顧，父母下班後接回，又或者雙薪家庭的子女，週間由祖父母照顧，週末才由父母帶回，也算是隔代教養。

　　因此隔代教養的標準型是：雙親死亡、離婚、受刑、酗酒、濫用藥物、遺棄、分居、單親、貧窮、家庭暴力、性侵害、法院裁判等等，須由祖父母教養者。但也有亞型是：父母俱存，為了家庭經濟上或其他因素由祖父母隔代教養者。例如：農業縣市、或收入所得偏低者，須往其他都市謀職賺錢，將子女交由祖父母隔代教養，由父母負起教育撫養之重責大

任。因此，狹義的隔代教養家庭大多是父母親雙亡、離婚或托育的狀況產生，皆由祖父母擔起教養孫子女的任務，然而隨著社會的變遷，隔代教養家庭產生的原因愈來愈複雜，狀況也不是很相同，廣義的隔代教養樣態多元而普遍。

二、隔代教養可能出現的問題

廣義的隔代教養，祖父母和父母之間功能互補，因此雖然有其問題，但在兩代合作的情況下，遭遇的問題較少。而狹義定義下的隔代教養，因為由祖父母輩完全擔起教養責任，遭遇的問題可能比較多，以下分祖父母、及其與孫子女互動的兩部分來加以說明：

（一）祖父母本身可能遭遇的問題：由於祖父母隨著年齡增長身體功能退化、日常活動能力衰減，需要照顧孫子女造成壓力、憂慮與焦慮，在生理和心理上都造成負擔（陳燕慧等人，2014），加上本身可能已經沒有或少有經濟收入，卻要額外負擔孫子女的養育費用，造成經濟上的負擔，而其原有的社交活動或時間也會受到限制，是隔代教養最容易碰到的問題。

（二）祖父母與孫子女互動可能遭遇的問題：祖孫之間由於年齡差距較大，日常語言溝通與價值觀可能有衝突、管教態度與技巧不佳、或教養風格較偏向寬鬆放任、或專制權威兩極化的作法，祖父母文化刺激較不足，以及資源封閉較不知如何善用等問題（邱珍琬，2010）。

三、隔代教養的可能優勢

Hayslip 等人（2019）檢視過去 10 年的文獻，發現隔代教養帶來許多挑戰，例如：情感壓力、健康問題及祖父母可能面臨的社會汙名。但是祖父母常幫助孫子女了解家族歷史和文化，尤其在「隔代教養」的家庭中，祖父母擔任主要照顧者的角色。祖父母做為榜樣，不僅提供情感支持，還傳遞文化知識，這有助於孫子女加深對家庭傳承的認識（Hayslip, et al.,

2019）。

《佐賀的超級阿嬤》（佐賀のがばいばあちゃん）講述日本佐賀縣一位祖母的故事，這位祖母在隔代教養中扮演了關鍵角色。阿嬤以無條件的愛，面對困難和挑戰，也始終保持對孫子的關心和鼓勵，給予孫子情感上的支持和關懷，並以實際生活例子來教育孫子，管理金錢、照顧家庭等，幫助孫子培養獨立性和責任感。阿嬤自身的行為和價值觀強調家庭的凝聚力與代間傳承，以身教重於言教來塑造品格，雖然貧窮但為孫子建立穩定的成長環境（島田洋七，1987/2006）。所以隔代教養也有可能的優勢，以下根據文獻（沈天勇，2009；邱珍琬，2013；郭李宗文、吳佩芳，2011；陳翠臻，2009；張書儀等人，2017）加以說明：

（一）家庭支持與情感聯繫：隔代教養祖父母輩替代父母教養孫子女，提供額外的家庭支持，對雙親的工作生活平衡提供幫助，使父母能夠更好地安排工作和自己的時間，增強家庭成員間的情感聯繫，也讓孩子在多代之間建立深厚的感情基礎。

（二）建立家族認同與驕傲：隔代教養能幫助孩子建立對家族的認同感和驕傲感，增強孩子對自我身分的認知。這種代間的連結使孩子感受到自身存在的價值，並且理解自己在家族史的位置。例如：祖父母更可能透過族譜，讓孫子了解祖先的事跡。

（三）減少行為偏差及老年歧視：與祖父母一起生活的孩子，能更有效地應對創傷性生活事件，並且較少出現情緒或行為上的偏差，而且也比較不會有老年歧視。

（四）獲得生活啟發和文化傳承：孫子從長輩那裡獲得的生命智慧和生活經歷，對未來挑戰能激發不同的想法和觀點，並有利於傳承族語與文化（郭李宗文、吳佩芳，2011），保護和延續家庭和社會文化的價值。

（五）祖父母所獲益處：隔代教養讓祖父母感受到生命的延續、情感上的滿足，感受到成就感，提升自我價值感。

不過，我們並不是要美化隔代教養，吳佳蓉、張德勝（2003）發現：

非隔代教養的學生在學校生活適應上得分顯著高於隔代教養學生，特別是在「開明權威」、「專制權威」及「寬鬆放任」的教養方式下。這表明除非家長教養方式是「疏忽冷漠」，隔代教養的學生在某些層面上還是面臨較多的適應挑戰。

4.3.2 隔代教養的親師與師生互動

　　由以上可知，隔代教養可能遭遇到一些問題，但也可能有優勢，因此以下敘述教師在與祖父母和學生互動時的要領（許嘉家等人，2007）：

一、教師對祖父母輩的親師互動

　　由於隔代教養的學生在某些層面上還是面臨較多的適應挑戰，因此教師有需要針對這些學生做一些家庭親子教養與家長參與的協助。

　　（一）提供經濟和健康上的訊息與資源：由於祖父母年紀較大，可能有數位或資訊上的落差，教師可以主動提供學校相關獎助學金、學雜費減免、學習扶助等相關經費減免或優惠，讓祖父母可以申請和受惠。另外，醫療保健相關資訊，也可以在平常關心祖父母時，視其生活和健康狀況予以提供，減輕祖父母的經濟負擔和生活壓力。

　　（二）提供親子教養與青少年互動的學習活動：由於社會變遷快速，祖父母的生活經驗與孫子女目前的日常生活，有不小的代間差距（generation gap）。以網際網路為例，孫子女是數位原生代（digital native），祖父母如何看待孫子女上網路、玩手機呢？有待學校或教師提供親職教育的溝通和座談。教養方式如何符應青少年的身心發展和學習成長，是隔代教養成功與否的重要關鍵。

二、教師對學生的師生互動

　　教師應主動了解班上學生的家庭背景，知有隔代教養的學生，應該重

視其隱私權，適時給予必要協助。

（一）提供心理上關懷和輔導：視其家庭狀況、生活適應情形，給予學生心理上的關懷和輔導。對其課業和學習，視其需要，提供學習扶助、課後照顧等的資源協助。老師不必標籤學生，然可以給予更多的鼓勵和肯定，

（二）引導正向態度與行為：引導學生體會自己祖父母的辛勞或不足之處，並提升其自我效能感，讓學生了解自己才是人生的主導者，自己可以為自己選擇和決定未來發展。

本節問題討論或實務演練

Q4.3.1　《佐賀的超級阿嬤》所反映的教養觀有哪些？在時代變遷下，哪些還可以實施？而哪些可能已不合時宜？

Q4.3.2　有沒有周遭同學或朋友隔代教養的例子？請說出你認為隔代教養的優勢和問題。

Q4.3.3　訪談你未來即將任教階段的老師，談談他們對隔代教養祖父母輩的親師互動經驗，以及他們對隔代教養家庭提供的協助。

Q4.3.4　代間學習（intergenerational learning）日受重視和提倡，這種「老幼共學」、「世代共融」可以發生在隔代教養上嗎？

4.4 家庭暴力和兒童虐待

臺灣對於兒童的定義，依照《兒童及少年福利與權益保障法》第 2 條，所稱兒童，指未滿 12 歲之人；所稱少年，指 12 歲以上未滿 18 歲之人。而聯合國的兒童權利宣言的兒童則指未滿 18 歲之人，乃國內兒童及

少年之合稱。過去稱：「天下無不是的父母」，是站在父慈子孝、兄友弟恭的理想狀況，然而家庭的複雜程度與日俱增，家庭暴力、兒童虐待與疏忽的問題，是教師必須認識，以協助學生的重要課題。

4.4.1 家庭暴力、兒童虐待與疏忽的定義

美國在 1974 年就通過《虐待兒童防治法》（Child Abuse and Treatment, CAPTA），而《領養與安全家庭法案》（Adoption and Safe Families Act, ASFA）也在 1997 年通過，旨在促進被虐待或疏忽兒童的安全、永久性安置和福利。足見美國政府對家庭暴力、兒童虐待與疏忽的重視。

一、家庭暴力的定義

美國疾病管制與預防中心列出家庭暴力有五種類型（Centers for Disease Control and Prevention, 2014）：肢體暴力、性暴力、緊迫盯人、心理／情緒侵害、對生育或性健康的控制。家庭暴力發生時，全家都受害，如果沒有提供協助，長大還會陷入暴力的循環（Berger, et al., 2019/2022）。依我國《家庭暴力防治法》第 2 條所指的家庭暴力：乃家庭成員間實施身體、精神或經濟上之騷擾、控制、脅迫或其他不法侵害之行為。

二、兒童虐待與疏忽的定義

《聯合國兒童權利公約》（The Convention on the Rights of the Child, CRC）第 9 條明定：「兒童必須受到保護，以免於遭受歧視、虐待與剝削。任何人不得以任何形式，將兒童做為交易的物品。」兒童虐待（child abuse）包括：身體虐待、性虐待和心理（情緒）虐待，而疏忽（neglect），依據我國《兒童及青少年福利與權益保障法》第 43、48、

49、51 條 4 個相關條文，包括以下 5 種情形：

（一）未禁止不當行為：父母、監護人或其他實際照顧者若未能禁止兒童及少年從事吸菸、飲酒、嚼檳榔，或施用毒品、非法施用管制藥品等有害身心健康的行為。

（二）暴露於不適當媒體或環境：兒童及少年若被允許觀看、閱覽、收聽或使用暴力、血腥、色情、猥褻、賭博等有害身心健康的出版品、影片或網際網路內容。

（三）未能限制過度使用電子產品：如果兒童及少年超過合理時間使用電子產品，且父母或照顧者未加以限制，導致身心健康受損。

（四）允許進入有害場所：父母、監護人或其他實際照顧者允許兒童及少年進入酒家、成人用品店、涉及賭博或色情等有害身心健康的場所。

（五）未提供適當照護：如果父母、監護人或其他實際照顧者讓六歲以下或需要特別看護的兒童及少年獨處，或由不適當的人代為照顧。

4.4.2 教師面對學生遭受家庭暴力或虐待疏忽的處理

教師扮演的角色和處理程序，是面對學生遭受家庭暴力、虐待或疏忽時，很重要的態度和能力。

一、教師扮演的角色

老師在學生面臨家暴或虐待或有可能發生時，有 3 種角色（Gestwicki, 2015/2015）：

（一）協助預防的角色：引導並支持父母學習正向的親職教育與親職技巧。

（二）通報的角色：如果學生不幸目睹家庭暴力、或有受到家暴或虐待的跡象或事實，應向法令規定的單位依限通報，深入調查。

（三）協助輔導的角色：學生受虐後應該協助學生接受輔導，給予父

母應有的親職教育協助。

二、教師的處理程序

教師在學生面臨家暴、虐待或疏忽發生或可能發生時，有以下處理程序：

（一）覺察並記錄家暴、虐待或疏忽的證據：學生受到家庭暴力、虐待或疏忽，可能在其身體、語言和行為上，會出現一些徵兆或言行，教師應該予以覺察和記錄。以下是一些常見的徵兆，及老師可以採取的覺察和記錄方法：

1. 身體特徵：身體損傷，包括：無法解釋的瘀青、燒傷、骨折、咬痕等，特別是這些損傷的形狀或部位不尋常，還有學生身體健康狀況不佳，營養不良、長期未治療的健康問題（例如：齲齒、近視等）、或衣著不適合天氣（例如：寒冷天氣穿得太少）等。

2. 言語特徵：孩子可能會表現出極端的安靜或多話，也可能會用言語透露出家庭中有暴力或虐待的跡象（例如：提到害怕某個家庭成員或描述暴力事件）、或相比於同齡孩子，語言發展明顯遲緩，可能與疏忽有關。

3. 行為異常：孩子可能表現出對成人或同儕的過度依賴，或者相反，表現出極度退縮、孤立自己。學生在學校或校外遊蕩、離家出走、濫用酒精或毒品、自殘行為等。

4. 情緒不穩定：突然的情緒波動、過度焦慮、憂鬱、恐懼或攻擊性行為，這些可能是情感創傷的表現。

5. 學習困難：孩子可能突然出現學業成績下滑或對學校活動失去興趣等。

教師要保持敏感度，留意學生有否出現上述身體、言語或行為之徵兆，建立學生行為和表現的基準線，並記錄任何異常情況，尤其是突然的變化，詳細具體事件，標註日期、時間、觀察到的行為或狀況。避免主觀

推測，僅記錄客觀事實，並適時與學校專業人員合作。但在記錄和報告時也要保護學生隱私，不要向無關人員透露學生的情況。

（二）**依法律規定通報相關單位**：《家庭暴力防治法》第 50 條規定，包括：教育人員、教保服務人員在內，於執行職務時知有疑似家庭暴力情事，應立即通報當地直轄市、縣（市）主管機關，至遲不得逾 24 小時。《兒童及少年福利與權益保障法》第 53 條也有相同規定，賦予教育人員、教保服務人員通報責任。這是國家為了兒童的最佳利益，保護兒少的作為（許育典、陳碧玉，2009、2014）。

（三）**檢視自己的態度並尋求專業協助**：教師應持的態度是：許多施虐或疏忽的父母是以自己被養育的方式來養育子女，這種世代傳遞的情形，已是其根深柢固的行為模式。而我們教育人員是企圖去打破這個行為模式，因此應該保持平靜的心情，是幫助這些家庭，而不是處罰家長的心態。施暴的父母可能有未解決的童年問題、現實生活的壓力、個人身心狀況、個人需求無法獲得滿足，或是突如其來的危機（Berger, et al., 2019/2022）。因此教師是在幫助這些家庭，而不是對家長興師問罪，要處罰家長的心態。教師也要體認現在是專業分工時代，尋求學校其他人員、醫療人員、執法人員、社會服務人員等資源與支援，才能最大程度幫助到學生和家長。

（四）**轉介家長加入支持團體**：家長如有家庭暴力、虐待或疏忽情事發生，也有其問題需要協助和諮詢，教師可轉介家長參加相關支持團體。

另教育部訂有《各級學校及幼兒園通報兒童少年保護與家庭暴力及性侵害事件注意事項及處理流程》，可以參考。

本節問題討論或實務演練

Q4.4.1　教師如何察覺及記錄學生受到家庭暴力、或虐待、疏忽？

Q4.4.2　教師察覺學生家庭暴力、受到虐待或疏忽後的處理程序為何？有無特別要注意的地方？

Q4.4.3　訪談有處理經驗的教師，談談其處理程序及處理的要領，還有後續的注意事項。

4.5 貧窮家庭

　　聯合國永續發展目標（sustaining development goals, SDGs）有17項，第一項就是消除貧窮（no poverty），還決議將每年的10月17日定為國際消除貧窮日（International Day for the Eradication of Poverty），又稱為國際滅貧日、國際消貧日，請世界各國在當日提出有關消除貧窮的具體活動，喚起對全球貧富懸殊族群、國家與社會階層的注意與援助。而貧窮（poverty）是相當複雜的概念，也不具穩定性。貧窮和富裕是一個比較的概念，相對性的感覺，例如：相對沒有衣服可穿，有衣服可穿較富裕；但相對穿名牌衣服，一般衣服可能算貧窮（陳雅鈴，2006）。

　　貧窮有「相對貧窮」（relative poverty）和「絕對貧窮」（absolute poverty）。所謂「相對貧窮」是指貧窮線的界定並非只看人們固定的生理基本需要，也考量社會當時的生活狀況，訂出一條社會所接受的貧窮線，並隨著時間而有所調整；至於「絕對貧窮」，則認定最低生活水準是根據人們的基本生存需要（如飲食、穿著、居住等）而定（王永慈，2005）。

　　《社會救助法》對低收入戶和中低收入戶的認定，可作為貧窮家庭的法定標準，一般把「最低生活費用」稱為貧窮線。由於臺灣現行的貧窮

線是平均每人每月消費性支出的 60% 且每年調整，因此可歸類於相對貧窮的概念。然而這樣一刀兩斷的貧窮線切法，也會忽略許多需要協助的家庭。因此又有受到勞動市場、社會參與等多面向的不足與剝奪的「社會排除」（social exclusion）；及長期處於社會經濟邊緣但無法得到政府協助的近貧（near poor）（謝志龍，2018），有助於對貧窮的了解。

4.5.1 貧窮造成對孩子的不利影響

貧窮造成對家庭和孩子的不利影響是全面的。以下分別從孩子本身與家庭、社區和學校的不利因素，加以說明（陳雅鈴，2006）：

一、孩子本身與家庭的不利因素

孩子可能因為貧窮而導致營養、健康、及醫療等問題，亦難以避免地影響到孩子天生能力的發展。再者，經濟困難使得父母長期處在高度的心理壓力下，沮喪、緊張、低自尊等都是貧窮父母常見的心理問題，如此使得父母無力提供兒童豐富的學習環境。第三、經濟困難讓父母變得較嚴苛而缺乏耐心，使得父母在教育子女上缺少關愛並太過嚴厲，如果父親失業而導致貧窮，父親往往在教育子女上變得易怒且專斷。第四、貧窮甚至導致夫妻衝突、離婚，導致家庭氣氛緊張，而經濟上更陷困境。第五、貧窮家庭對孩子最大的影響，可能來自於父母將其社會底層的文化，例如：價值觀、信念、行為及語言模式傳遞給孩子，包括：社交範圍、人我關係，例如：婚姻品質、親子關係等，而使孩子受到長期和深遠的影響（陳雅鈴，2006）。

二、社區與學校的不利因素

貧窮伴隨而來的青少年行為問題，往往對居住在同一社區的兒童帶來不好的影響。貧窮者居住之社區亦往往是教育資源缺乏的地方。如此，孩

子往往無法就近取得公共的教育資源，例如：文教機構、藝文場所等，來彌補家庭資源之不足。因此，社區環境的貧窮文化、簡陋的生活品質及教育資源，亦是貧窮孩子的一大不利因素（陳雅鈴，2006）。

　　學校如果不能覺察貧窮對孩子的不利影響，可能也會製造不利孩子的因素。例如：美國早期研究就指出，能力分班或分組造成貧窮孩子無法享有公平的教育機會，成為貧窮孩子學習失敗的一大要因。再者，由於學校文化與家庭文化的不契合，亦造成貧窮孩子在學校較難成功（陳雅鈴，2006），甚至容易成為中輟生（江雪齡，2014）。Willis（1977）、Lareau（2011/2021）在幾十年前的美國就發現了，貧窮孩子的文化習慣、語言模式不同於學校主流文化，而造成在校時需要花更多的時間來調整及適應學校文化。如果孩子抗拒或調適不良，就可能造成學習上的困難和階級上的複製。綜上述，貧窮家庭不但財務資本匱乏，連帶人力資本、社會資本、文化資本也不足，而造成孩子很大的不利（謝志龍，2018）。

4.5.2 學校及教師對貧窮家庭可能的協助

　　美國 1997 年通過《國家兒童健康保險計畫》（Children's Health Insurance Program, CHIP），擴大政府協助家庭教育的力量，最主要就是為低收入家庭的兒童提供健康保險的一項聯邦和州合作計畫。讓貧窮家庭的孩子至少在健康上由政府來負責照顧。而以下是學校及教師對貧窮家庭可能的協助措施：

一、健全基本生活需求

　　學校及教師應尋求資源，確保學生能獲得足夠的營養，例如：提供免費或低價的營養午餐、早餐。提供學生所需的基本學習用品及冬季衣物，減少因物質匱乏而帶來的學習壓力，以及必要的醫療保健資源。

二、提供學習及成長支持

　　針對學業表現不佳的學生，提供額外的課後輔導，例如：目前的攜手計畫、學習扶助計畫、星光天使等等，並配合學校專案輔導教師或社工師與心理師的支持，避免學生因學習困難而中輟。而對於學習障礙或行為問題的學生，及早介入並提供相應的專業支持，避免問題擴大。學校辦理校外教學或相關學習活動，需要另外繳交費用，應考慮對貧窮家庭學生予以減免。

三、心理及情感支持

　　教師應該結合輔導室資源，關注貧窮學生的心理健康，提供心理諮詢服務，以應對壓力和焦慮。透過建立校內支持性的同儕和師生關係，幫助學生感受到關愛和支持，增強其自信心和社會技能。教師並要重視學生和家長的感受，對這些學生的隱私和資料保密，避免不當揭露，而造成其自尊受損或傷害。

四、家長及社區參與

　　學校應提供家長親職教育課程，幫助家長學習如何在經濟困難的情況下，仍能有效支持孩子的學習和成長。加強與貧窮家庭的溝通，定期與家長討論孩子的學習情況及家庭需求，並提供必要的建議與支持。同時也協助家長連結社區資源，如就業輔導、家庭支援服務，幫助家庭提升經濟自主能力。

五、脫貧方案的教育策略

　　社會救助不足以讓孩子脫貧，幫助脫離貧窮的方法，主要還是需要透過教育。建立一套整全的教育範疇內的脫貧方案，而非只是消極的進行經費補助（沈姍姍，2006）。王明仁、周虹君（2011）更以財團法人臺灣兒童暨家庭扶助基金會為例，說明臺灣民間對貧困兒童的救助措施發展與

轉變，從 2005 年起，救助的轉變為發展積極性脫貧服務，建構貧困兒少及家庭脫貧自立能量。關注貧困兒少與其家庭的多元需求、建立弱勢青少年對金錢的運用方法，支持貧困兒少獲得教育學習資源，才能奠定脫貧的基礎。

本節問題討論或實務演練

Q4.5.1 對於貧窮線的劃定，要依據絕對貧窮，還是相對貧窮的定義？你個人的意見為何？

Q4.5.2 對於貧窮家庭的學生，可能會有哪些不利因素？

Q4.5.3 對於貧窮家庭的學生，教師可以提供哪些協助？

Q4.5.4 除了身心障礙子女家庭、離婚家庭、隔代教養家庭、家庭暴力和兒童虐待、貧窮家庭，還有哪些特定情境家庭？又這些家庭教師如何和孩子及家長互動呢？

案例 4.5.1　翻轉文化不利學校

　　志遠國小（化名）創校於民國 60 年代，最多全校曾經有 20 個班級，1,000 多名學生。該校位在都會區，交通十分便捷，校區面積寬廣，教學活動空間充裕。由於國小屬學區制，該區內有早期政府為解決貧民居住問題，專為低收入戶設立的社會福利住宅。安置於此的家庭，多數為經濟弱勢、單親家庭、身心障礙者，雖有社福單位引進資源，然而由於家庭功能不彰及環境不良的影響，不管是課程，還是活動，居民參與度不高，學生的表現也不易提升。貧窮或經濟條件不佳，群聚之後反而容易形成一種氛圍或生態，大家在乎的是怎麼樣維持這個身分，脫貧的動力反而降低了。

　　學校老師曾經家庭訪問這些學生的家庭，看到家裡環境的處境，都讓

老師感到辛酸和心疼。雖然附近就有捷運站，但為了省錢，這些學生很少坐車到其他地方，假日也常徘徊在社區、學校和附近的公園。假日孩子不一定有剩飯剩菜可吃，有時吃泡麵的調理包，還要分次使用。孩子無心課業，常常想著早點畢業，投入賺錢行業，然而大部分也是低薪收入，而且由於早婚，常常年紀很輕，就要維持家庭生計。

由於上述原因，讓學區內其他家長和孩子，對該校敬而遠之，紛紛越區就讀，不但學生數減少，文化不利學生人數更超過 6 成。不過近年來，經過學校行政、教師與家長會不斷努力下，文化不利的學生人數持續降低，近年已降到 4 成左右。這幾年全校班級數還能維持在約 20 班，學生數 450 人左右，而且學生的學業表現也提升了，學校社團活動和校隊對外比賽也開始榮獲佳績，學校景觀也跟著亮麗起來。

【問題討論】

1. 這所學校能夠如此，相關人員一定投入相當多的努力和心血，不乏許多經營策略和問題解決，請試著討論看看這所國小的校長、教師與家長會，是如何辦到的？

2. O. Lewis 提出「貧窮文化論」（culture of poverty theory）：認為貧窮文化一旦形成會自我延續，甚至次文化背後隱含的行為模式、態度與價值會世代傳遞，而形成惡性循環（Lewis, 1975/2004）。如何打破這樣的惡性循環呢？

家長參與

第 **5** 章

家長參與意涵與沿革

　　本章將探討家長參與教育的意涵及其在不同國家的發展歷程。家長參與不僅是提升學生學習成效的重要因素,也能促進家庭與學校之間的互動與合作。首先,我們將分析家長參與的定義及其影響因素,如社會文化背景、教育政策及家庭結構等。接下來,我們將回顧美國及臺灣的家長參與歷史與相關法規。在美國,家長參與歷經了從早期的志願者活動到現代化法律支持的轉變。而臺灣則在教育部及家長組織的推動下,建立了教育基本法等相關法規以促進家長參與。本章希望透過美國、臺灣家長參與的歷史脈絡與法令規定,提供對家長參與學校教育有更深刻的理解。

本章的學習目標

　　研讀本章,可以回答以下問題:

G5.1.1　能了解家長參與的定義及影響因素。

G5.1.2　能說出美國家長參與的歷史沿革與相關法規。

G5.1.3　能說出臺灣家長參與的歷史沿革與相關法規。

G5.1.4　能分析家長參與的歷史整體趨勢。

5.1 家長參與的意義與影響因素

　　以下說明家長參與的定義及影響因素。原來家長參與在英文上的用詞，還是有些不同呢！

5.1.1 家長參與的定義

　　就「家長參與」的英文用字上看，「參與」有時用 involvement，有時用 participation, engagement。Parent involvement 的重點是學校或教育人員驅策家長產生結果（outcome），比較單向；而 parent participation 是雙向的，家長比較廣泛的參與。至於 Parent engagement 雖然也是將家長和學校／教師聚集在一起，但是家長立於主動的地位，深度的參與。不過三者有時會混用，都可以作爲探討家長參與的文獻資料來源。

　　家長參與的定義，依據鄭來長（2021a）歸納中外學者的看法，將其定義爲：爲謀求孩子發展，家長參與孩子在家庭、學校及社區的學習，透過家長本身的作爲，及其與學校、社區之間的合作，彼此建立互動、合作的夥伴關係，以促進孩子學習和成長的歷程。

5.1.2 家長參與的影響因素

　　影響家長參與的因素，至少可以從家庭及家長、學校、學生個人、其他環境因素等來加以說明（鄭來長，2021a）：

一、家庭及家長因素

　　家庭經濟狀況、家庭結構，還有社會文化背景等家庭因素，會影響家長參與，而其他家長個人的因素也包括在其中。

　　（一）家長的社會經濟背景：家長的教育程度、職業聲望、社經地

位，甚至是婚姻狀況，都與家長參與教育有顯著的相關。受過高等教育的家長，對提高孩子讀寫的興趣和能力有積極的影響。父親的教育程度和職業地位與兒子的教育程度、第一份工作和後來的職業成就之間，存在著正向關係。

（二）家長的期望、態度與信念：家長對孩子的教育與職業期望，會影響對孩子學習活動的規劃、時間的運用，以及學習環境的塑造。

（三）家長在教養上的自我效能感：自我效能感高的家長，通常愈樂觀、更權威、與孩子的互動更具一致性。

二、學校因素

（一）教師的支持：教師愈有意願和家長溝通，並歡迎和鼓勵家長參與，家長參與的程度就會提升，而給教師的支持值做回應。

（二）學校與校長的支持：學校領導人通常被認為是學校促使家長參與的重要關鍵，校長可以為正向的家庭學校夥伴關係建立基調，規劃各項計畫或方案，並透過具體實施，讓家長更願意參與，而且也更有家長參與的效果。

三、學生因素

幼兒園及小學，因孩子年齡較小，家長參與程度高，國中和高中以後，孩子雖未盡成熟，因為本身有獨立的需求，因此隨著學生年齡增長，愈發不願家長的干涉或介入，也有國中和高中的學校教師認為家長參與是不重要的事，甚至盡量避免家長參與（Flynn, 2007）。然而隨著時代變遷，少子女化、家長教育程度的提升，參與的自我效能感也提升，目前開發國家，國中和高中的家長參與程度是有增無減的。如以 U. Bronfenbrenner 的生態系統理論來看，孩子不希望微系統裡的父母、教師太多的干涉，期待獨立自主，從時間系統來看，孩子隨著年齡愈來愈大，也愈不需要家長參與；然而從大時代的環境來看，現在中學家長的參與，

卻是以前時代少見的。另外，孩子可能有身心障礙，或其他個別因素（例如：體弱多病等），也是家長會特別關心和參與的原因之一。

四、其他環境因素

家庭、學校和學生本身外，外在環境當然也是影響的因素。只是其他環境因素很多，有物質環境和人文社會環境，例如：孩子和父母所屬的族群文化，就有可能影響父母的教育態度和期望，相對地影響其家長參與。學區所在地的家長們、或是居住社區家長們，參加學校日或親師座談會的比率高不高，連帶也會影響個別家長參與的程度。

本節問題討論或實務演練

Q5.1.1 幼兒園、小學、國中、高中不同教育階段或特殊教育領域，家長參與方式有哪些異同？

Q5.1.2 臺灣有外省、閩南、客家、原住民、新住民等族群，這些族群的文化有否造成家長參與的差異？

Q5.1.3 影響家長參與的因素中，哪些是最主要因素？在各學習階段會有不同嗎？

5.2 家長參與的歷史沿革與法規

由於我國中小學的學校制度，甚至家長會組織，家長參與的設計，受到美國的影響很大。因此以下先論述美國的情形，再說明臺灣的家長參與歷史沿革與相關法規。

5.2.1 美國的家長參與歷史與相關法規

歸納分析鄭來長（2021a）的整理後，本節將美國家長參與概略分為三個時期，及其重要法規如下：

一、美國家長參與的歷史沿革

（一）二戰前期（1944 年以前）：19 世紀末，普通學校運動期間：Horace Mann 在 1837 年擔任 Massachusetts 州教育廳長，與 Henry Barnard 在 1867 年被推為首任美國聯邦教育總長（United States Commissioner of Education）時，都努力說服家長：「請信任學校，把孩子交到學校手中，因為教師會把每個孩子視為己出，將自己的母性特質發揮在孩子身上。」基本上，家長只要信任學校、教師即母親，家長不必參與學校教育。20 世紀初期，工業革命隨後讓美國工業化程度加深，家長參與變得更加困難；再則，教師接受了更多的訓練，成為教育專家，開始遠離家長。許多教育人員認為家長沒有資格與能力，為學校的課程決定做出貢獻，這個時期也不覺得家長需要參與。

直到 1920 年代，中產階級父母更多意圖想要了解學校教育及健康因素，家長組織在美國各地漸漸成立。這個時期要結束前，家長參與才慢慢受到重視。

（二）二戰過後（1945-2000 年）：二戰過後，發現需要幫助家長學習如何處理因戰爭的影響而產生的兒童情緒和社會健康問題，而聯合國在 1948 年《世界人權宣言》第 26 條第 3 項也宣示：「父母對其子女應受教育的種類，有優先選擇的權利」，使得家長參與逐漸增加。1940 年代以後，家長參與學校教育就逐年在提升，雖然這種情況曾經一直持續到 1963 年時，因為離婚率開始上升，更多女性人口進入了勞動市場，而讓家長參與學校的時間減少。然而同時，美國在教育上經歷了「公民權利運動」（Civil Rights movement）的重大變革，1958 年聯邦最高法院 Brown

判例，更讓家長參與被認為是幫助少數民族運用來制定 1964 年《公民權利法案》（Civil Right Act）的重要作為。

尤其是《公民權利法案》公布 2 年後，國會要求聯邦政府說明全美平等教育機會的情形，委託約翰霍布金斯大學研究，於 1966 年完成的《柯爾曼報告書》（*Coleman Report*），從全美 4,000 所公立學校的 60 萬名學生和 6 萬名教師填寫問卷，調查結果發現：「學校的物質設施並不是孩子教育成功的最重要因素，資金也不是，事實證明，資金在地區內相對平等；相反地，學生的家庭背景，加上課堂上多樣化的社會經濟組合，似乎才是孩子學習效果的最大決定因素。」1972 年 Coleman 甚至公開解釋：「考慮到所有因素，無論在校內還是校外，影響孩子表現的最重要變數仍然是家庭的教育背景。」這份爆炸性的報告，引導了政府對家庭教育的重視，也讓家長參與學校教育成為共識，而一直影響著美國教育決策，到了 2016 年 7 月，美國還舉辦了會議和出版刊物，紀念此份報告發表 50 週年（Dickinson, 2016）。

另外，值得一提的是，美國國務卿 H. R. Clinton 還在任期的 1996 年出版一本名為《舉全村之力》（*It takes a village*）的書，說明家庭教育是如此的重要，並非單單父母的責任，因此提出政府要一起養育孩子的理念（Cliton, 1996/2006），同時通過《國家兒童健康保險計畫》（Children's Health Insurance Program, CHIP）及《領養與安全家庭法案》（Adoption and Safe Families Act, ASFA），擴大政府協助家庭教育的力量。

（三）多元挑戰期（2000 年迄今）：經過數十年的研究顯示，家長參與不管是家庭行為（例如：督促作業完成）、學校活動（例如：參與學校活動）、或親師溝通（例如：家長與老師談論家庭作業），家長的參與和教師對學生能力的評量、學生成績和測驗分數，都呈現正相關，家長參與讓學生有較低的成績不及格率、較低的輟學率、較高的高中畢業率，以及較高的高級課程參與率（Hoover-Dempsey, et al., 2005）。不過這些研究都是相關而非實驗性的研究，由於家庭結構的多元及社會的快速變遷，

家長參與學校教育在這時期形成多元的挑戰。

二、美國家長參與的相關法規

　　美國家長參與的相關法規，首要乃《小學與中學教育法》（The Elementary and Secondary Education Act, ESEA），其中有關家長參與的內容主要在 Section 1116：「家長與家庭參與」（parent and family engagement），內含地方教育廳的政策，經費額度的家長 / 家庭參與政策、政策的參與、整體學校人員、家長及學生共同承擔學生學業成就的責任、增強家長參與能力及家長參與的機會，及可利用性等有關家長參與的規定，詳細而具體。ESEA 在 1965 年制定，最新修正的版本在 2015 年（Elementary and Secondary Education Act, 2015）。依 ESEA 制定的《美位學生成功法案》（Every Student Succeeds Act, ESSA），也制定了家長參與及資訊請求權（Vinovskis, 2022）。

5.2.2 臺灣的家長參與歷史與相關法規

　　臺灣家長會參與歷史沿革也可以簡要地劃分爲三個時期，在第一期只是行政命令、第二期提升到法律位階的《教育基本法》做規範，而以家長參與學校教育事務爲重點，到了第三期，教育實驗三法訂定公布，對於家長的教育選擇權，有明確法律規範。

一、臺灣家長參與的歷史沿革

　　歸納佘豐賜（2001）、鄭來長（2021a）及相關法律修訂的變化，臺灣家庭與學校的關係、家長參與，可歸納爲 3 個時期：

　　（一）萌芽期（1950-1989 年）：1950 年 4 月 20 日公布《臺灣省各級學校學生家長會設置辦法》，各校雖成立家長會，但爲學校附庸，主要扮演「捐款」及「爲學校背書」角色。後期 1980 年代，開始有民間教育

團體的成立，強調家長教育權，例如：主婦聯盟、人本基金會等，家長參與教育事務的需求逐漸受到重視。

（二）發展期（1990-2013 年）：1994 年 4 月 10 日，關心教育的各個團體聯合發動「410 教改大遊行」，成立「410 教改聯盟」，提出四大教改訴求：「落實小班小校」、「廣設高中大學」、「推動教育現代化」及「制定教育基本法」。而後在 1994 年臺北市議會通過「臺北市立中小學學生家長會設置辦法」，1997 年臺灣省教育廳公布「臺灣省各級學校學生家長會設置辦法」，此時即刪除以往家長會「不得干預學校行政」、「不得對外行為」、「不得籌辦校際組織」、「不得擅自為會費以外收費」的規定。而這個時期最重要的是 1999 年《教育基本法》公布第 8 條明定家長負有輔導子女之責任，並有為子女選擇受教育之方式、內容及參與學校教育事務之權利。隨後各縣市政府紛紛制定家長會設置辦法，家長參與的法令逐漸完備。

（三）制度化期（2014 年迄今）：隨著 2014 年 11 月陸續頒定《高級中等以下教育階段非學校型態實驗教育條例》、《學校型態實驗教育實施條例》、《公立學校國民小學及國民中學委託私人辦理條例》，俗稱實驗教育三法，明確規範家長的教育選擇權，可以在家自學、參與私人學校型態實驗教育（例如：華德福學校、無界塾）、或參與公立學校委託私人辦理之實驗教育（例如：桃園市立仁美國中附設華德福國中小），家長全面參與各項教育，家長會組織也以地方自治條例完備，可以說家長參與全面制度化的時期到來。

尤其是 2014 年頒布的《十二年國民基本教育課程綱要總綱》，更劃時代地把家長參與納入課綱總綱：1. 課程實施需要爭取家長支持及參與，學校應鼓勵家長會成立家長學習社群或親師共學社群，增進親職教養知能，強化親師之間的協同合作，支持學生有效學習與適性發展。2. 學校應定期邀請家長參與教師公開授課或其他課程與教學相關活動，引導家長關心班級及學校課程與教學之實踐，並能主動與家長正向的溝通互動，建立

親師生共學的學校文化。3. 身心障礙學生的個別化教育計畫需有學生家長
參與訂定。此舉更擴大了課程與教學層面的家長參與。這三期的劃分如圖
5.2.1。

圖 5.2.1
臺灣的家長參與歷史沿革分期

1950 年代	1990 年代	2010 年代
1950 年臺灣省各級學校家長會設置辦法	1999 年教育基本法	2014 年實驗教育三法、108 課綱

二、臺灣家長參與的相關法規

　　由上述家長參與的歷史沿革，可以了解相關家長參與的相關法規，主
要規定內涵，包括：《教育基本法》第 8 條第 3 項、第 10 條之規定；《國
民教育法》第 10 條第 1 項：規定家長必須參與校務會議，第 20-2 條明定：
1. 家長參與教育事務的權利。2. 國民小學及國民中學學生家長應組成家
長會；《高級中等教育法》、《特殊教育法》、《十二年國民基本教育課
程綱要總綱》、《高級中等學校學生家長會設置辦法》；各縣市法規，例
如：以臺北市為例，《臺北市中小學校學生家長會設置自治條例》、《臺
北市中小學校學生家長會設置及運作監督準則》，相關法規完備且隨時修
正，家長參與的制度化、公平、公正、公開的時代來臨。

本節問題討論或實務演練

Q5.2.1 　從美國、臺灣的家長參與歷史沿革，可以看出有哪些共同的趨勢或差異之處？

Q5.2.2 　請訪談任教階段的家長會長，請他談談家長會組織，以及家長參與的經驗。

Q5.2.3 　家長會在《教育基本法》設立之前，政府的規範是家長會「不得干預學校行政」、「不得對外行文」、「不得籌辦校際組織」、「不得擅自為會費以外收費」，隨後各縣市制定家長會設置條例後，已給予家長會正式組織的相關規範，可以行文、籌辦組織、收取家長會費或捐款的明確規定，然而各縣市各級學校學生家長會設置自治條例都有類似：「家長會違反教育法令規定或其他不當干預學校行政與人事等情事時，經本府認定後，視情節輕重予以糾正或令其改組之」，試分析其中的異同。也可以訪談學校校長或熟稔家長會事務的教職員，聽取他們的經驗和看法。

Q5.2.3 　實驗教育三法公布後，是否有助於落實家長教育選擇權，有沒有值得討論的地方。《拚教養》的作者藍佩嘉認為實驗教育不是萬靈丹，她所論述的觀念有哪些（頁330）？你的意見如何？

Q5.2.4 　非學校型態實驗教育有在家自行教育（home schooling），請蒐集資料討論在此實驗教育下，主管教育行政機關或學校應如何與家長、親師合作？

第 6 章

家長參與的理論基礎

　　家長參與在教育中的角色至關重要，影響著學生的學習成果與學校的氛圍。本章探討家長參與的不同理論，包括：影響重疊範圍模式、資本理論，以及多元文化理論。影響重疊範圍模式分為外部和內部結構，強調家庭、學校與社區之間的互動。資本理論則涵蓋人力、社會及文化資本，解釋家庭背景如何影響學生資源的獲取。多元文化理論進一步闡述知識基金、身分基金及文化回應教學，強調尊重與理解學生多元背景對於教學成效的重要性。透過這些理論的探討，我們能更深入了解家長參與在促進學生學習中的關鍵作用。

本章的學習目標

　　研讀本章，可以回答以下問題：

G6.1.1　能了解影響重疊範圍模式的要義。
G6.1.2　能了解影響重疊範圍模式外部結構的互動。
G6.1.3　能了解影響重疊範圍模式內部結構的互動。
G6.2.1　能了解人力資本。
G6.2.2　能了解社會資本。
G6.2.3　能了解文化資本。
G6.3.1　能熟悉知識基金的意義及教師的應用。
G6.3.2　能熟悉身分基金的意義及教師的應用。
G6.3.3　能熟悉文化回應教學的意義及教師的應用。

6.1 影響重疊範圍模式

影響重疊範圍模式（overlapping spheres of influence model）係由 Epstein（1992, 2001）所提出，兒童發展和學習受到家庭、學校和社區 3 個主要環境的影響。

6.1.1 外部結構圖

從外部結構上來看，這 3 個圓同時受到力量 A, B, C, D 的影響。力量 A 代表隨著時間，孩子的年齡和年級，所帶來三個圓的重疊範圍變化。孩子原在家庭中受到力量 B，家庭經驗、哲學觀念與實際作為的影響，逐漸地，孩子進到學校，開始與學校教育有所接觸，而使家庭和學校兩個原有了重疊，受到力量 C 的影響，而後孩子開始與社區有接觸，而讓社區這個圓，與家庭和學校兩個圓，三者有了重疊與交集。而這也代表社區的力量 D 開始作用，社區經驗、哲學觀念與實際作為，開始產生影響。

如果以力量 A 來看，可以理解幼兒園與小一可能是 3 個圓形重疊範圍最大的時間，但並非孩子愈大，3 個圓的重疊或交集就愈小。同一個家庭的孩子，在學期中面對不同的教師與課程，每一位不同的教師（力量 C）與每一個家庭持續或增減參與（力量 B），即會產生動態性的家庭——學校關係型態，在 3 個圓之間的重疊與分離也會不斷地調整與變化。因此，家庭、學校、社區有更多的溝通、合作和參與，3 個圓重疊範圍就會愈大（Epstein, 2001; 鄭來長，2015），如圖 6.1.1。

圖 6.1.1

影響重疊範圍模式的外部結構圖

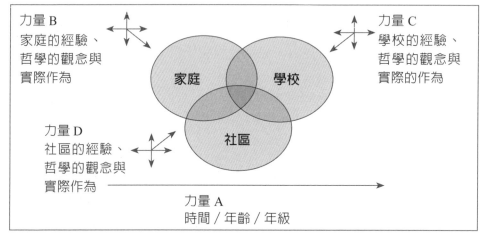

力量 B
家庭的經驗、
哲學的觀念與
實際作為

家庭　學校

力量 C
學校的經驗、
哲學的觀念與
實際的作為

力量 D
社區的經驗、
哲學的觀念與
實際作為

社區

力量 A
時間 / 年齡 / 年級

資料來源：Epstein, J. L. (2001). *School, family, and community partnerships: Preparing educators and improving schools*. Westview Press, p.26.

6.1.2 內部結構圖

　　家庭與學校組織內和組織間也會相互影響。大寫的 S、T、C、F、P 表示 School、Teacher、Child、Family、Parent，家庭與學校組織間的影響；而小寫的 f、c、p 表示家庭內兒童與父母的影響；s、c、t 表示學校內教師與兒童之間的影響（Epstein, 2001; 鄭來長，2015）。

圖 6.1.2

影響重疊範圍理論的內部結構圖

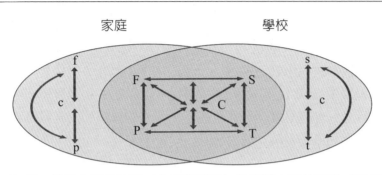

資料來源：Epstein, J. L. (2001). *School, family, and community partnerships: Preparing educators and improving schools*. Westview Press, p.28.

Epstein 的影響重疊範圍模式，家庭、學校和社區之間的合作關係是動態的，會隨著時間和情境的變化而改變。影響重疊範圍模式可以在多種具體教育情境中應用，例如：家長參與計畫、家庭對學校教育的支持、社區參與項目、社區志工服務、社區資源利用、學校與家庭的溝通、學校的整體課程設計、學校提供的親職教育活動等。評估影響重疊範圍，再決定上述具體實踐項目的辦理方式和強度，如圖 6.1.2。

本節問題討論或實務演練

Q6.1.1　請你說明對於影響重疊範圍模式的理解，英文縮寫代表哪些意涵呢？

Q6.1.2　有句話說，老師和家長之間，有一本關係存摺，存得愈多，將來就可以提取愈多；如果平常不累積關係存摺，等到有事情發生（例如：孩子和同學打架），老師要跟家長溝通，就困難了。你同意嗎？存摺存愈多，可以說學校和家庭兩個圓之間重疊範圍愈多嗎？請說明自己的看法。

6.2 資本理論

　　Coleman（1990）在其論述中提及了物質資本、社會資本與人力資本。物質資本是有形的，存在於可見的物質型態中；人力資本是無形的，存在於個人掌握的知識與技能中；社會資本也是無形的，表現在人與人之間的關係上，存在於行動者的關係結構中；而文化資本也是無形的象徵性資本，然而透過教育，都有可能成為有形的經濟資本。

6.2.1 人力資本

一、人力資本的意義

　　所謂的人力資本（human capital），是指個體透過教育、訓練、健康，及工作經驗所累積的知識、技能、能力和其他屬性的總和。這個概念在經濟學中用來分析和解釋人的能力和知識對經濟發展和個人收入的貢獻。人力資本理論強調，投資於教育和訓練可以提高一個人的生產力和效

率，從而增加其未來的收入潛力和促進經濟增長。職是之故，經濟學家把人力視同和廠房、設備、機具和資金等物質資本一樣，得以助益經濟成長。而教育可以增強個人能力，改變人的素質，使生產力提升，因此在發展經濟時，更加強調教育工作（譚光鼎，2010）。20 世紀以來，世界各國大量增加教育經費，普及學校教育，就是肯定人力資本在經濟發展中扮演的角色。

二、人力資本對經濟發展的效益

西方第一位提出人力資本概念的學者 Schultz 認為學校教育對於個人和社會經濟發展有五大效益：進行科學研究發展、探索財富訓練陶冶、增強能力適應變遷、培訓師資擔任教職、培養人才促進繁榮（譚光鼎，2010：156-157；Schultz, 1963:38-42）。而後多位經濟學者的相關研究也發現：小學、中學或大學教育，都有不錯的投資報酬率。證實「教育是促成經濟成長的主要原因」的假設。不過，在計算教育投資經濟效益時，有個人和團體兩層面，受教育對於個人的生涯發展，效益似乎比團體的發展更容易看出來。而且教育投資的律則和物質資本一樣，「當投資量擴張到一定程度後，投資報酬率就會相對下降。」

三、人力資本能對經濟發展的批評

然而，也有經濟學者對人力資本提出批評，包括：計算經濟效益的問題、混淆能力與文憑的概念、忽視社會結構不公平的影響、忽略其他資本的影響、經濟效益有不確定性、教育有除了經濟外更廣泛的目的。

由於知識經濟（knowledge-based economy）時代來臨，知識成為經濟關鍵、高科技成為知識經濟的基礎、產業創新、終身學習都是知識經濟的核心。人們教育程度普遍提升，除了重視教育外，對子女教育，家長們也更有方法和想法。東方民族重視教育，個別家庭會投入更多的時間和經費於子女的教育。

6.2.2 社會資本

以下說明社會資本的意義與構成，家長參與的社會資本型式：

一、社會資本的意義與構成

社會資本（social capital）指的是個人或群體在社會網絡中的關係、信任、互惠和規範等資源，這些資源可以促進合作行為，對個人或群體產生正面的經濟和社會效益。社會資本的核心在於，透過社會關係網絡中的互動，個體和群體能夠獲得支持、資訊、信任和合作的機會，進而提高其行動的效率。

Coleman（1987）將社會資本定義為對孩子成長有價值的 3 個主要構成要素：（一）規範（norms）：社會的規範或期望，對於孩子在成長過程中所應遵守的行為標準至關重要。

（二）社會網絡（social networks）：指社區內的社交連結，特別是成年人之間，以及成年人與孩子之間的互動，這些網絡有助於孩子在社會中的發展。

（三）成年人與孩子之間的關係（relationships between adults and children）：強調成年人在孩子成長過程中所扮演的角色，無論是來自家庭內部，還是社區中的其他成員，這些關係對於孩子的社會化和教育發展有深遠影響。

Putnam（2000/2011）在《獨自打保齡球》（*Bowling Alone*）一書，提出社會資本乃社會組織內能夠促成合作，以至於增進社會效率的要素，例如：互惠規範（norms of reciprocity）、網絡（networks）和社會信任（social trust）等。Putnam 認為，擁有較多社會資本的地區，無論在政治或經濟方面的表現，明顯優於其他地區。所以雖然在偏鄉教育投入很多硬體建設，但是由於社會資本的緣故，都會地區學校的學生還是文化刺激比較有利。

二、家長參與的社會資本型式

家長參與孩子的教育而言，社會資本的型式可以分爲有「家長—子女」、「家長—家長」、「家長—學校」，以及「學生—學生」等不同型式的社會資本。以下說明（鄭來長，2021a；Coleman, 1987）：

（一）「家長—子女」的社會資本：Coleman（1987）指出，家庭對孩子教育的投入會增強孩子的態度、努力和自我概念。如果成人在家裡讓孩子參與有關社會、經濟、個人和學術的討論，也可以增加社會資本。例如：家長會讓孩子參加補習，以加強功課，跟孩子討論學業，以了解孩子學習情形等。

（二）「家長—家長」的社會資本：家長間的互動可以在很多方面使孩子受益，包括：聽到其他家長對其孩子的作爲，而知道如何對待自己的孩子。家長告訴其他家長有關學校的訊息等。

（三）「家長—學校」的社會資本：家長與學校的互動，可以從中獲得學校的相關政策和教師的資訊，與校內人員產生成功的互動，可以累積社會資本。家長透過參與學校可獲得的社會資本很多，包括：即將舉行的活動或可利用的資源等訊息、如何協助家庭作業和閱讀、教養技能、可運用的書籍、學習輔助的資源等，這些都可以幫助家長增進孩子的學業成就。

（四）「學生—學生」的社會資本：指學生對學生同儕間的互動與關係，學生之間會因爲外表、社交能力、運動表現、學業成績而形成不同的階級地位，甚而學生對教師的互動，也對學習與行爲產生影響。Calarco（2018）提到她在一所中學長達一年的研究，觀察哪些孩子會善用協商來獲得額外的幫助、更好的成績或更好的條件。結果發現中產階級家庭的孩子運用協商次數是工薪家庭的 7 倍，原因不是老師偏心，教師會盡量在能力範圍內答應學生的要求，但中產階級家庭的孩子懂得運用協商來獲得對自己有利的情境，更能發揮創意、感覺更自在，較少受到懲罰；但工薪

家庭孩子通常自己解決問題，悶著頭吃較多苦，完成任務較少。中產階級
父母鼓勵孩子發揮影響力；但工薪家庭則教孩子服從（頁 286）。

6.2.3 文化資本

以下就文化資本的意義與構成，文化資本對學校教育的影響，加以說
明：

一、文化資本的意義與構成

所謂的文化資本（culture capital），係指不同社會地位的家庭所擁有
的文化資產。文化資本最早由法國社會學家 P. Bourdieu 在 20 世紀中葉提
出。文化資本涉及那些非物質的社會資產，例如：教育、語言、技能、知
識、藝術品味等，這些資產可以在社會上被用來獲得更高的社會地位或經
濟利益。文化資本可以在不同的形態中存在，Bourdieu 認為資本有四種：
經濟資本、文化資本、社會資本、象徵性資本。其中文化資本與經濟資本
是構成社會階層化的主要因素；文化資本又是教育系統中最有用的資本形
式，它是一種象徵性的力量，可以經由教育轉化為經濟資本（Bourdieu,
1986）。

文化資本的存在狀態由下列 3 種構成：1. 客體化狀態（objectified
state）：物質性的文化產品，例如：繪畫、雕塑品、書籍、紀念碑、工
具、書寫作品、機器、辭典等。2. 制度化狀態（institutionalized state）：
合法制度所確認的各種頭銜，例如：能力證書、學位證書等。3. 鑲嵌狀態
（embodied state）：內化於個人心靈且長久存在，成為個人的稟性和才
能，構成了個人的特質（Bourdieu, 1973）。

二、文化資本對學校教育的影響

　　家庭文化資本對教育、家長參與、教師和學生都產生影響，這些影響有時有形，有時卻是無形、隱微的，更不容易不受其影響。

　　（一）家庭文化資本對教育的影響：家庭文化資本有 3 種形式，影響學生個人教育：1. 個人所獲得的「知識」、2. 與教育有關的「對象」，例如：書籍、電腦、文憑（academic credential）、3. 與教育相關的「機構」，例如：中小學、大學、圖書館等。

　　（二）文化資本對家長參與的影響：教育程度較低的家長可能較少參與學校，是因為他們與學校教職員工溝通的信心不足、缺乏對學校系統的了解、缺乏對教育術語的熟悉，或者他們自己擁有負面的教育經驗。謝志龍（2021）運用 Lareau 對於 Bourdieu 的文化資本理論之延伸作為論述依據，進而區辨出「家長認識或選擇學校」、「家長主動聯繫學校」及「擔任家長委員或義工」三類家長參與學校教育的行動，探討社會階層與家長參與的關聯，研究發現：父親教育程度與母親職業愈高的家庭，對於學校認識或理解的程度愈多，藉由「家長認識或選擇學校」之參與行動，讓子女進入優良的教育環境，並取得較好的學業表現，進而促成教育分流時，有較高機率進入以升學為導向的學術分流。

　　（三）文化資本對教師的影響：教師一般在各國都是中產階級，比較了解中產階級的文化，因此會以微妙的方式認知和獎勵中上階層文化資本的擁有者；他們與擁有更多文化資本的孩子進行更好的溝通。教師可能給予較少文化資本的學生較低的成就期望；相對地，對較多文化資本學生較高的成就期望，而形成比馬龍效應（Pygmalion effect）。相對地，來自家庭背景較弱的兒童，因為在家中缺乏文化資本，因此在教育系統中，自然而然地處於劣勢地位。

　　（四）文化資本對學生的影響：社會排斥是學生個體在社會結構中面對文化資本不匹配時的反應或處境。主要有 4 類（Lamont ＆ Lareau,

1988）：

　　1. 自我消減（self-elimination）：個人在感知到自己成功機會渺茫時，會自動降低自己的期望。例如：一名來自農村背景的學生，由於覺得自己無法適應城市的大學環境，儘管擁有足夠的學術能力，但放棄申請該校的機會。

　　2. 過度選擇（over-selection）：擁有較少文化資源的個體會與那些文化優勢者一起被要求進行相同的選擇，因爲居於文化劣勢，所以實際上面臨更高的要求。例如：來自低收入家庭的學生在進入明星中學後，發現自己文化資本與其他同學差距甚大，花費比同學更多的時間和精力來學習主流文化，以彌補家庭背景的文化劣勢。

　　3. 降級（relegation）：文化資源較少的人往往會被安置在較不理想的位置，並且從他們的教育投資中獲得的回報也相對較少。例如：一名來自勞工階層的員工儘管努力工作，但因缺乏與管理層共同的文化資本，而分配到公司較低階的職位，而且升遷也較爲困難。

　　4. 直接排斥（direct exclusion）：涉及個體或群體因制度性或結構性因素而遭受排斥，如種族、階級、性別或文化差異所導致的歧視。例如：公司直接排斥私立大學畢業生面試的機會。

　　這些文化資本不同於主流文化的學生，甚至受到自己相同文化的族人與主流文化的人士雙重的隱微歧視，以 Ciwang Teyra、黃炤愷、Lahok Ciwko（2022）的研究爲例：發現都市原住民青年在求學階段，因原住民身分受到同儕排擠，也因爲都市的成長背景被質疑升學優待的資格及作爲原住民的正當性。他們經常經歷主流社會自認爲善意或無意的要求原住民符合刻板印象，構成種族隱微歧視；而在原住民族內部也面臨對都市族人處境的不理解，質疑其「不夠原住民」。內外交困，裡外不是人。

三、社會資本和文化資本造就社會地位

俗話常以「龍生龍、鳳生鳳，老鼠的兒子會打洞」，來描述階級複製，但其實過程並非單純的機械複製而已。Willis（1977）相對機械複製論，描述了一群工人階級的男孩如何透過自己的「反學校文化」，主動抗拒學校教育的正規價值觀，這種文化實踐反映了他們對於自己社會地位的認同，並且最終導致他們進入低技能、低收入的工作，這正是降級的典型表現。這些男孩透過自己的行為和選擇，無意中參與了自己社會地位的再生產過程，固化了階級結構。該書揭示了教育系統如何與更廣泛的社會結構相互作用，促進了社會階級的再生產，並且凸顯了文化資本在這一過程中的作用。

社會資本和文化資本最明顯的，就是造成社會地位的不同，然而過程是動態的。Lareau（2011/2021）的研究發現，中產階級的家庭父母會替孩子去干涉體制，讓校方政策更能配合自己的特別需求，而孩子也學到期待個人化行為，累積應付體制所需的詞彙和定位，學習和外面世界協商，而獲取未來優勢，也更可能從專業人士身上隨意取得有價值的訊息與建議；而典型的勞動和貧窮階級父母相當服從校方，不太會提出要求，他們尋求教育者的指導，不會主動給予建議。

在這樣的脈絡下，中產階級因為更能夠採用專家的標準，符合政府政策和規定，在家的文化腳本近似於體制標準，而享有龐大的隱形效益，而這是勞動階級和貧窮階級難以享有的。因此即使勞動階級和中產階級的父母關心孩子，同樣表現出類似的「密集母職」（intensive mothering），但在時間分配、語言使用、親戚關係等家庭生活決定層面都受到階級地位的影響，而不同的文化實踐，被賦予不平等的價值。社會階級不會影響父母如何關愛孩子、擔心孩子，並試著幫助孩子，但父母能夠找到的資源，社會階級有決定性的差異，而父母與教育體制的互動上，這點更加明顯（Lareau, 2011/2021）。

本節問題討論或實務演練

Q6.2.1　學校教育是一種投資，還是一種消費？尤其在這數位時代，家長想法有可能和教師不同嗎？

Q6.2.2　培養具有生產力的專業人員以利就業；還是提高人的素質以及生命的品質，何者較為重要？原因為何？

Q6.2.3　學生家長的社會階級會不會影響到學生的教育？種族呢？地區呢？試以臺灣社會家長社會經濟地位，原住民和新住民、都市和偏鄉等地區，加以討論。

Q6.2.4　上述問題，可否就您在學校的經驗，加以舉例說明。

Q6.2.5　當上學校學生家長會的會長或幹部，甚而是班級家長代表，經常傳說會想要有些特權，或從學校或班級獲得利益，或是要學校或老師特別照顧自家孩子，如果真有如此情事發生，你覺得校長或教師該怎麼辦？

6.3 多元文化理論

　　Ryan（1976）是最早提出缺陷理論（deficit theory），衍生「文化剝奪學校」（culturally deprived school）的學者之一，認為少數族群學生學業成績、及各項表現低落的原因是文化不利，導致弱勢家庭學生低學業成就的結論是因為其家庭的社會經濟背景而與學校教育無關。然而這樣的主張並不利於少數或弱勢族群學生的學業成就與發展，應該要做觀點的轉換，Zambrana 與 Zoppi（2002）提出，為了要培養健康的家庭和學校的合作，學校必須移除缺陷理論思維到擁有文化財富的參考架構。而所謂的文化財富（cultural wealth），其定義是作為引導行為、倫理價值、習俗、傳統和語言等一整套價值觀和規範。透過轉換文化財富成為社會資本

（social capital）來協助學生達到成功。

而知識基金（funds of knowledge）、身分基金（funds of identity）、文化回應教學（cultural response teaching），都是這種觀點轉換，以擁有文化財富的參考架構，改變缺陷模式為豐富模式（enriched model），來與家長互動和教育孩子。

6.3.1 知識基金

以下說明知識基金的定義與內涵，及其與家長參與的關係。

一、知識基金的定義與內涵

Moll 等人（1992）認為「知識基金」（funds of knowledge）乃指歷史上累積並在文化上發展出的知識和技能體系，這些知識和技能對於家庭或個人的運作及福祉至關重要。這些知識基金涵蓋了生活中各個方面的訊息和技能，如農業、經濟、家庭管理和社交網絡等（Moll, et al., 1992）。作者強調，這些知識基金並非僅是抽象概念，而是植基於個人社區中的日常實踐和經驗。這些累積的知識體系如果可以在教育環境中加以運用，讓教學具備相關性，使其與學生課堂外的生活聯繫起來，可以提升教學的品質。

Moll 等人（1992）以墨西哥裔美國人為例，發現至少就有以下的知識基金，包括：1.農業與採礦：畜牧與耕作、騎馬技能、動物管理、土壤與灌溉系統、作物種植、狩獵、追蹤與處理動物、採礦技術、木材加工、礦物知識、爆破技術、設備操作與維護。2.經濟學：商業知識、市場價值評估、估價、租賃與銷售、貸款知識、勞動法、建築法規、消費者知識、會計技能、銷售技巧。3.材料與科學知識：建築技能（木工、屋頂建設、砌磚、繪畫、設計與建築學）、修理技術（飛機、汽車、拖拉機）、房屋維護。4.醫學知識：現代醫學知識（藥物知識、急救程序、解剖學知識、

接生技術）、民間醫學（草藥知識、民間療法、動物醫療知識），5. 家庭管理：預算管理、育兒技能、烹飪技巧、家用電器維修。5. 宗教：宗教教義（如聖經學習）、洗禮、道德知識與倫理（Moll, et al., 1992）。

二、知識基金與家長參與

　　Moll 等人（1992）也運用家庭訪問來探索學生在家經驗，進入他們的家庭來影響班級的教學，以此得到學生全人的觀點，而不只是一位學生的角度，如此可以獲得對學生家庭歷史，社會政治和經濟脈絡的理解，將家庭和社群的資源運用到班級教學，例如：租售、家庭預算、木工和急救程序等。學生在家庭的脈絡，並不是消極的旁觀者，而是社會關係廣泛活動的積極參與者。學生經常是家庭運作的核心參與者，對家庭的生產力有貢獻，而且會運用他們的英語文工作知識對外來者翻譯，或貢獻在家務、電器修理、或提供年幼弟妹的照顧等。其具體作法有二：

　　（一）透過家庭訪問了解家庭知識基金：教師可以透過訪問家庭、探索周圍環境、進行訪談，以檢測家庭結構、勞動歷史、家庭活動（每日和每週活動、家務分配、教育和語言）、父母的態度、金錢、宗教、教育和種族認同。關於種族認同，教師可以詢問諸如：「你有沒有和你的孩子談論過墨西哥人（或其種族）？」和「你是否重視參加讓你孩子覺得自己是墨西哥／其種族社區一分子的活動？」來檢測知識資金（Esteban-Guitart & Moll, 2014）。

　　（二）邀請家長到教室擔任教學：教師也可以運用家長的豐富知識來充實教學內容，家長可以成為「特邀講師」，在專門課程上貢獻專長。而教師了解學生從家裡帶來的知識基金優勢，並對家庭有獨特性的看待，理解、支持與運用學生家庭的文化，將改變教室裡的教與學，以及師生的互動，為教育過程帶來極大的改善；使學生在現有的知識基金基礎上，學得更多樣的知識與能力。教師訪問家庭，家長進入教室，親師合作、家長參與教育，形成極佳畫面（鄭來長，2021a）。

6.3.2 身分基金

身分基金有其定義和類型，而教師透過身分基金，可以了解孩子，鼓勵孩子；而孩子從身分基金產生自我認同，增強其自信心和自我效能感。

一、身分基金的定義和類型

Esteban-Guitart 與 Moll（2014）指出，「身分基金」（funds of identity）一詞乃受到「知識基金」（funds of knowledge）所啟發，當人們積極地使用知識基金來定義自己時，就會成為身分基金。人們透過其他人和透過社會和文化世界的可見和不可見的人工製品和資源來定義自己。從這個意義上說，社會關係、重要他人、特定的活動和實踐、政治意識形態、宗教信仰或任何其他人工製品，如旗幟或歌曲，都成為產生和表達身分的資源。

身分基金可細分為 5 種主要類型：1. 地理身分基金（geographical funds of identity）：例如：大峽谷作為美國亞利桑那州的象徵；2. 實用身分基金（practical funds of identity）：任何有意義的活動，如工作、體育或音樂；3. 文化身分基金（cultural funds of identity）：例如：國旗或社會類別，如內向 / 外向、年齡、性別或種族；4. 社會身分基金（social funds of identity）：例如：重要他人，如親戚、朋友或同儕；5. 機構身分基金（institutional funds of identity）：例如：任何社會機構，如家庭、婚姻或天主教會（Esteban-Guitart & Moll, 2014）。Poole（2017）還再細分提到：6. 意識形態基金（ideological funds of identity）：包括：政治、文化或宗教信仰。7. 存在主義基金（existential funds of identity）：涉及自我身分認同的問題，如低自尊、身分問題、同儕壓力及對死亡的思考。

二、教師引導學生認識身分基金

教師可以使用多種方法來引導學生思考或發現他們的「身分基金」。

這些方法包括：

（一）自畫像技術（self-portrait technique）：教師讓學生繪製一幅自畫像，並在其中加入對自己目前生活中最重要的人、事、物。透過這種視覺化的方法，學生能夠反映出他們的社會、文化、地理和實踐的身分基金。

（二）重要圈圈技術（significant circle technique）：學生在紙上畫一個圓圈，並在其中標記出對他們來說最重要的對象、活動、人物、機構和愛好。這種方法透過視覺化，有助於學生釐清和表達其認為的最重要身分基金構成要素（Esteban-Guitart & Moll, 2014）。

（三）照片簿技術（photo album technique）：這項技術是本書作者課堂上所用，發現單一張照片得到的線索較有限，可以透過學生的（數位）相簿，讓他檢視自己的身分基金、或引導師資生未來任教，以此檢視受教學生的身分基金。

這些技術可以讓教師更深入了解學生的生活經驗和文化背景，進而將這些資訊整合到教學中，使課程內容更具相關性和個性化。

6.3.3 文化回應教學

教師在了解學生家庭的知識基金、學生個人的身分基金，再來是教師要能做出文化回應教學（culturally responsive teaching）。以下說明文化回應教學的定義與內涵及其應用。

一、文化回應教學的定義與內涵

文化回應教學主張教師應該了解學生的行為所顯示的文化意涵，避免用主流文化的標準來評斷學生的學習行為。教師應依據學生的文化差異實施適性教學。文化回應教學挑戰秉持文化普遍性或文化中立的傳統教學，反對學校成為製造相同產品的工廠。其基本假定是弱勢族群學生的學業困

難，是因其學習型態、語言使用和行為規範等與學校的期望不同所致。教師習慣用自己的文化模式來解釋學生的學習型態，而將學生因為文化所表現的學習行為視為學習的障礙（劉美慧，2001）。

因此教師能夠了解學生行為背後所呈現的文化意涵，並依照學生的文化差異，在課程、教學、評量、輔導、師生互動、學習環境方面，實施適性教育，都屬於文化回應教學的內涵。

二、文化回應教學的應用

如何應用文化回應教學呢？林佩璇（2023）提到的 4 個特性，可作為參考：

（一）**動態滲透的文化觀**：教師在決定教什麼及如何教時，能慮及學生的生活方式；而在建構教學時，也能考慮學生語言、學習風格、價值、在家庭中的經驗及其認同的團體屬性。以此而言，青少年次級文化，也應該呈現在教學和師生關係的互動中，如此可以增加學生的能動性和參與感。

（二）**珍視文化資產**：文化回應教學認可學生來自不同背景的文化資產，並將這些資產視為教學過程中的資源，而非障礙。例如：戴如欣（2020）的研究對象，原住民公費教師 Uljelje 會把桌遊放入原住民的詞彙：紅藜、山豬、苧麻、小米、山羌、飛鼠，讓學生去玩。教導我訊息時用部落的用語：你對對方的建議、讓對方有被尊重的感覺。教「男女大不同」，導入泰雅文化 Gaga 的性別規定，並辯論找出性別刻板印象等等。

（三）**轉化抗拒**：文化回應教學不僅在提升學業成績，也在促進社會公正、對抗壓迫。例如：這種教學方式旨在培養學生的社會政治意識，使他們能夠批判地看待社會不公並積極參與變革。例如：達恩老師，以蘭嶼的達悟族為例，說明政治與選舉的公民議題（戴如欣，2020）。

（四）**集體行動與增能**：教師應該引導學生發展批判思考，並透過集體行動來實現自主學習和文化增能。例如：社區面臨的環境問題，例如：

垃圾管理、汙染、綠化不足等，發起行動，共同解決。

　　期待教師透過文化回應教學，強調將課堂學習與學生的日常生活經驗相連結，使學習內容對學生來說，更加相關和有意義，也因此激發學生學習興趣，並幫助學生將學習成果應用到現實生活中。

三、其他的多元文化理論

　　其他像 Campano 與 Ghiso（2010）提出的「移民學生就如都會知識分子」（immigrant students as cosmopolitan intellectuals），發現移民學生的語文實務和知識，不但對他們家庭或社區重要或相關，而且對世界也是有價值的。因為他們的轉換經驗具獨特的位置，可以教育他們的同儕和教師關於他們認知的這個世界。所以教育者要鼓勵移民學生從他們自己的位置及可能遭遇的情況，而這可能是教師不知道的來產生知識，這可能發生在學生用母語閱讀或討論教材的文本時，或是教育者生活實務之外的經驗，可以為教育帶來啟示。

　　又如學習者的專業知識（expertise in the learner），是 Brice-Heath 與 Mangiola（1992）的研究，從跨齡低成就學生的課輔方案研究，讓較年長的學生教年幼者閱讀，結果這些年長學生從缺乏動機、教學教練，轉變成為合作者、記錄者和技術專家。從協助年幼者確認和分析問題，強化書寫和口語能力的過程，也更加投入和知覺自己的學習歷程，具備學習者專業知識的能力，這使得學生必須學習如何書寫和形成他們從自己文化體驗所獲知的內涵，而教師也以此來支持學生的學業進步。

本節問題討論或實務演練

Q6.3.1　請舉出一些教師可以運用家長知識基金的實例，並說明如何永續發展？

Q6.3.2　請以學生的自畫像或是拍攝的照片、影片或（數位）相簿，分析該主角的身分基金。

Q6.3.3　教師如何應用文化回應教學？青少年次文化也是文化回應教學的內涵嗎？

Q6.3.4　多元文化理論在告訴我們，學生的出身家庭背景都具有特定的文化財富，重要的是教師如何加以運用，你認同嗎？

第 **7** 章

家長參與模式與效果

　　本章探討家長參與教育的多樣模式及其成效，並著重於討論共育網絡的建立。首先，將分析家長參與的各種模式及其衡量指標，以便理解如何有效評估家長在學校教育的參與程度。再者，分析家長參與的效果，包括：對學生學業成績、社會行為及學校氛圍的影響，同時也將描述家長參與過程常見的障礙，如時間限制及文化偏見等問題。最後，本章還深入研究男性家長的參與，討論父職的功能與內涵，並分析相關理論依據與研究成果，最後並企圖建立共育網絡的概念。本章旨在強調家長參與的重要性，以及家庭、社區、學校和政府共同承擔教養孩子的責任。

本章的學習目標

　　研讀本章，可以回答以下問題：

G7.1.1　能了解家長參與模式的大致分類和主張。

G7.1.2　能以衡量指標評估學校家長參與的效果。

G7.2.1　能了解家長參與可以造成的效果。

G7.2.2　能體會家長參與可能面對的障礙。

G7.3.1　能了解父職的功能與內涵。

G7.3.2　能了解男性家長參與的理論依據。

G7.3.3　能分析男性家長參與的相關研究。

G7.3.4　能了解建立共育網絡的概念。

7.1 家長參與模式與衡量指標

家長參與模式同時也揭示了該如何衡量家長參與的指標，可看出家長參與的歷史觀點轉換，也能引導思考家長參與內容的全貌。

7.1.1 家長參與模式

家長參與模式提出的學者眾多，依據鄭來長（2021a）的歸納就有 14 種模式。如果再進一步歸納，可以發現這些模式分別以家長參與沿革、參與角色、參與地點、參與內涵作為分類依據。這些分類中，依家長參與角色的分類，在隨後 7.2.1 家長參與效果，將引用 Greenwood 與 Hickman（1991）的文獻說明，此處不再贅述，而 J. L. Epstein 家長參與內涵的分類模式，最為人所周知且影響家長參與衡量指標之訂定，因此特別詳細說明。

一、依家長參與沿革分類

由家長參與的歷史沿革不難發現，原先學校和教師自認為是教育專家，因此原先是消極不讓家長干涉的想法，然後應家長要求的被動參與，再來是學校的邀請或家長的主動參與，並且透過法律規定制度性地規範家長參與，依這樣參與沿革作分類，至少有以下 3 個模式：

（一）Swap 模式：Swap（1993）的模式，可分為：1. 保護模式（protective model）：其目的是保護學校免受家長干涉。2. 傳遞模式（transmission model）：教師對干涉仍然予以掌控並由其負責作決定，但確實接受家長在促進兒童進步方面扮演重要角色。3. 課程增補模式（curriculum-enrichment model）：藉由納入家長的貢獻來擴展學校課程，不過還是教師主導。4. 合作夥伴模式（partnership model）：學校與家庭

作為平等的合作夥伴，強調相互尊重、共享決策和雙向溝通，學校和家長共同支持學生的學習與發展，認識到雙方對教育過程的重要貢獻。

（二）Hornby 模式：Hornby（2011）的模式，可分為：1. 專家模式（expert model）：教師認為自己是兒童發展和教育所有領域的專家，而家長不是。2. 消費者模式（consumer model）：教師擔任顧問功能，有責任向家長提供相關訊息和選項，而由家長決定採取的行動，作決定的責任在家長。3. 夥伴關係模式（partnership model）：教師被認為是教育方面的專家，家長被視為是了解其子女的專家。互相尊重、對廣泛範圍的活動給予長期的承諾，以及分擔規劃和作決定的責任，這是家長和教師之間真正夥伴關係的重要組成。有效夥伴關係的關鍵是在相互「尊重」基礎上的「信任」。

（三）Auerbach 模式：Auerbach（2010）的模式，強調家長參與是個連續體，有 4 類：1. 防衛性質的夥伴關係：學校人員基本上對於家長參與採取防衛心態，即 Swap 的保護模式（protective model），將家長定義為「入侵者」、「不要接受個別家長的請求」。2. 名義性質的夥伴關係：即所稱的「如果我們打電話，家長就會來」和「開門」的模式，或 Swap 所稱的學校與家庭之間的傳遞模式。此時，學校人員做了一些努力讓家長能夠參與，但仍讓家長參與受到控制。3. 傳統性質的夥伴關係：重視雙向溝通和更多參與，認為「家長可以成為你最好的盟友」，並建議新任行政人員：「就接受你的家長吧！不要把家長看作是一種威脅，而是當作一個能夠真正支持你的人。」但並沒有適當的結構來確保夥伴關係的策略性規劃，也沒有發展親師合作的能力。4. 真實性質的夥伴關係：設定更廣泛的目標，例如：社會正義、民主參與和文化響應，是一種互惠的增能賦權模式，家庭和教育人員被賦予共同構建的角色，參與對話和相互學習。這種關係認為家長參與本身就有價值，擁有更多協調合作的機會。

二、依家長參與地點分類

Comer（1995）將家長參與依地點區分爲「家庭本位的參與」（family-based involvement）以及「學校本位的參與」（school-based involvement）：

（一）**家庭本位的參與**：指家長在家庭中進行的一系列活動，以支持和增強孩子的學習成效。例如：家長可能會在家中協助孩子完成作業，營造學習氛圍，或提供額外的學習資源。

（二）**學校本位的參與**：涉及家長在學校內參與的各種活動和行爲，如出席親師會議、參加學校舉辦的戶外活動或學校慶典，或者在學校進行志願服務，家長還可能參與學校的決策過程，協助處理學校事務。

不論是家庭本位，還是學校本位的參與，都是重要的。Froiland（2021）提出一個從幼兒園到高中家長參與，強調家庭本位家長參與的綜合模式。強調家庭本位的參與，如家庭閱讀、家庭文化活動、協助家庭作業及確認學習狀況、健康使用電子資訊產品的時間，對子女學習的重要性，甚至高過於學校本位的家長參與。

而 Froiland（2021）也特別強調家長參與的心理面向：包括：1. 信念（beliefs）：學前就開始重視入學準備、對子女學習抱持成長心態、相信家長在子女教育扮演重要角色。2. 期望（expectations）：期望具預測力，但命令式期望，帶來負面效果。3. 自主支持（autonomy support）：認同孩子感受、分享看法、有選擇自由度、共同做決定。4. 關係（relationships）：家長和教師雙向溝通關係的形成。這些心理面向對家長是否參與及參與效果，都有影響。

三、依家長參與內涵分類

依家長參與內涵分類，至少有 3 位學者，其中 J. L. Epstein 的參與模

式將單獨論述，以下先介紹 3 個模式：

（一）Grolnick 和 Slowiaczek 模式：Grolnick 和 Slowiaczek（1994）的模式，將家長參與區分為：1. 行為參與（behavioral involvement）：指家長在學校活動中的直接參與，例如：參加家長會、協助學校活動、或與教師進行面對面的交流。2. 認知—智力參與（cognitive-intellectual involvement）：家長在家中促進孩子的學習和智力發展。例如：家長與孩子討論學校學到的內容、閱讀書籍，或參加教育性質的活動。3. 個人參與（personal involvement）：涉及家長對孩子學校生活的情感支持和關注，包括：對孩子在學校的感受和經歷的關心、或對孩子在學校面對的挑戰，提供情感支持。

（二）Hoover-Dempsey 和 Sandler 模式：Hoover-Dempsey 和 Sandler（1995）提出了 3 個影響家長參與的主要因素：1. 家長的信念系統：家長對參與子女教育的觀念、態度和角色認知。2. 家長個人的效能感：家長個人參與子女教育效能的自我知覺，它來自於他人的經驗、自己對參與的直接經驗，兩者相互作用而成。3. 來自他人的要求和邀請：指接受他人口頭或書面的要求與邀請而參與子女的教育。

Yamamoto 等人（2022）發現，在美國的中國移民父母，在此模式的 1. 由於中國文化的學習模式，會更注重培養孩子美德，如勤奮、持之以恆和謙遜等；而 2. 對家長參與，比較站在被動角色，視教師為教育專家，負學校教育之責，教師主動邀請才會參與。3. 中國文化中，更側重於教師主導的「學校到家庭」的交流模式，而非「家長到學校」的參與模式。這樣的文化模式使得中國移民父母更傾向於參加以學業為中心的家長會，而對於志願服務或參加家長教師協會的興趣較低。

（三）Harris 模式：Harris（2009）模式有 3 類：1. 為了學習（for learning）的參與：即為了孩子的學習而參與。例如：學期初了解如何協助國一和高一生學習而參與家長日的家長座談會。2. 透過學習（through learning）的參與：即經由學習活動的舉辦而參與。例如：園遊會、校外

教學、校際交流。3. 涉入學習（about learning）的參與：即讓家長參與有關學習本身的知識或參與學生的學習活動，使家長了解與學習有關的知識和技能。例如：參與公開授課、學習歷程檔案製作、升大學面試等。

四、Epstein的家長參與模式

J. L. Epstein 的學校、家庭與社區參與模式，有以下 6 種（鄭來長，2021a；Epstein, 2001; Lim, 2008）。

（一）教養（parenting）：可說是家庭基本責任（basic responsibilities of families），家長供給孩子食物、衣服、居住、健康和安全的持續責任，也要提供和維持有助於學習和孩子生理、社會、智能和情緒等身心發展的家庭環境。而學校也應該協助家長增進家庭教養子女的知能，同時家長也要提供孩子和家庭的必要資訊，協助學校更深入地了解家庭。

（二）溝通（communicating）：有效溝通是家庭和學校之間建立合作夥伴關係的基礎。學校推動教育方案與促進學生學習時，應進行「學校」與「家庭」雙向溝通。這時，孩子可能是雙方溝通的信差（courier），把訊息帶回家庭或帶到學校，例如：聯絡簿、或通知單和回條的往返等。然而由於資訊科技的發達，透過電子郵件、通訊軟體，家長和教師直接溝通的便利程度提高很多。教師在溝通過程，應特別注意家長只會使用母語的族群、原住民或新住民，還有使用不同溝通網絡的家長，務必能溝通到所有學生的家長。

（三）志工服務（volunteering）：把志工組織起來支持學校與學生，提供志工在任何場所、任何時間服務的機會。臺灣中小學的志工服務不少，有些家長在孩子畢業了，仍多年持續留在學校擔任志工，而學校志工也包括：非家長的社區人士。目前臺灣的中小學學校均制定有志工組織的運作辦法，其乃依據各縣市政府中小學學校家長會設置自治條例而訂定，依各縣市政府的自治條例，學校志工組織隸屬於學生家長會，組織的設址在家長會辦公室，須接受家長會的指揮和調度。志工服務內容依學習階段

和年級有所不同，包括：導護志工、環保志工、圖書志工、校園維護志工、輔導陪伴志工等，志工的培訓可以配合內政部或地方縣市政府辦理，讓有意願的家長申領志工證，運用國家政策和制度，讓學校志工組織更加健全，運作更加良好。

（四）**在家的學習參與**（learning at home）：如果孩子能用課餘時間加強和穩固學校課堂上的學習，可以增加學校學習的效果，並建立正向的學習習慣和態度。而在家裡，孩子所做的事情，家長影響力很大，家長要參與孩子完成家庭作業，及進行與課程有關的活動，例如：數學、自然科學、社會科學等活動。再者，家長可以協助孩子建立課業和未來升學和就業的目標，參與選校選課的決策。尤其是，家長還可以為孩子安排有組織性的學習活動，例如：參加才藝班、補習班等。從蔡美兒的《虎媽的戰歌》，和 A. Lareau 的《不平等的童年》都可以看到美國家庭有這個情形，而臺灣社會，孩子放學回家補習、學才藝，到安親班的情形，也所在都有，算是普遍。

（五）**參與決定**（decision making）：即家長參與學校重要的決定，並培養家長會長與家長代表。相似於美國，臺灣家長參與決定，有學生個人、班級、學校、地方和中央五個層次，家長參與不限在家長的孩子、班級和學校，也包括：地方和中央層級的家長團體。班級有班級的志工、參與決定，也有學校志工和參與決定，地方和中央的家長團體，包括：家長倡議、遊說及參與決定。而這些家長參與決定也都有明文的法律規範，及具體的實例。本書第 5 章、第 10 章也分別加以探討，請參閱。

（六）**與社區合作**（collaborating with community）：學校教師、學生家長和社區相關人士的合作，是整合家庭、學校和社區資源最好的方法。家庭學校與社區合作，可以是學校走進社區，讓師生參與社區活動，進行課程教學與服務學習；也可以讓社區人士走進學校，協助維護學生安全與健康、協助教師教學，參與學校事務等，是社區總體營造的實例。

7.1.2 家長參與衡量指標

　　家長參與成功與否的衡量指標爲何？以下從美國和臺灣的實例和研究加以說明：

一、美國親師協會的《家庭學校夥伴關係全國標準》

　　美國的全國親師協會（National PTA）在 1997 年就制定了《家庭學校夥伴關係全國標準評》（National Standards for Family- School Partnerships），在 2007 及 2021 年做了最近 2 次的修訂，均有 6 個標準。在最近一次 2021 年的修訂，由於過去十幾年來，學習和發展科學研究的增長，有關家長與教師溝通和關係的具體研究，還有 COVID-19 大流行後，從根本上改變了家庭、年輕人和學校互動的方式，並加劇了社區內部和社區之間的機會差距，因此邀集了聯邦、州、地方的親師協會（PTA）領導人，家庭、教育工作者和年輕人，特別包括：社區邊緣人士，諮詢後，修正內容如下（National PTA, 2021）：

　　（一）標準 1、歡迎所有家庭：學校將家庭視爲孩子教育中的重要夥伴，並促進學生對學校社區的歸屬感。

　　目標 1、建立一個有歸屬感的社區：當家庭與學校和 PTA 互動時，他們是否感到受到尊重、理解並與學校社區建立聯繫？

　　目標 2、營造一個包容的環境：學校和 PTA 的努力是否鼓勵社區中多元家庭的參與？

　　（二）標準 2、有效溝通：學校支持員工進行主動、及時和雙向的溝通，讓所有家庭都能輕鬆了解孩子的教育經驗，並爲其做出貢獻。

　　目標 1、學校和家庭之間交換資訊：家庭是否能夠以文化和語言上可持續的方式接收和分享資訊？

　　目標 2、促進家長與老師的溝通：學校和 PTA 是否促進家庭和老師之間的溝通？

（三）標準 3、支持學生的成功：學校培養家庭和教育工作者持續合作的能力，以支持學生的學術、社交和情感學習。

目標 1、為學生的成功而合作：家庭、學生和教育工作者對於學生的進步是否有共識？

目標 2、透過家庭參與支持學習：家庭是否是孩子在家和學校學習的重要夥伴？

（四）標準 4、為每個孩子發聲：學校肯定家庭和學生的專業知識和倡議，以便所有學生都受到公平對待，他們成功的關係和機會也獲得支持。

目標 1、熟悉學校系統：家庭是否具有知識和能力，對孩子的教育經驗提出問題或擔憂？

目標 2、解決結果和機會不公平的問題：學校和 PTA 是否消除家庭和學生的障礙？尤其是那些最邊緣化的學生。

（五）標準 5、分享權力：學校與家庭合作做出影響兒童和家庭的決策，並像一個團隊般，共同形成、影響和決定政策、計畫和實踐。

目標 1、加強家庭在共同決策中的發言權：家庭是否參與制定影響孩子在學校和社區的決策？

目標 2、建立家庭連結：家庭是否擁有強大、基礎廣泛的組織，能夠定期提供機會與學校領導者、公職人員、企業和社區領導者發展關係，並提出關切？

（六）標準 6、與社區合作：學校與社區組織成員合作，將學生、家庭和教職員工聯繫起來，以擴大學習機會、社區服務和公民參與。

目標 1、為社區合作夥伴關係奠定堅實的基礎：學校和 PTA 是否有計畫何時及如何與社區夥伴合作？

目標 2、將學校與社區合作夥伴連結起來：家庭和學校領導者是否與社區組織、企業和高等教育機構密切合作？

二、臺灣學者制定的國小家長參與學校教育指標

　　國內中小學和幼兒園在校務或園務評鑑時，學校和家庭及社區的關係、親師合作一直都是很重要的評鑑項目和指標，但親師協會或教育部門並未訂出系統性如美國 PTA 協會的全國標準。然國內學者鄭來長（2021a）根據上述美國 PTA 的全國標準和相關文獻，邀請國內教育人員和家長，利用德懷術，建立了以下 6 個家長參與學校教育的層面和 40 個指標。內涵包括如下：

　　（一）層面 1、學校營造歡迎及尊重的氛圍，包括：學校設置學生家長會辦公室，以利家長會運作及作為家長到學校溝通交流的場所等 7 項衡量指標。

　　（二）層面 2、學校人員與家長有效的溝通，包括：學校建置網站或通訊群組及時而正確地公布法定公開資訊等 6 項指標。

　　（三）層面 3、家長參與學校行政決定，包括：學校依法協助家長成立學生家長會、召開會議及其他相關事項之處理；家長會進行分組分工，選派家長代表參與學校教育事務之研議與執行等 6 項指標。

　　（四）層面 4、家長協助學校課程與教學，包括：家長依個人專長參與學校課程委員會，並依規定參與教師公開授課等 4 項指標。

　　（五）層面 5、家長和學校共同承擔教育孩子的責任，包括：家長與教師對孩子的教育，有適切而一致的期望與態度等 8 項指標。

　　（六）層面 6、促進家庭、學校與社區共好，包括：學校每年舉辦增進親師合作的研習或工作坊等 9 項指標。

　　以上這些標準和指標雖然對照國小而制定，但國中和高中也可以參考修正而適用，依此衡量學校的家長參與，家庭與學校合作夥伴關係建立的程度。

本節問題討論或實務演練

Q7.1.1 ▶ 請討論各種家長參與模式的意義。

Q7.1.2 ▶ 請討論 J. L. Epstein 家長參與的六大模式，並舉出理想的做法
與實際例子做比較。

Q7.1.3 ▶ 提供家長參與衡量指標，請教學校校長、主任或老師，讓他們
談談哪些指標比較重要，或是哪些指標比較容易做到，哪些指
標不重要，或哪些指標比較辦不到？

Q7.1.4 ▶ 這些家長參與衡量指標，會不會幼兒園、國小、國中、高中，
各個學習階段不同呢？而相同的地方又有哪些呢？

7.2 家長參與效果與障礙

家長參與期待的是對孩子、家長和教師都有幫助，收到參與的效
果。但家長未必會參與，有一些障礙必須排除或克服。

7.2.1 家長參與的益處和效果

一、家長參與的益處

家長參與，期待對孩子、家長，學校及教師都有益處（Harris, 2009;
Lim, 2008）：

（一）對孩子的益處：出席狀況較佳、完成家庭作業比率較高、學業
表現和成績較好，較高的自尊和教育抱負水準，在校行為較好，較少安置
在高關懷課程或中輟，而且年級間的轉銜較為順利。

（二）對家長的益處：跟孩子較有互動，回應孩子在社會、情緒和智
力發展的需求，較有親職技巧，了解學校和孩子學習的事務，能夠適時協

助教師和孩子的學習活動，能夠主動關心孩子和教育政策。

（三）**對學校及教師的益處**：提高家長對教師的評價，提高教育人員士氣，促進教師對學生家庭的了解，提升親師溝通品質，提高工作滿意度；而學校也因此能夠得到家長和社區的支持和合作，提升學校聲譽與辦學成果。

二、家長參與的效果

Greenwood 與 Hickman（1991）將家長參與，從家庭本位和學校本位，根據參與程度不同，說明家長扮演了 5 種角色並有不同效果。

（一）**視家長為觀眾**（parent as audience）：家長參加親師會議、家長日、課堂活動等，主要是作為觀眾。其效果是這類活動的參與雖然傳統和相對被動，但是學校和家庭之間最基本的溝通和理解。

（二）**視家長為志願者或輔助專業人員**（parent as volunteer or paraprofessional）：家長可以在學校或教室內擔任志願者、或作為輔助專業人員，協助教師進行各種活動。其效果是教師主導，協調家長的興趣、能力和可用性，使家長能夠有效地參與課堂活動。這種形式的參與有助於減輕教師負擔，並提高家長對學校的歸屬感。

（三）**視家長為自己孩子的教師**（parent as teacher of own child）：家長在家中教導自己的孩子，根據教師提供的教學材料和教學方法進行輔導。其效果涉及到所有孩子，並直接影響孩子的學習成果。家長的教學活動，包括：閱讀、簽署作業、準備材料等。這是項家庭本位的參與，但被認為對教育意義最重大。

（四）**視家長為學習者**（parent as learner）：家長參加與育兒、兒童發展或學習英語等相關工作坊，提升自己的能力。其效果是有助於家長獲得更多的育兒知識和技能，並能夠更有效地支持孩子的學習和發展。

（五）**視家長為決策者**（parent as decision maker）：家長參與學校的治理活動，如家長會、學校各項委員會等，參與學校決策。其效果是讓

家長更深度地了解學校運作，並在學校政策和決策過程中，發揮積極作用。

7.2.2 家長參與的障礙

Greenwood 與 Hickman（1991）也探討了家長參與學校教育事務的障礙，主要包括以下 3 方面：

（一）家長的態度和能力：有些家長不重視孩子的教育，或感到無力影響學校。另有些家長認為學校應該由專業人士管理，自己不具備在課堂中做志工或參與家長會的知識和社交技巧。

（二）家長工作和健康問題：雇主無彈性請假措施對家長參與造成負面影響，而家長不良的健康狀況和工作壓力也是無法參與學校活動的重要原因。

（三）教師和管理者的態度、知識和技能：部分教師和學校領導者不知道如何有效地讓家長參與，或害怕家長參與，認為這些活動沒有太大益處。甚至有許多教師和校長對傳統的家長參與活動（如義賣、參與課堂解說）持支持態度；但對於更積極的家長參與形式（如參與決策），則持懷疑態度。而有教師認為家長不應對學校的運作有太多發言權，且害怕家長的訴訟。這些反應也讓家長卻步。

Hill 與 Taylor（2004）討論了家長參與學校活動所面臨的障礙，包括以下 6 方面：

（一）社會經濟地位：1. 工作時間不靈活：低社會經濟地位的家長經常面臨工作時間固定不具彈性，難以參與學校活動。2. 資源缺乏：這些家庭缺乏參與學校活動所需的資源，例如：交通工具和時間。3. 生活壓力：生活在貧困社區的家長面臨更多的壓力，這些壓力來自於如何維持基本生活需要。

（二）教育背景：教育程度較低的家長通常缺乏參與學校活動的信心，並且可能對學校抱有負面經驗，這會影響他們與學校的互動。

（三）文化背景：1.語言障礙：在美國對於以非英語為母語的少數族裔家庭，語言障礙會成為家長參與學校活動的一大障礙。2.文化差異：文化背景不同的教師可能不太了解學生和家長的需求，這會導致教師認為家長對教育不重視或不參與。

（四）心理狀態：心理狀態不佳的家長，如憂鬱或焦慮，往往在參與孩子的教育方面會遇到更多困難。

（五）自我感知：家長對自己能力的信心不足，會阻礙他們與學校建立聯繫。

（六）過往經驗：家長自己的學校經歷會影響他們如何解釋和引導孩子的學校經驗。如果家長過去在學校的經驗不佳，他們可能會對參與學校活動感到不安或排斥。

Ho（2009）檢視亞洲香港的家長參與，普遍認為只有在家學習的協助，然而作者發現 3 種不同的校長領導取向，會產生 3 種不同的家庭學校關係，足見家長參與受到校長領導的影響：

（一）官僚型領導下的疏離關係：官僚型領導（bureaucratic leadership）形塑的是疏離的家庭學校關係（alienated home-school relationship）。官僚型的校長視學校為正式組織，強調學校和家庭之間的嚴格分工。教師的主要責任是教學，家長的角色則是支持。家庭學校關係往往是疏遠的，家長參與被限制在一些非教學和非行政的活動中，如協助學校活動，但不參與學校的決策和管理。這種模式可能導致家長感到被排斥，難以對學校產生歸屬感和信任感。

（二）功利型領導下的工具關係：功利型領導（utilitarian leadership）形塑的是工具的家庭學校關係（instrumental home-school relationship）。功利型的校長將家長視為一種資源，利用家長來支持學校

的教育活動和提升學校的聲譽，只有具備適當知識背景的家長才會被接受參與學校的家長教師協會，這種關係是工具性的。家長的參與主要是為了滿足學校的需要和政策要求，而非真正的合作。這種模式可能會讓家長感到自己的參與僅僅是工具性的，缺乏真正的合作和參與感。

（三）社群型領導下的互相信任：社群型領導風格（communitarian leadership）形塑的是相互信任的家庭學校關係（mutual trust home-school relationship）。社群型的校長認為家長是學校的共同擁有者，與學校一起追求學生的全人教育。校長會招募熱情的教師來協調家長活動，讓家長在學校感到受歡迎。這種模式的家長與學校關係是信任的，教師將家長視為合作夥伴，並提供機會讓家長透過參與學校活動來學習和成長。

Williams 和 Sanchez（2011）研究發現，家長參與對學生標準化測驗成績和其他學業成績有正面影響，家長參與對青少年學業成就具正面作用，家庭和學校之間應有更多的合作。然而美國內城區以非裔美國人為主的父母，經常出現家長參與孩子教育的四個障礙，包括：缺少時間、缺乏機會、缺乏財務資源，以及缺乏對教育的認識。

由上可知，家長參與的障礙，一方面來自於家長本身的社會經濟地位、教育背景、文化背景、心理狀態、自我感知與過往經驗，視家長的態度和能力、工作狀況和健康問題而定；另一方面來自於學校教師與領導者，如果教師和領導者是支持的態度，而校長屬於社群型的領導風格，家長將會更樂於參與，降低家長參與的障礙。

本節問題討論或實務演練

Q7.2.1　家長參與有哪些好處？還有哪些家長參與效果？

Q7.2.2　家長參與有哪些障礙？

Q7.2.3 請訪談一位家長，聽聽他對於學校事務的參與，如果他沒有參與，也要聽聽他參與障礙的原因。

Q7.2.4 請訪談一位教師，聽聽他讓家長參與班級事務的經驗，談談對他的幫助、或是對他造成的困擾。

Q7.2.5 請訪談一位校長，聽聽他對家長參與的看法，其領導的學校在教師班級層次的家長參與情形，以及學校層次的家長參與情形。有哪些家長參與對學校的益處及家長參與的障礙？

7.3 共育網絡的建立

家長參與當然包括：母親和父親，然而傳統上，父親在子女教養或學校事務參與上，都比母親少。因此在討論家長參與的障礙之後，特別有這一節，首先，討論男性家長參與。在求學過程或生活中，有很多文學作品、流行歌曲和影視節目對父職（fatherhood）或父子互動的描述。文學作品，例如：朱自清的〈背影〉、白先勇的〈孽子〉、黃春明的〈兒子的大玩偶〉、吳晟的〈負荷〉、麥克阿瑟寫給兒子的〈為子祈禱文〉、洛克斐勒的〈給兒子的 39 封信〉、林良的〈爸爸的 16 封信〉。歌曲像是兒歌：〈哥哥爸爸真偉大〉，流行歌：周杰倫〈聽爸爸的話〉，筷子兄弟〈父親〉、李宗盛〈阿爸〉。電影或電視節目，像是：〈他不笨，他是我爸爸〉、〈飲食男女〉、〈我與我的冠軍女兒〉、〈多桑〉、〈美麗人生〉……不一而足，發人深省。然而父親參與（father involvement）學校教育，卻是一個逐步漸進的過程，有待持續深入探討。

再則，探討在這個家庭意涵變遷、少子女化的現代社會，父母共親職的概念是不是應該加以延伸擴展，從父母的教養到成年的家人、社區、學校到國家，建立共育網絡（co-nurturing network），共同承擔起教養孩子

的責任。

7.3.1 父職的功能與內涵

　　隨著社會化的改變，性別差異愈來愈小。然而普遍還是認為父親對孩子成長和學習有更多的參與，對孩子、父親本身、母親、學校和社會而言，都是有價值的。《性別平等工作法》第 16 條規定，受僱者撫育 3 歲前子女的育嬰留職停薪申請，以及第 20 條家庭成員預防接種、發生嚴重之疾病或其他重大事故的家庭照顧假，是不分男女的，而男性申請的比率近年也有升高的趨勢，足見父親教養和照顧子女，受到重視和歡迎。而父親的參與也有別於以往父嚴母慈，遠距離和嚴肅的提供者（provider）角色；現在應該更多強調遊戲、對話、照顧和陪伴的養育者（nurturer）角色。

一、父職的功能

　　美國臨床心理學家 S. B. Poulter 認為，父親有五種類型：高成就型、不定時炸彈型、消極型、缺席型、心靈導師型。高成就型要求孩子把一切做到最好，但同時有不要做得比父親好的矛盾心理；不定時炸彈型的父親情緒不穩定，經常大吼大叫；消極型父親習慣默默付出，不會主動談論有關家庭、事業或生活上的事情；缺席型的父親，會忽略或不理解孩子，也不在意負面影響；心靈導師型的父親，會鼓勵、陪伴和愛護子女，了解父親在子女教育中的作用（張楊，2024；Poulter, 2004）。其中，缺席型父親負面影響最大，可知父親對子女陪伴的重要。

　　李孟潮（2015）說明父親身分的五大功能：1. 供養功能：賺錢養活太太和孩子，並陪伴他們。2. 護佑功能：保護太太和孩子免受天災人禍侵擾。3. 規訓功能：設定家庭規則，維持家庭結構。4. 傳道功能：傳遞孩子生命的意義和價值。5. 勝利功能：比其他男人強，至少比媽媽強。

而美國衛生部在「父親在兒童健康發展過程中的重要性」（The importance of Fathers in the development of children）這份文件，認為父親有以下功能（Zoja, 2000/2015）：1. 和孩子的母親培育積極關係。2. 花時間陪孩子。3. 養育孩子。4. 恰當地規訓孩子。5. 引導孩子走向家庭以外的世界。6. 保護和供養。7. 成為一個孩子的模範。

東西方的主張，在提供、養育、保護和陪伴上相同，但在勝利功能這一項：爸爸要比其他男人強，至少比媽媽強，有點類似支配地位和特權，主要由男子占據的父權概念，比較有爭議，需要進一步討論。

二、父職的內涵

表 7.3.1 根據多位學者對父職的內涵加以整理。其中可見照顧陪伴是最大的共識，而養家和基本養育工作，課業發展、社會發展也有共識。只有在心理發展這項內涵，較少學者提出，而這項內涵著重情緒及行為輔導，也是未來父職可以著力之處。

表 7.3.1
學者主張父職內涵對照表

學者	照顧陪伴	心理發展	課業發展	社會發展	其他
陳曉惠（1999）	生活照顧	心理發展	課業發展	社會性發展	
蔡佳宜（2000）	生活自主教育 活動陪伴		學校相關 涉入	支持鼓勵	
吳黛宜（2003）	關懷陪伴 日常生活照顧	能力發展（三項通稱）			養家與示範
王叢桂（2000）	和諧關愛 生活照顧		教育子女	子女發展	經濟支持

學者	照顧陪伴	心理發展	課業發展	社會發展	其他
謝明華（2003）	鼓勵 父子互動品質 情感交流		參與子女 課業活動	參與子女休 閒活動	基本養育工作
陳秀如（2001）	生活 休閒娛樂 與孩子聊天	情緒及行 為輔導	學習	社交生活	托育、教養及育 兒工作的學習

　　M. E. Lamb 在 1987 年就把父親的參與，分成 3 部分：投入（engage-ment）──包括：與孩子一對一互動、養育、遊戲或規訓；可接近性（accessibility）──包括：身體的接近與接觸；責任（responsibility）──為孩子的福祉與照顧負責，預約就醫時間、確保符合孩子需求等，來分析父職（Hennon, Olsen & Palm, 2008），並與母職做比較。從表 7.3.2 可見，父親和母親在養育及照顧子女是相當的，但可能類型有些不同，在參與教養子女時間、花在和子女遊戲上、遊戲類型、照料子女、親職能否自行決定，父親和母親都不太相同。王舒芸與余漢儀（1997）提出父親的「選擇性育兒角色」，似乎能貼切地說明表 7.3.2 的比較結果。

表 7.3.2
父親與母親的親職行為對照表

親職行為	父親	母親
養育及照顧子女	相當	相當
參與教養子女時間	少	多
花在和子女遊戲上	多	少
遊戲類型	身體、接觸	口語、說教、玩具
照料子女	少	多
自行決定親職	自由度高	自由度低

7.3.2 男性家長參與的理論依據與相關研究

以下從共親職、腳本理論、社會文化結構與性別角色，及父職相關研究，更深入了解男性家長參與。

一、共親職理論

夫妻共同生育孩子，應該共同養育孩子，稱為共親職（co-parenting），或協同親子關係（coparental relationship），丈夫與妻子在親子角色上成為對手或夥伴關係，而此親子關係可說是婚姻關係的延伸（Hennon, Olsen, & Palm, 2008）。學者間也提出許多相關但有些許差異的名詞，例如：教養分擔（shared parenting）、教養夥伴（parenting partnership）或教養聯盟（parenting alliance）等。廣義而言，共親職包含二個面向，一為照顧教養孩子的勞務分工；另一為父母對於配偶的教養理念與行為所予以的「支持」或「抵制」，狹義則僅包括後者（林雅萍、林惠雅，2009）。

葉光輝（2000）針對參加家族治療的家庭互動資料，分析父母共親職的行為，其中兩個向度指標分別評估父母兩人在共親職的情境下，彼此在內隱的教化理念、或對議題解決方案上是否有所共識，以及父母在孩子面前執行教化時，外顯行為的合作互動情形。根據其研究結果，建構出 4 種共親職互動類型：1.「共識合作」類型的父母在教養的信念及行為上都能相互配合。2.「共識極化」類型則是父母在教養信念上一致，但在行為上卻是一方獨力執行，另一方未涉入的狀況。而 3.「歧異極化」在外顯行為上表現與「共識極化」相同，不同的是，「歧異極化」的父母在內隱的親職信念上是相互衝突的狀況。至於 4.「歧異競爭」類型的父母，與「共識合作」類型的父母是兩個極端的對比，在共親職的內隱信念及外顯行為特徵上，常常出現父母兩人對於對方教化行為的指責、批評及干預等敵意行為，充分顯現出兩人在教養議題上的競爭態度。

　　林雅萍與林惠雅（2009）深度訪 5 對臺灣國小學童、雙收入家庭的父母。發現父母共親職互動歷程，分析父母在教養議題上「支持」或「抵制」配偶之前、之際和之後的互動歷程，可歸納爲二種面貌：第一種面貌爲「一方主政，配偶配合歷程模式」，這個面貌中又可分爲「母主政，父配合歷程模式」與「父主政，母配合歷程模式」。「母主政，父配合歷程模式」，即「父母協調溝通，而後，母守門，父配合改變」模式；「父主政，母配合歷程模式」，即「父母協調溝通，而後，父守門，母順應配合」模式；第二種面貌爲「各自爲政歷程模式」，即「父母教養衝突，而後各自爲政，互不干涉」模式。

　　以上是藉著源自 P. Minuchin 在 1985 年發展出來的共親職概念，用來理解男性家長的親職參與。

二、腳本理論

　　腳本理論扮演重要的角色，父職行爲有 3 個不同但關聯的層次（Miller, 2011; Pleck, 2010）：

　　（一）最一般層次涉及文化和次文化劇本：包括：父親應如何思考、感覺及行動的基本規範。如果社會文化與角色規範體制鼓勵父親參與孩子學校教育，那麼父親參與的程度就會提高。

　　（二）人際腳本規範：前述文化劇本安排，與他人互動，互動的腳本受到重要他人（如配偶）的影響與環境的限制：父親如何受到母親的鼓勵，或其他重要他人，如學校教師或其雇主、主管、朋友所鼓勵，就會提高參與度。

　　（三）個人內在心理腳本：男性家長在內心建構如何作爲父親的形象。如果其認爲作爲父親，就應該參與孩子在學校的參與，其參與程度也會提高。

三、社會文化結構與性別角色

　　王舒芸與余漢儀（1997）提出4個可能的機制影響男性家長參與：1. 是由於文化規範的定義與制約而削弱父親育兒的意願；2. 是由於社會化歷程中的灌輸與傳遞，使得父親缺乏育兒能力的學習管道；3. 是社會福利體系的複製限制了父親參與育兒的機會；4. 勞動市場體制的強化，排擠父親參與育兒的時間。總而言之，在社會文化與角色規範體制之種種因素的限制下，父職參與的時間與責任均比母親少。

　　男性家長參與與否？父親的認同係指附屬於父親角色及身分的自我意義及認知。因此，如果參與學校教育在男性家長扮演的各種父職角色占據較為顯著的地位，男性家長對參與學校教育有較高的承諾時，其參與程度將較高。就如 Marsiglio 與 Roy（2012）記錄了美國 300 多名不同社會經濟背景和環境的父親發現，大多數父親都表達了與孩子建立牢固、親密關係的願望，並想培養能力來維持這些聯繫，然而主流政策僅強調供養和居住，而不是那些可能有助於培養健康的父子關係和創造性的父母共同養育子女的舉措，而許多貧窮、教育不足和就業機會不佳的弱勢父親，就會面臨無數的結構性障礙，因此社會應該支持家庭和定義男子氣概，也包括：照顧子女，而不僅僅是經濟支柱而已，父親應該在過程為孩子帶來更好的人生開端。

四、男性家長參與的相關研究

　　吳璧如（2004）針對臺灣地區近 2,000 位中小學學生的男性家長調查研究，結果發現：

　　（一）家長參與內涵，包括：家庭本位的參與、學校和社區本位的參與、親師溝通等三面向，參與程度都不高。

　　（二）教育程度較高，從事專業工作的男性家長參與學校程度較高。

　　（三）與配偶同住，對男學生，都會地區的男性家長參與較高。

　　（四）高職（技術型高中），低社經背景男性家長參與度較低。

（五）女性家長的態度在男性家長參與的方式和程度上扮演「守門員」
（gatekeeper）的角色，因此母親可以鼓勵父親參加子女在家庭及學校的
學習活動，並分享親師溝通的機會（吳璧如，2004）。

美國、臺灣、澳門跨國學者（Ho, et al., 2012）針對「臺灣教育長期
追蹤資料庫」（Taiwan Education Panel Survey, TEPS）2001 和 2003 年國
中七年級至九年級持續資料的研究，發現父母對孩子學業成就在孩子教育
抱負的中介變項調節下，對孩子學業成就都有顯著的間接效果，但父親對
孩子學業成就並沒有顯著的直接效果。不過父親對兒子的學業成就比起女
兒的影響更大。

文中提到許多國家同樣發現家長對相同性別孩子有更有利的影響，也
感受到更多對孩子社會化的責任。尤其在華人文化的脈絡下，父親會花更
多時間和兒子相處勝過女兒，因此有更多機會掌握和控制兒子的行為。也
由於華人文化對教育的重視，父母的高度期望鑲嵌在父母參與上，可能轉
換子女的教育抱負，而改善其學業成就（Ho, et al., 2012）。

研究中發現，父親比較多參與的是孩子學業有關的，有益於孩子學
習的活動，比較常扮演的是專家或學者解說的角色，例如：父親開設自行
車行，到校教學生們如何騎自行車、如何使用防護用具、自行車的各項功
能等。學校也會辦一些溜冰、騎腳踏車、賞鳥、觀蝶、參拜寺廟、歷史古
蹟、社區生態資源等吸引父親參與的親子活動。而父親會否參加，與活動
辦理地點、事件持續性、週幾舉行等都有關（Ho, et al., 2012）。

7.3.3 從擴大男性家長參與到共育網絡的建立

西非有句諺語："It takes a village to raise a child"，意指一個孩子的
成長需要整個村落的共同努力。Doucleff（2019/2022）親自在非洲坦尚尼
亞狩獵採集的哈札比人身上見證到這個「異親父母」或「異親撫育」的情

形，而本書第 5 章也提到 1996 年時任國務卿的 H. R. Clinton 以此諺語著書，提出政府一起養育孩子的理念，並通過美國兩項兒童健康保險、領養與安全家庭法案。這個概念強調教育和養育孩子不僅是父母的責任，而且是社區所有成員甚至是國家共同的責任。在孩子的成長過程中，家庭年長成員、鄰居、親戚、朋友、教師，甚至社會和政府都扮演著不可或缺的角色。再者，由於家庭多元型態的改變，父母生下孩子後，不管婚姻或彼此關係是否延續，都應該共同承擔教養孩子的責任，而後來的重組家庭或各類家庭的成年成員，例如：繼父母或領養的父母等，也應該對未成年家庭成員負起教養的責任。

　　因此，本書作者提出共育網絡（co-nurturing network）的建立，這個概念可以分為以下四點加以說明：

一、共同承擔教養責任

　　法律上《民法》規定父母對未成年之子女，有保護教養權利義務，但孩子的教養不該只落在父母或監護人身上，不只是父母共親職（co-parenting）而已，而可以擴大到家庭裡其他年長的家人、親戚、朋友，甚至鄰居等，所謂「異親父母」或「異親撫育」，也可以加入協助，減輕父母親職的負擔。而國家應有全國性的育兒政策、經費和組織，而社區也應該有育兒的空間設施和活動規劃。「共育網絡」強調教養不僅僅是家庭的責任，還包括：社區和政府的積極參與。這種協作網絡能夠擴大教養資源，讓孩子在不同的成長場域，都能獲得支持。

二、多元親職夥伴的協作

　　家長、教師、社區成員及政策制定者之間的協同合作，共同構成一個支持系統，能夠應對孩子在成長過程中所遇到的不同挑戰，如學業壓力、情緒管理和社交適應等。共育網絡為家長提供持續的親職教育，協助家長掌握有效教養方法，共同營造以孩子最佳利益為核心的教育願景。如

果家長出現不利教養的情況（如家庭暴力或兒童虐待與疏忽），法律規定教師、社工等專業人員通報和協助後續處理等，以國家公權力介入失職的父母親或法定監護人的親權，以保障兒童的最佳利益（許育典、陳碧玉，2009）。

三、融入社區與社會資源

社區中的圖書館、遊戲場所、社區活動中心等兒童活動空間，非營利組織的學習活動和場所等資源應共同參與，為兒童帶來多樣化的學習體驗，豐富孩子的成長過程，同時促進教育公平，特別在資源不足的地區。而孩子透過社區得以接觸多元文化與價值觀，培養包容、尊重多樣性的社會責任感。而對於弱勢家庭或資源缺乏的地區，共育網絡能夠提供更多元的資源，減少貧富差距對教育機會的影響，使每個孩子都有平等的成長和學習機會。

四、政策與法令的支持

聯合國《兒童權利公約》第 18 條訂有：締約國應於父母及法定監護人在擔負養育兒童責任時給予適當協助之規定。因此，政府應提供資金、基礎設施、政策支持和立法實施，促進教育機構與心理健康和社會福利機構的結合，為兒童打造更為安全、支持的成長環境。共育網絡旨在為孩子建立一個更安全和支持的環境，讓他們在各種場域中都能受到關愛和鼓勵，減少家庭和社會環境中的風險因素對孩子的負面影響。

本節問題討論或實務演練

Q7.3.1 請蒐集資料，討論臺灣中學家長參與的效果有哪些？又家長參與學校事務，遭遇到哪些障礙？

Q7.3.2 自己求學過程，有無男性家長參與學校教育的經驗？這些事件會如此，推測背後的原因？例如：每次家長會都是媽媽去，因為爸爸覺得媽媽去學校跟老師見個面就可以了；或每次家長會，父母都會出席，以表示對老師和孩子教育的重視；或是因為沒有特別的需求，所以每次家長會，家人都缺席。

Q7.3.3 國立編譯館的國語課本有一課《爸爸捕魚去》是許多長輩共同的回憶：「風這麼大，爸爸捕魚去，為什麼還不回家？聽狂風怒號，真叫我們害怕。爸爸！爸爸！我們心裡多麼牽掛。只要您早點兒回家，就是空船也罷！」、「我的好孩子，爸爸回來啦！你看船艙裡，裝滿魚和蝦。努力就有好收穫，大風大浪不用怕。快去告訴媽媽，爸爸已經回家！」背後說明哪些父親的角色和功能。你是否也有相似的學習內容呢？它又凸顯父親哪些角色和功能？

Q7.3.4 國中小的時候，你的聯絡簿是誰簽名的？家長日親師座談會誰前往參加？老師有事情（例如：你課業或行為出現問題），打電話連絡家長，會打給誰？

Q7.3.5 還記得中小學求學階段，班上家長代表是男性還是女性？學校家長會長是男性或女性？國小、國中、高中有何異同？

Q7.3.6 家裡的小事，媽媽決定；家裡的大事，爸爸決定；判斷何事是大小事，媽媽決定。真的如此嗎？這符合本節中哪個說法？

Q7.3.7 父母親是不是要分別扮演「黑臉」和「白臉」？父母是不是需要同一陣線？當孩子對父母教養反彈時，或父母一方認為配偶行為對孩子親子關係或發展有負面影響時，孩子和父母三方角色會如何互動？（註：Filliozat（1999/2022:43-44）對父母要不要站在同一陣線有充分的討論，可以參閱。書中主張父母不要比較或競爭誰是最好的父母，或是把其他衝突轉移到子女教養的領域，而是從事情本質判斷，如何做才是愛孩子，讓孩子可以信任。）

Q7.3.8 你贊成本書作者提出的「共育網絡」（co-nurturing network）建立的概念嗎？原因有哪些？

親師關係

第 **8** 章

人際關係與溝通的原理

　　人際關係和溝通在日常生活和職場中扮演著至關重要的角色。本章旨在探討人際關係與溝通的原理，從自我理解開始，深入情緒智力和情緒勞務的重要性，再到信任的建立與維護。溝通的成功與否，取決於多種要素，包括：發送者、溝通網絡和接收者的互動。本章也將比較親師之間的背景觀點與權利義務，期能幫助讀者在親師溝通時，能有效應用這些原理和技巧，促進更和諧並具效能的人際關係與溝通。

本章的學習目標

　　研讀本章，可以回答以下問題：

G8.1.1　能了解人際關係的基本原理。
G8.1.2　能說明周哈里窗戶的四個區域，並以此認識自己。
G8.1.3　能分析情緒對人際關係的影響。
G8.1.4　能了解建立信任，對人際關係的重要性。
G8.2.1　能熟悉溝通的過程及關鍵要素。
G8.2.2　能了解良好的溝通，訊息發送者所需要具備的態度和行為。
G8.2.3　能了解良好的溝通，訊息接收者所需要具備的態度和行為。
G8.2.4　能掌握良好的溝通網絡須具備的條件。
G8.3.1　能了解家長的背景及教育理念與教師之不同。
G8.3.2　能熟悉家長的觀點和立場。
G8.3.3　能熟悉家長在法律上的權利與義務。
G8.3.4　能熟悉並運用教師在法律上的權利與義務。

8.1 人際關係的基本原理

　　人際關係是指人與人之間透過相互交流、互動和聯繫所形成的社會關係。因此人際關係至少有兩個人，一個主詞、一個受詞，並輪流扮演這兩個角色。因此個人的人際關係，要先從認識自己著手，再考慮到關係中的對方，因此以下從自我理解、再談到情緒的影響，最後談到兩人以上信任的建立。

8.1.1 人際關係始於自我理解

　　人際關係竟然開始於自我理解，你認同嗎？自我理解意味著要認識自己、具有自尊與自信，自己能夠知足、感恩，並有利益他人的心態和作為。

一、認識自己

　　要改變別人，就要先改變自己。自己能夠跟自己相處，才能夠跟別人相處。人要先接受自己，別人才會接受你，而你也才會接受別人。而改變自己、獨處、接納自我，開始於自我理解（self-understanding）。

　　以周哈里窗戶（Johari window）而言，就可以用來了解自己和他人對你有多了解。其中自己已知，而他人也了解的，是公開的區域；自己未知，他人卻了解，是自己的盲區；而自己已知，未被他人了解的，屬於隱藏的區域；而自己未知，他人也不了解，則為未知區域。人際互動時，針對公開區域，他人和自己比較有共識；盲區則要能開放心胸，多多聽從他人的回饋和意見；隱藏的區域，自己可多多分享他人，而未知區域可以探索，透過接觸新事物或他人觀察，幫助認識自己（Du Brin, 2013/2014）。

　　《論語·學而》子曰：「學而時習之，不亦說乎？有朋自遠方來，

不亦樂乎？人不知而不慍，不亦君子乎？」第一句話是自己的修持，第二句話是對待別人，第三句話是兩者互動，別人不知道自己的隱藏區域，不要因此而生氣，就是君子呀！而《孟子‧公孫丑上》：「子路，人告之以有過則喜。」子路聽到別人告訴他自己的盲區，就會很高興。寂天大師在《入行論》提到「強行我不欲，或撓我所欲，得此不樂食，瞋恨毀自他。」強行我不欲是盲區，撓我所欲是隱藏區，這些都在說明，自己為何會生氣，如何認識自己的道理。

表 8.1.1
周哈里窗戶對照表

	自己已知的	自己未知的
被他人了解的	公開區域：自己或他人都知道。	盲區：自己未知，他人卻了解。
未被他人了解的	隱藏區域：自己已知，他人不了解。	未知區域：自己與他人都不了解。

二、具有自信與謙遜

　　西方強調可以從不同角度去自我理解，其中包括：自尊（self-esteem）和自信（self-confidence）。自尊指的是對自己的感覺，高自尊比較會有心理健康、比較能接受負面回饋並從中獲益、職業較易成功、促進組織的進步；然而自尊過於極端，如果太高，可能會給個體帶來像是自戀（narcissism），過分誇大自己，對他人缺乏同理心、惹怒或疏離他人的結果；太低，可能容易嫉妒他人，而讓自己人際關係變差。

　　自信可以從自我效能感（self-efficacy）來加以了解，自我效能感高時，就是相信自己擁有完成某項任務的必備能力，如果在很多任務都具有自我效能感，才算是個有自信的人。自信通常來自實際體驗，也可以從他

人經驗中獲得，或是透過社會比較，認為別人能做好，自己也能做好，或是社會說服，有人鼓勵你，甚至指導你去做，都可能產生自信，或更重要的是自己情緒的喚起，自己心中升起勝任感或信心，就會具有自信。

　　不過，自尊不能只是自我感覺良好，不能同理他人或忌妒他人。自信也不等於驕傲，咄咄逼人，聽不進去別人的意見，喜歡和他人比較、太過於自我中心，而要能保持一顆謙遜（humility）的心，關懷他人、關注外在世界。

三、知足、感恩與利他

　　運用他人的評價來建立自己的自尊和自信是相當危險的，如果是積極的自我暗示（positive self-talk），自己對自己說些積極正向的話，或是實際踐行，積極作為，完成工作和任務來建立自信，則屬可行。而運用知足、感恩、幫助他人、利他精神，讓自己對他人有貢獻感和價值感，以此來建立自己的自尊和自信，更是長期持續的可行之道。

8.1.2 情緒對人際關係的影響

　　情緒智力（emotional intelligence）是繼智力之後，普遍受到重視的能力，而情緒勞務（emotional labor），則是對從事與人有關的工作者，必須有符應工作職責情緒表達的描述。而這兩者都會影響到人際關係。再者，短時間的情緒（emotion），如果重複出現能維持，就會形成較持久的心情（mood），甚而成為長期穩定的態度（attitude）。

一、情緒智力與情緒勞務

　　情緒智力是指個體覺察自己及他人的情緒，理解人際關係互動過程傳遞的情感訊息，以及管理自己與他人情緒的能力。其有 4 個組成要素，包括：自我覺知（self-awareness）、自我管理（self-management）、社會

覺察（social awareness）、關係管理（relationship management）。

　　對於需要大量情緒勞務的工作，情緒智力高的人，有助於產生較好的工作表現，而教師、護理師或服務業人員，都涉及大量情緒勞務的工作，需要展現積極正向情緒。而情緒智力高的人還有另一個好處是，情緒具有渲染作用，當人們懂得如何表達正向情緒，就會向工作場所的周遭人員傳遞積極的感受，而影響其他人感染正向情緒。

二、情緒影響心情和態度

　　情緒、心情、態度是 3 個相關但有所不同的概念。情緒對某一特定事件或情境的即時反應，通常是強烈且短暫的。持續時間較短，從幾秒到幾小時，具體、有明確指涉對象或事件，常伴隨明顯的生理反應，如心跳加快、出汗等；而心情是一種持久的情感狀態，不一定與特定事件直接相關。持續時間較長，可以是幾小時到幾天，甚至更長，是廣泛的、不如情緒那樣具體；而態度是對某人、某事或某個情境的持久性評價性反應，包括：認知、情感和行為傾向。持續時間最長，基於信念和價值觀，會影響個人的行為傾向和反應方式（Robbins & Judge, 2011/2016, 2022）。

　　由於情緒持續不變，就會成為心情，最後成為態度。態度是一種預先應對的傾向，這種傾向會影響人們對某個人、某件事、某種觀念，以及某種情況的反應。態度也包括：認知、情意和行為的 3 種成分，是三者交互作用的結果。而影響態度的最大因素是，個體人格特質上的傾向，樂觀的人較能以正向態度看待人事物，而產生積極的行為，而樂觀態度和積極行為通常是有效人際關係的基礎。因此人們要放棄無謂的批評、聲討和抱怨，用他人感興趣的方式去對話。而一位保持真誠樂觀態度的員工，不管對上司、同事和顧客，都會有更好的人際關係，更好的工作績效。不過樂觀態度是發自內省的，刻意保持樂觀則不然，反而會導致員工壓力、倦怠和低工作滿意度。非理性的樂觀只會讓員工變得自我中心和強化控制慾，

而是要保有理性去解決問題，才能得到樂觀的效果。

8.1.3 信任的建立與維護

信任是任何健康人際關係的核心。信任的建立需要時間，並且往往建立在誠實、一致性和可靠性的基礎上（Sunim, 2018）。信任的建立也關乎文化和教師個人特質，由於目前尊師重道式微，家長對教師的信任感降低，更需要從建立信任著手。而信任也關係到教師的人格特質，具備誠實、可靠、同理心人格特質的教師，比較容易建立家長的信任。

一、信任的特徵

信任（trust）的特徵是正直（integrity）、仁慈（kindness）和能力（competence）。所謂正直，就是誠實和真誠、言行一致；所謂仁慈，就是會考慮對方的利益，給予關懷和支持；所謂的能力，就是在專業和人際關係方面的知識和能力。以教師而言，要取得家長信任，第一要正直，誠實和真誠的面對家長，言行一致；第二要仁慈，會考慮到家長和學生的需求，給予關懷和支持；第三是能力，教師要具備教學的專業能力，與人際關溝通互動的知識和能力，如此，教師就能取得家長的信任。

二、信任的建立及影響因素

信任的建立是一個過程，時間是建立信任的影響因素，我們對他人的信任產生，要在一段時間觀察其行為之後，因此教師和家長互動要具備上述信任的三大特徵，隨著時間才能建立起信任關係，並非靠初次見面、開學短暫時間就能達成。因此教師好像存摺存款一樣，慢慢累積帳戶數額，累積信任指數，才能建立和維持家長的信任。而一旦信任關係建立之後，信任有助於承擔風險、有助於分享訊息、有信任關係的群組更有效能、信任促進生產力。

如果失去上述 3 個信任的特徵,信任就會被破壞。如果破壞信任是因為缺乏能力,可以用道歉來重建;但如果因缺乏正直,道歉起的作用不大。只有犯錯後觀察到其表現改變,始終以可信的行為出現後,信任才得以重建。如果教師忽略信任被破壞的事實,沉默以對、拒絕承認或否認責任,則難以重建信任。

本節問題討論或實務演練

Q8.1.1 你贊同「自己能夠獨處,才能夠跟別人相處」的說法嗎?原因為何?

Q8.1.2 真的有情緒智力嗎?情緒會對人際關係產生影響嗎?可否舉出自己的實際經驗作說明?

Q8.1.3 如何建立人與人之間的信任?建立信任後,又如何維護呢?試舉出實際例子加以說明。

8.2 溝通的基本原理

以下歸納學者間的見解(謝文全,2022;Robbins & Judge, 2015/2016; Verderber & Verderber, 2013/2015),說明溝通的目的與過程的關鍵要素等基本原理。

8.2.1 溝通的目的與過程的關鍵要素

人們彼此溝通,有其想要達成的目的,在溝通的過程,有許多溝通的關鍵要素彼此交互運作,構成溝通的效果。

一、溝通的目的

溝通是個人或團體相互之間交換訊息的歷程，藉以建立共識、協調行動、集思廣益、滿足需求，並達成預定的目標（謝文全，2022）。

二、溝通的過程

溝通過程（communication processes）複雜，從訊息的交換，導致意義分享。從圖 8.2.1 可知，其有四個不同卻相互關聯的步驟：首先是傳送者產生某種意圖的訊息並加以編碼（encoding），第二是經過特定的網絡傳送出去，第三是接收者加以解碼（decoding），詮釋（interpretation）成某種理解的訊息，最後再透過回饋（feedback），達到互動協調（interaction coordination）的效果（Verderber & Verderber, 2013/2015）。

三、溝通的關鍵要素

整個溝通過程有 9 個關鍵要素：1. 發送者、2. 某種意圖的訊息、3. 編碼、4. 網絡、5. 噪音、6. 接收者、7. 解碼、8. 某種理解的訊息、9. 回饋。良好的溝通就是要讓某種意圖的訊息和某種理解的訊息能夠一致。但是在溝通過程，都可能因為其他要素，而讓兩者不甚一致（Verderber & Verderber, 2013/2015）。

圖 8.2.1
溝通過程的模型圖

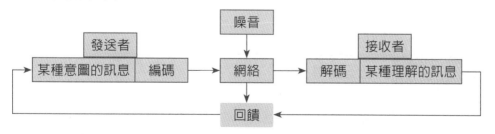

8.2.2 發送者

發送者是個人或組織中的成員，須將某種意圖的訊息加以編碼，透過網絡，讓接收者接收到訊息。人們行為的目的在滿足其需求，發送者透過同理心，了解接收者的需求，依此需求對所要發送的訊息加以編碼，是發送者重要的第一步。再者，如果是面對面溝通，發送者應該了解到自己的肢體語言，而非面對面溝通也要注意自己的語調等，情緒層面的表達。憤怒的表情和情緒、微笑的表情和情緒，都對溝通產生重要的影響，卻是一般人容易忽略的。以下說明發送者發送訊息的溝通要點：

一、具同理心、設身處地為對方著想

同理心是對他人的感情、思想或態度，加以認同或感同身受的認知過程。同理心是支持他人、維持良好人際關係的重要因素。發送者如何讓接收者表現出期待的行為呢？首先，就是以同理心（empathy）、穿上他的鞋子，站在他的觀點和立場來發送訊息；其次，則用喚起他的同理心（arouse his empathy），讓他了解要依照你發送的訊息所期待的行為去做，才能成為具有同理心的人。溝通過程，發送者可以表達對接收者行為的部分同意（partial agreement），或是自我揭露（self-disclosure）。最後，是找一位代理人，協助我們發送訊息，雖然常常有人如此做，但如此做，溝通的良窳只是轉換成這位代理人，但是這些溝通的基本原理和關鍵要素是不會改變的。

案例 8.2.1　　老王暖車

老王住在公寓大樓，喜歡早上在地下室暖車。老王已經退休，他的車子車齡已經超過 20 年，非常老舊，他早上也不需上班，以致在地下室暖

> 車，開冷氣，舒服地在車上看報紙。
>
> 　　然而地下室因此烏煙瘴氣，老王毫無自覺。當你進到地下室，吸到汽車排出的廢氣，這時，你怎麼跟老王說？

　　鄰居 A：老王啊！怎在搞什麼呀！你看看地下室搞得烏煙瘴氣，這會影響大家的健康，你應該替大家想想，請你不要再這樣，好嗎？

　　鄰居 B：老王啊！你車子是需要保養，但是你可不可以開出去，不要在地下室，搞得烏煙瘴氣的，影響你和我，大家的健康。

　　鄰居 C：老王啊！你還好嗎？我很擔心你耶！我在網路上看到車子發動沒有行駛，會產生很多無色無嗅的一氧化碳，我擔心你在車內會一氧化炭中毒。

　　鄰居 D；老王啊！我以前也常常暖車，但是發現這樣沒有效果，還是實際把車開出去街上繞繞，比較有效果。

　　鄰居 E：不跟老王溝通，直接到管理室找管理員，請她處理老王引起的烏煙瘴氣。

　　鄰居 A 主要是用喚起同理心的方式；鄰居 B 主要是用部分同意；鄰居 C 是用對老王表達同理心的方式；鄰居 D 主要是自我揭露；鄰居 E 則是找管理員作為溝通的代理人。您覺得哪位鄰居能達到溝通的目的，即老王不在地下室暖車了呢？雖然鄰居和老王的關係、老王本身人格特質、甚至鄰居說話語氣，都可能影響目的是否達成，然而是不是愈能夠同理老王，設身處地為老王著想的方式，更容易達成溝通目的呢？

二、溝通過程的情緒管理

　　基本情緒就會對溝通產生影響，情緒在個體間很容易無意識的傳播，而憤怒的情緒會嚴重影響溝通，甚而產生敵意，而溝通過程的肢體語言等非語言線索，也會傳達當事人的情緒。

　　（一）基本情緒對溝通的影響：基本情緒如快樂、驚奇、害怕、悲

傷、憤怒和厭惡是普遍存在的，對溝通有顯著影響。這些情緒不是中立的，可以根據其強度、情感正負性和對行為的驅動力進行分類。例如：憤怒可能導致對抗性的行為，而快樂則通常促進合作。

（二）情緒感染：情緒感染（emotional contagion）是指情緒在個體之間無意識地傳播。在親師溝通的情境中，如果教師表現出沮喪或憤怒，可能會引發家長的類似情緒，進而使矛盾升級，導致溝通變得不那麼順暢。相反地，積極的情緒，如熱情則能增進理解和合作。而負面情緒，如壓力或焦慮更容易渲染，並可能破壞溝通進程，導致誤解或衝突（張民杰，2024b）。

（三）憤怒會嚴重影響溝通，導致敵意的產生：有效的憤怒管理（anger management）包括：認識和承認自己的情緒，而不是壓抑，重新解讀情境以減少其情緒影響，對於在高壓情況下，保持建設性的溝通至關重要，尤其是親師衝突時的親師會議，更要注意到避免受到憤怒情緒的影響。

（四）重視溝通過程的非語言線索：非語言線索，如面部表情、語調和肢體語言，在傳達情緒時具有關鍵作用，尤其是語言訊息和非語言訊息不一致時，人們是以非語言訊息為主做判斷。例如：一臉狐疑卻開口說你沒有問題，人們會認為你有疑問，只是不想提出來。而微笑通常可以減少緊張氣氛，促進積極的交流，使對方更願意接納所傳遞的訊息；相反地，負面的肢體語言則可能加強負面情緒，導致溝通的失敗。

情緒是溝通過程中的核心要素，能顯著影響教師與家長之間的互動結果。透過理解和管理情緒，無論是自身的，還是他人的情緒，教師都可以在挑戰性情境下，促進更積極和有效的溝通。認識到情緒感染的作用、進行憤怒管理、注意非語言線索，這些都是改善溝通動態的關鍵策略。

三、訊息要具體明確、容易理解

訊息（message）要具體明確，首先要注意簡潔性，讓接收者短時間

內抓住重點。再則，確保訊息具體、不含糊，有量化數據、證據、實例更好。例如：「小華未完成數學習作第二單元」比「小華未完成家庭作業」更具體。第三、要針對接收者需求和理解程度，專業人士才用專業術語，對於一般家長，建議使用通俗易懂的語言。例如：有些教育專有名詞，像108課綱，教師向家長溝通可能要用更白話的方式：「政府制訂的上課內容或方式」來表達。但也避免使用不正式的俚語，讓家長覺得不受尊重或聽不懂。相反地，教師可能想用家長慣用的閩南臺語或客家臺語來和家長溝通，以增加親切感，但有時教師並無法流利表達，也可以改用家長聽得懂的國語溝通。

具體之外，如果要增加可行性，可以在訊息附上理由，告訴家長接受這項訊息的原因；或是包含明確的行動指示，告訴家長需要做什麼或應該期待什麼。此外，避免使用雙關語或容易誤解的詞彙，以減少誤解的風險。避免把來路不明、未經證實的訊息，發送給家長，因為這些訊息不但會影響溝通效果，而且還會破壞家長對教師的信任。

四、尊重個人界線及隱私保護

個人界線（personal boundaries）即隱私權保護，可免於因分享太多所帶來的潛在傷害，也因此可以顧及其他人的隱私。例如：家長間彼此的聯絡方式，要經過當事人同意，才可以分享給其他家長，邀請成立通訊軟體群組、或社群網站社團，也都要經過家長同意。而班級事件發生時，例如：本書的案例，小明和小夫 2 位學生打架起衝突，小明爸爸詢問老師，學校會怎麼處罰小夫，老師應該描述學校的處理程序，但不需要推測可能的結果，也要顧及小夫與這件事無關的其他隱私，避免潛在的傷害。

再者，閒聊（small talk）是包括：天氣、不具爭議的社會事件、無傷大雅的預言或事實；而八卦（gossip）是在背後評論別人（Verderber & Verderber, 2013/2015）。教師可以和家長閒聊，但建議不要八卦，尤其是不要在家長面前討論其他家長、老師或學生，以免衍生後遺症。因為當家

長願意跟教師分享隱密的訊息時，就等於冒了教師把它分享給別人的風
險，如果教師未經家長同意或不經意地分享這些訊息給其他家長，可能就
會有侵犯隱私或破壞信任的情形發生。

8.2.3 接收者

溝通是雙方的，光有發送者依照上述溝通要點進行是不夠的，還要
有接收者的合作和回饋。接收者要完整正確地接收到訊息，並將其解碼，
以了解發送者訊息中某種意圖，並不容易。由於接收者和發送者具有相互
性，會隨時轉換角色，因此同理心、設身處地為對方著想、管理情緒覺察對
溝通的影響，同樣適用在接收者。此外，接收者還應該具備以下 2 種行為：

一、傾聽

人際關係始於自我理解，因此要先認識自己；然而溝通卻先要了解
對方，也就是 S. R. Covey 的知己解彼（Covey, 1989: Covey & Covey,
2019/2020）。因此傾聽（listening）是第一步，是接收者接收訊息後解
碼、建構意義成某種理解的訊息，提出評估並加以回饋的一系列過程。有
內容導向（重視訊息的事實、細節和證據）、人際導向（重視發送者情緒
和感受）、行動導向（重視訊息重點）、時間導向（重視內容簡要以節省
時間），各有其優缺點。傾聽時會因為接收者擔心沒有能力理解訊息或抗
拒訊息內容而產生傾聽焦慮（listening apprehension）。積極傾聽的過程
有 5 個步驟（Verderber & Verderber, 2013/2015）：

（一）注意（attention）：接收者集中心志和知覺感受去聆聽訊息。

（二）理解（understanding）：理解他人的語言，能完全掌握訊息的
字面上意義及弦外之音。

（三）記住（remembering）：將訊息從短期記憶轉到長期記憶，可
以用複誦、記憶術、寫筆記等方式促進。

（四）評估（evaluation）：區分出事實（facts）和推論（inference）初級情緒和次級情緒；這項評估可以了解發送者訊息的性質：

1. 描述行為（describing behavior）：正確具體地包括：人、事、時、地、物等描述特定行為的事實，還是推論所下的結論或價值判斷。

2. 描述感受（describing feeling）：描述自己對於事件的初級情緒，例如：擔心、害怕，還是因此而生的次級情緒，例如：憤怒等。

（五）回饋（feedback）：給予對方訊息適當的回應。

容許別人說完他要說的話：因為幾乎所有人都喜歡把自己的想法一股腦兒全部講出來，因此不打斷別人的發言，一定確保別人把話講完。避免使用那些會中止對話的措辭：例如：你是錯的，我是對的；我同意，但是……等會讓對方進入防衛狀態，而阻礙訊息的傳送。

二、回饋與澄清

教師要了解個人知覺的成見，有選擇性知覺（selective perception）、刻版印象（stereotypes）、偏見（prejudice）、歧視（discrimination）、月暈效應（halo effect）、強迫一致性（forced consistency）、投射（projection）、基本歸因謬誤（fundamental attribution error）等（Robbins & Judge, 2015/2016）。

由於有這些個人知覺的成見，接收者應該保持開放的態度（open minded），願意接受不同的觀點和意見。這種心態有助於避免過早地做出判斷或產生偏見，從而更全面地理解訊息。在理解訊息時，接收者應主動提供回饋（feedback），以確認自己是否正確理解對方的意圖，有時回饋也可以作為積極傾聽的最後一個步驟（Verderber & Verderber, 2013/2015）。另外，也可以運用知覺檢查（perception check）來分享對發送者行為的知覺，以澄清你的詮釋是否正確。

在溝通過程中，透過回饋機制，使發送者和接收者的角色，雙方不斷互動，以便產生共識或和議，因此貴在雙向溝通，才能滿足雙方的需求，

而不是單向的發送者一方要接受者這一方接收訊息而已。

待人有所謂的「黃金法則」（golden rule）：以自己想要的方式對待別人，己所不欲、勿施於人。更進一步是「白金法則」（platinum rule）：以他人想要的方式對待他人（Adler, et al., 2013/2016）。要做到白金法則，就要好好地傾聽、回饋和澄清。

8.2.4 溝通網絡與溝通環境

溝通過程的關鍵要素中，還有溝通網絡（communication network）和溝通環境（communication circumstance），以下分別加以說明：

一、溝通網絡

溝通網絡是管道（channel）與媒介（medium）的合稱。溝通管道在組織裡的溝通指的是傳送訊息的路線，例如：正式管道和非正式管道、上行、平行或下行管道、單向或雙向管道。其特點涉及訊息流動的方式，並且可能直接與溝通的效率、速度和回饋相關。而溝通媒介指的是傳遞訊息所使用的工具或技術。例如：書面文件、報紙、電子郵件、社交媒體平台、廣播、電視等都可以作為溝通媒介。而本書則將兩者合併，稱之為溝通網絡。

對溝通訊息的傳送者而言：1.所選擇的溝通網絡在一定程度上決定了溝通的有效性。2.不管運用哪種網絡傳達訊息，讓接收者可以回饋是很重要的，如此才能確保訊息得到理解。3.書面溝通比口語溝通更易誤解，但其方便性高於口語溝通，因此溝通時需要考慮網絡特性。4.確保使用的溝通網絡適合接收者及所要傳送的訊息。

二、溝通環境

指影響溝通過程和結果的各種外在因素和條件，包含自然或物理環

境、人文或社會環境兩大類。前者包括：溝通場所空間、聲音、照明、溫度、桌椅、設備等；而後者包括：參與者個人知覺、心理狀態、文化習性、周遭環境氛圍等。

以噪音（noise）而言，也可分為 3 種：1. 外在噪音（external noises）；環境中會引人分心的聲音、物件或其他感官刺激。2. 語意噪音（semantic noises）：注意力因為發送者的語言而影響特定訊息的意義。3. 內在噪音（internal noises）：干擾接收者詮釋意義的想法與感覺。第一種比較屬於自然或物理層面，而第二及三種屬於人文或社會層面，例如：雙方母語不同，對於語言訊息產生不同意義；或是個人知覺不同，對同一問題有不同知覺，選擇性的注意，產生「月暈效應」；或心理狀況產生的心理噪音，例如：「參考框架」（reference framework）即觀點和立場不同，或是防衛機轉等。還有文化差異產生的噪音，例如：在個人主義文化中，情緒的公開表達通常受到鼓勵，而在集體主義文化中，為了維持和諧，情緒表達可能會受到抑制，各文化間不同的解讀，形成噪音，而影響溝通。

本節問題討論或實務演練

Q8.2.1　小丸子的家在公寓 2 樓，清晨 5 點鐘一大早，房間旁邊的防火巷，就有一對鄰居退休人士聚在窗外聊天，大聲喧嘩，吵醒小丸子。因為經常如此，小丸子受不了了，請問小丸子應該如何和兩位鄰居溝通？

Q8.2.2　在日常生活人際溝通過程，請試著練習以同理心來表達，並檢視其溝通效果。

Q8.2.3　請分享在溝通過程，受到自己或對方情緒影響的經驗。

Q8.2.4　朋友之間閒聊、八卦是常有的事，你同意本書所言不背後評論他人的建議嗎？甚至練習不抱怨，你個人意見為何？參與討論

Q8.2.5　的夥伴意見又如何呢？
　　　　傾聽並不是一件簡單的事，請找個適合的場合和情境，記錄一下自己傾聽步驟的進行內涵，說明如何自我改進？

Q8.2.6　請舉出溝通過程受到噪音干擾的經驗，或是透過環境的選擇和布置，獲得更好溝通效果的實例。

8.3 親師的背景觀點與權利義務

　　親師溝通前和溝通過程中，了解雙方的背景與觀點，至關重要。家長與教師之間在教育理念、管教態度、人格特質，以及與學生的關係等方面往往存在差異。教師應在溝通前充分掌握家長的社經背景、教育程度與期望，並在溝通過程持續了解和調整，以達成有效的溝通。此外，親師之間的權利與義務也需要明確了解，透過法律保障，家長在參與學校教育時，擁有選擇權、資訊請求權、參與決定權等，而教師則有履行專業自主、維護學生權益等義務，雙方才能透過溝通，有效地合作。

8.3.1 親師的背景與觀點之比較

　　溝通方式只是工具，真正重要的是知道對方在意什麼，表達出對對方的關心（DuBrin, 2013/2014）。要知道家長在意什麼，就要了解家長的背景及教育理念、家長的觀點與立場。

一、家長的背景及教育理念

　　教師能在溝通前掌握學區特色、家長社經背景、教育程度、教育理念、及其對子女的期望等，並於溝通過程持續分析與修正，有助於親師溝

通。家長的背景如第 4 章談到的特定情境的家庭，包括：身心障礙學生家庭、家庭遭逢父母離婚、隔代教養、家庭暴力或兒童虐待與忽視、貧窮家庭等，以及家長的教育程度、教育理念，對子女的期望，還有教養態度與行為，與孩子的相處情形等，如果教師在與家長溝通時，能夠有所了解與掌握，才容易觀點取替，為對方著想，了解對方的需求。教師在溝通前就需要事先了解，家長在以下因素可能就與老師不同：

(一) 哲學價值觀念不同：教師受「專業」薰陶，抱持理想教育觀念；家長則以「現實」的觀點，認為我的孩子不能輸在起跑點，要讓我的孩子比我強。

(二) 管教態度不同：教師較為客觀理性，以輔導原則對待孩子；父母管教孩子則憑個人感情及經驗法則，較為傳統方式或個別化方式。

(三) 人格特質不同：家長與教師間不同的個人特質，如性別、情緒、外表、理念、性格、家庭社會背景、生活經驗、教育程度等。

(四) 與學生的關係不同：「師生關係」與「親子關係」，直接和間接影響了親師關係的發展。若師生關係相處融洽，則親師衝突機會就降低很多。

(五) 工作的繁忙與負荷不同：教師工作負荷重，沒有時間與家長接觸；家長工作繁忙，沒有時間與教師面對面聯繫溝通、或是雙方沒有交集的時間或溝通的意願。

二、家長的觀點和立場

教師首次和家長溝通時，就可以逐步漸進地了解家長所持的觀點和立場，如此才能了解彼此的參照框架（frame of reference）。觀點和立場是一種模型、框架、或看問題的視角，不同的人往往擁有不同的參照框架。當教師和家長以不同的參照框架來看同一件事情或情況，溝通可能就出現問題（DuBrin, 2013/2014）。例如：學生作業沒寫完，教師認為家長未認真督導孩子完成；家長認為教師作業出太多，孩子寫不完，親師溝通的問

題就產生了。

Walters 與 Frei（2007/2010）認爲，家長可能會有以下立場：1. 自己小孩的話，全部都可以相信。2. 自己是小孩權利的主要保護者。3. 自己的作法對小孩來說是最好的。4. 如果方法正確，自己的孩子可以學會任何事情。5. 非常在意小孩名譽，以爲大家會記得其小孩的任何一件壞事。6. 留下紀錄，不利小孩。

因此，學生發生問題時，老師需要在持續溝通過程中，掌握家長對事件的觀點和立場，及其中的隱藏因素，如此才能夠了解家長的需求，順利解決問題。

8.3.2 親師的權利與義務之比較

以下從我國的現行法令規定來梳理，家長對孩子的親權，以及參與學校事務的權利與義務。

一、家長的親權與參與學校教育的權利與義務

《民法》第 4 編親屬，對於父母對子女親權的規定，包括：第 1084 條：1. 子女應孝敬父母。2. 父母對於未成年之子女，有保護及教養權利義務；第 1085 條：父母得於必要範圍內懲戒其子女〔註：「父母保護及教養未成年子女，應考量子女之年齡及發展程度，尊重子女之人格，不得對子女爲身心暴力行爲」（修正草案已於 113 年 11 月 28 日行政院會通過）〕；第 1086 條：父母爲其未成年子女之法定代理人。因此家長的親權有孝敬權、教養與保護權、懲戒權、及法定代理權。而家長參與學校教育的權利與義務，分別有下規定：

（一）教育選擇權及參與權：規定在《教育基本法》第 8 條第 3 項：「國民教育階段內，家長負有輔導子女之責任；並得爲其子女之最佳福祉，依法律選擇受教育之方式、內容及參與學校教育事務之權利。學校應

在各級政府依法監督下，配合社區發展需要，提供良好學習環境。」

（二）組織團結權：規定在《地方制度法》第 28 條第 2 款：下列事項以自治條例定之：關於地方自治團體及所營事業機構之組織者。直轄市政府、縣（市）政府，分別訂定設置條例，例如：《高雄市高級中等以下學校學生家長會設置自治條例》，而中央法規《國民教育階段家長參與學校教育事務辦法》第 5 條也規定：1. 學校應依法設家長會，每位家長應依相關法令參與家長會。2. 前項學生家長會得分為班級家長會、家長代表大會及家長委員會，其相關規定，由直轄市、縣（市）主管教育行政機關定之。3. 家長得依人民團體法組成不同層級之家長團體。4. 直轄市、縣（市）主管教育行政機關、相關主管機關、學校及教師應協助家長成立及參與學校家長會。

（三）資訊請求權：規定在《政府資訊公開法》第 9 條第 1 項：具有中華民國國籍並在中華民國設籍之國民及其所設立之本國法人、團體，得依本法規定申請政府機關提供政府資訊。

（四）異議權：規定在《特殊教育法》第 20 條第 3 項：「……不同意進行鑑定安置程序」及《國民教育階段家長參與學校教育事務辦法》第 7 條：1. 家長或學校家長會對學校所提供之課程規劃、教學計畫、教學內容、教學方法、教學評量、輔導與管教學生方式、學校教育事務及其他相關事項有不同意見時，得向教師或學校提出意見。2. 教師或學校於接獲意見時，應主動溝通協調，認為家長意見有理由時，應主動修正或調整；認為無理由時，應提出說明。

（五）申訴權、訴願及行政訴訟：規定在《特殊教育法》第 10 條：特殊教育學生遭學校歧視對待，及第 24 條：對學生與幼兒鑑定、安置、輔導及支持服務如有爭議，或對學校之懲處、其他措施或決議，認為違法或不當致損害其權益者。再者，《學校訂定教師輔導與管教學生辦法注意事項》第 42、43 及 44 點訂有學生申訴權之行使，而家長身為學生之法定代理人，可代為提起申訴。

　　（六）**參與決定權**：則散見在各教育法令，如《教育基本法》第 10 條第 2 項：直轄市及縣（市）政府教育審議委員會應有家長會代表，《國民教育法》第 9 條第 2 項、《高級中等教育法》第 25 條第 2 項規定：校務會議應有家長會代表等，大致以「團體親權」為限。至於協商權和監督權目前則無相關規定，各國家長亦少有此兩項權利（李伯佳，2009）。

　　（七）**家長的親職責任**：《國民教育階段家長參與學校教育事務辦法》第 4 條明定家長為維護子女之學習權益及協助其正常成長，負有下列責任：1. 注重並維護子女之身心及人格發展。2. 輔導及管教子女，發揮親職教育功能。3. 配合學校教學活動，督導並協助子女學習。4. 與教師及學校保持良好互動，增進親師合作。5. 積極參與教育講習及活動。6. 積極參與學校所設家長會。7. 其他有關維護子女學習權益及親職教育之事項。

二、教師對學生教育的權利與義務

　　教師對學生教育的權利與義務，主要可見於《教育基本法》及《教師法》，及各項教育法規命令：

　　（一）**專業自主權**：規定在《教育基本法》第 8 條第 1 項：「……教師之專業自主應予尊重。」《教師法》第 31 條第 6 項：「教師接受聘任後，依有關法令及學校章則之規定，享有下列權利：六、教師之教學及對學生之輔導依法令及學校章則享有專業自主。」

　　（二）**維護學生受教權益義務**：規定在《教師法》第 32 條第 2 及 3 項：「教師除應遵守法令履行聘約外，並負有下列義務：積極維護學生受教之權益；依有關法令及學校安排之課程，實施適性教學活動。」

　　（三）**輔導或管教學生義務**：規定在《教師法》第 32 條第 4 項：「輔導或管教學生，導引其適性發展，並培養其健全人格。」教育部並另訂《學校訂定教師輔導與管教學生辦法注意事項》，以為具體規範。

　　（四）**隱私保護義務**：規定在《教師法》第 32 條第 9 項：「非依法律規定不得洩漏學生個人或其家庭資料。」

（五）**擔任導師義務**：規定在《教師法》第 32 條第 9 項：擔任導師。

（六）**通報義務**：規定在《家庭暴力防治法》第 50 條、《兒童及少年福利與權益保障法》第 53、54 條、《性侵害犯罪防治法》第 11 條等，教育人員有強制通報義務。如果加害人是父母，則教師有通報責任，這是國家公權力介入親權的情形（李郁強、趙俊祥，2019）。

雖然《教育基本法》第 2 條第 1 項明定：「人民為教育權之主體。」第 2 項明確揭示教育目的，第 3 項規定：「為實現前項教育目的，國家、教育機構、教師、父母應負協助之責任。」然而對照法律規定，家長有保護及教養之權利義務，是以權利義務並列在法律條文外，其他均以權利呈現；而教師除享有專業自主權，在課程、教材、教法、評量上享有權利之外，其他均以義務方式呈現，可以了解教師如果要執行上開法律規定，務必要尋求家長的合作，才能夠有效地促成人民為教育權的主體，讓孩子達成教育基本法所揭櫫的目的。

本節問題討論或實務演練

Q8.3.1　如果教師發現學生近期學業表現下滑，家長卻認為問題在於教師布置的作業過多。請兩位參與者分別扮演教師與家長，進行一次親師溝通，重點在於如何理解對方的觀點，並尋找共同解決方案。

Q8.3.2　教師可以運用哪些管道或策略，如何在有限的時間內，有效掌握家長的背景、教育理念與對孩子的期望？

Q8.3.3　教師常是理性的一方，因為他可以客觀地看到個別學生的行為表現；但家長通常是感性的一方，因為它可以縱貫性地了解自己孩子的學習和發展歷程，有什麼策略和方法，可以讓雙方看到彼此不同的觀點？

Q8.3.4　法律規定下，家長和教師各自擁有不同的權利與義務。如何在實務上平衡家長的權利與教師的專業自主，以確保學生的最佳利益？校內是否可能設立協商機制來解決親師衝突、促進親師合作呢？

第 **9** 章

親師溝通網絡與策略評估

　　親師溝通在教育學生的過程中扮演著關鍵角色，有效的溝通不僅有助於促進家庭與學校的親師合作，也能提升學生的學習效果。本章旨在探討親師溝通的多種網絡形式、策略運用、溝通障礙及效果評估。首先，本文將分析不同類型的溝通網絡及其選擇，包括：面對面、書面及資通科技輔助的溝通網絡。接著，將探討親師溝通中的策略運用，特別是非語言訊息與情緒的覺察、核心關注策略及三明治策略的應用。最後，本文將檢視親師溝通中常見的障礙，並提出親師溝通效果評估的規準，以期提供實務建議，促進更有效能的親師溝通。

本章的學習目標

　　研讀本章，可以回答以下問題：

G9.1.1　能了解親師溝通網絡的種類。

G9.1.2　能評估自己經常使用的溝通網絡。

G9.1.3　能了解每位學生要擁有 1-2 位家長的 1-2 種聯繫方式的原因。

G9.1.4　能依據事件善用不同的溝通網絡。

G9.1.5　能了解三大類溝通網絡的特性。

G9.2.1　能覺察非語言訊息對溝通的影響。

G9.2.2　能運用核心關注策略並理解運用的原因和情境。

G9.2.3　能運用三明治策略並理解運用的原因和情境。

G9.2.4　能運用其他溝通技巧促進溝通。

G9.3.1　能分析親師溝通的障礙。

G9.3.2　能熟稔評估親師溝通效果的規準。

9.1 親師溝通網絡

　　親師溝通的網絡很多，主要可以分為 3 類，教師應該要依據網絡特性予以選擇運用，以下先說明各種網絡特性，再分三大類說明這些溝通網絡。

9.1.1 溝通網絡的種類與選擇

　　如果以傳送訊息的路線而言，親師溝通大部分是平行溝通，也期待是雙向溝通，而不是單向的溝通，教師如果只向家長代表溝通這種輪式的溝通，可能會造成家長們訊息接受不平等，應該儘量避免只依賴家長代表；而鍊式溝通，以教師為核心，輻射出去的溝通，也屬常見，因為資通科技的發達，目前的親師溝通更像是全通道式的溝通，教師可以跟家長溝通，家長也可以分別和其他家長溝通，通訊發達的現代，溝通的網絡複雜，且無遠弗屆，更需要重視網絡的選擇。

一、評估自己常用的溝通網絡

　　本書將溝通網絡分為：書面溝通（written communication），包括：信件、基本資料、聯絡簿、簿本、學習單或考卷簽名、通知單、書面班級通訊、學生書面個人學習檔案等；面對面溝通（face to face communication），包括：家長會（學校日）、家庭訪問、家長主動拜訪、學校活動、非正式見面等；資通科技輔助的溝通（information communication technology assisted communication），包括：電話、簡訊、電子郵件、通訊軟體 APP（如 LINE）、社群網站（如 Facebook 等）。教師宜自己評估最常用的溝通網絡，其優勢和限制，並且儘量能夠多樣化採用，以因應事件或時機特性選用。

二、了解家長常用的溝通網絡

在了解家長常用的溝通網絡之前，是教師在開始帶班或教學前，就要初步了解學生的主要照顧者，以及父母（法定代理人）或監護人、或學生其他家人，及共同居住的家庭成員狀態，如此方便連絡家長。如果只有一位主要照顧者或父母，也最好有兩種以上溝通網絡可以聯繫到他／她，而如果不同身分是不同成員，最好能有兩位家人的訊息，以確保能夠聯絡到學生的家長或家人。

三、各種類型溝通網絡的特性

教師連絡家長的溝通訊息或事件原因，有輕重緩急，因此親師雙方要聯絡對方時，要考慮到相應的特性，選擇溝通網絡。事件重大且緊急，可能會以電話或 LINE 傳訊息，盡快聯繫；較為平常慣例，則會以聯絡簿做溝通等。Walters 與 Frei（2007/2010）及 Adler 等人（2013/2016）以：1. 豐富度（richness）── 即時同步能看到、聽到，包括：面對面、音調、非語言線索。2. 速度（speed）── 即時、同步，速度快慢。3. 控制性（control）── 包括：溝通者對溝通程序的訊息控制程度和注意力程度。4. 調性是否為個人風格，以及 5. 訊息詳細度來判斷網絡的特性。下表 9.1.1 即依據現有資通科技輔助溝通網絡的增加，加以修改，由此表可以得知各類型溝通網絡的不同特性。

表 9.1.1
各種類型溝通網絡特性一覽表

	豐富度	速度	訊息控制	注意力控制	調性	詳細度
紙本	低	不同步	高	低	個人風格	高
面對面	高	同步	低	高	個人風格	中
電話	中	同步	低	中	個人風格	中
語音信箱	低	不同步	中	低	趨中	低

	豐富度	速度	訊息控制	注意力控制	調性	詳細度
手機簡訊	低	不同步	高	低	非個人風格	低
電子郵件	低	不同步	高	低	非個人風格	高
通訊軟體	中	均可	中	中	趨中	中
社群網站	中	均可	中	中	趨中	中

資料來源：修改自 Walters, J. & Frei, S. (2010)。《別再說你管不動：教室管理原則與實務》（許恬寧譯）。師德文教。（原著出版於 2007 年）

四、依事件善用不同溝通網絡

各種溝通網絡各有其特色和限制，例如：運用電子郵件（e-mail）雖然可以讓親師溝通不必同步進行，增加便利性，但也容易造成誤解、減少面對面溝通、侵犯界線和降低學生責任感的問題（Thompson, 2009）；聯絡簿雖然每天運用，快速簡便，但卻因文字有限，無法詳細說明，且無法了解家長是否閱讀及真正了解內涵；電話溝通，未見家長本人，不知其所處時間地點適不適合講電話，雖然溝通方便，但卻無法看到臉部表情，對同理傾聽和接納感受的表示有所阻礙（張民杰，2024；Hanhan, 2008）。

教師要善用各溝通網絡的特性來進行親師溝通，各種網絡有其運用上的建議，例如：以班級通訊（newsletter）為例，Jensen（2006）認為教師應該把通訊作為和家長溝通的催化劑，利用通訊和家長溝通有以下的建議事項：1. 通訊應該用溫馨、尊重和關懷的語氣書寫。2. 顧及格式。3. 讓學生協助編輯並包括：學生的作品。4. 通訊作為架起親子溝通的橋梁。5. 讓家長和班上學習及學習單元保持同步。6. 要發現回饋的方法。7. 考慮讀者。8. 另可上網，方便家長閱讀（頁 189-190）。

9.1.2 書面溝通

　　書面溝通的特色，可以永久保存紀錄、清晰明確、不同步，接收者有時間回應。限制包括：缺乏即時反饋和互動、無法傳達非語言訊息等，這些特性都可以從表 9.1.1 內容得知。

　　書面溝通在國中小，最常運用的是聯絡簿。聯絡簿常常帶著生活教育、品德教育的期待，導師也會要孩子以此練習小日記、寫短文等，本書擬以兩則研究訪談實例，說明聯絡簿回饋的爭議及親師聯絡簿的溝通特性與限制。

一、老師的價值觀與學生創意之間的平衡

　　老師對於學生的作業回饋或作業簿的批改，都是家長同時會看到的書面溝通。有時候家長會覺得老師會不自覺地過於主觀，灌輸學生老師特有的價值觀，流於一種意識形態，想將學生的價值予以定向，並不是提供學生多元的價值選擇，也可能抹殺學生的創意。以下是本書作者研究訪談獲得的真實案例，請問如何在價值觀念和學生創意之間取得平衡。

案例 9.1.1	在家玩著小鳥和蝴蝶吸尿

　　在觀看學生的聯絡簿和作業時，發現有位學生的國語造句，寫著：「小朋友在家開心的玩著小鳥？」，怡君（化名）教師跟研究者說，他參與研習時，語文教學輔導教師的意見是：上述的造句要讓小朋友重寫。理由是，小鳥可能指生殖器，應該禁止如此書寫。研究者詢問一位小五的小朋友，他說：「造這種句子很怪耶！會讓人誤會。」研究者說：「誤會是指雞雞囉！」他說：「對呀！」我心想，難怪語文輔導教師會建議要讓這位小朋友重寫，小朋友的同儕都認為此造句有所意涵。研究者繼續問這位小朋友，那這句應該怎麼造比較好？他說：「不要寫小鳥，而是直接

寫小鳥的種類，是鸚鵡、八哥、麻雀，還是鴿子。而且寫玩電動不是更好嗎？為什麼要說是玩小鳥呢？」然而由於老師批改的價值要求，會造成小孩子寫作業上的趨避衝突。這位小朋友跟我補充說，老師不要讓他們寫「不好的話」，如果寫了，會被老師寫上「取材宜妥」而重寫，因此這位小朋友不敢造像以下這樣的句子，如：「小明一直不用功，難怪段考會考不好」等此類的負向造句，不知道這樣會不會也限制了小孩子的想像力、或對現實狀況的真實反應？

這位小朋友也曾經在聯絡簿上畫蝴蝶在吸尿，當時的那位級任教師也是給他這樣的評語：「不要腦子裡都想著不好的事。」其實蝴蝶喜歡吸尿是事實，這麼說雖然會破壞大家對蝴蝶的印象，但確實蝴蝶會吸尿，尿愈臭愈有吸引力，因為尿液中含有尿素的關係（楊正維、劉芝麟，2006；92）。研究者出生農家，以前也常常看到一堆腐爛的鳳梨皮，引來一大群漂亮的蝴蝶，例如：蛇目蝶就喜歡吃腐爛的水果。當時這位小朋友也不是天馬行空、腦袋只在想壞事，而是模仿課外書畫的，可惜老師可能不知道這是蝴蝶的特性而誤會了。

【問題討論】

1. 如果你是小學老師，批改學生作業時發現：「小朋友在家開心的玩著小鳥！」的造句，你的反應或回饋為何？如果看到聯絡簿上學生畫蝴蝶在吸尿呢？有沒有好奇想進一步了解小孩在家的情形或想法？

2. 老師在批改作業與聯絡簿時，所持的價值觀，以及學生天馬行空的創意之間，如何取得平衡呢？如果學生真的經歷不好的事情，把它寫出來或畫出來呢？

二、老師聯絡簿的回饋與親師互動的特性和限制

批改聯絡簿可說是國中小導師最日常和基本的工作，每天都得花上至少一節課的時間處理，聯絡簿裡如果還有家長的留言或意見，處理起來更是花費不少時間和精力，以下從案例 9.1.2 可以清楚看到導師批改聯絡簿，與家長互動的辛苦和心血。

案例 9.1.2　　低年級老師聯絡簿的叮嚀

　　以下是級任教師（簡稱導師）第一學期和小學一年級學生宗林（化名）的母親，在聯絡簿上針對孩子迷糊不帶作業或丟失簿本的討論。（註：小學一年級的聯絡簿，是文字、注音符號、畫圖三種符號同時使用的階段。為利讀者閱讀，全數轉為文字。）

9.22
導師：媽咪，功課表沒有數學，但若前一天有數學功課，請協助宗林帶至
　　　學校批閱，謝謝幫忙。
母親：老師您好，昨日晚上我確實檢查過宗林的數學習作 14、15 頁後放
　　　入書包中，可能宗林自己都不清楚帶了些什麼物品，我會提醒他要
　　　記得交作業，謝謝老師。

9.23
導師：數習今日已交，放心。親師座談會，謝謝蒞臨。

9.26
導師：今日上完數學，宗林不小心把課本弄到大櫃子的縫縫內（其實是故
　　　意的），下午我請大哥哥幫忙，若找不到，可能要再買。
母親：老師，請問可到哪裡買書？

9.28
導師：已請教務處協助。

9.29
導師：國習缺交 2 天了。

9.30
導師：宗林很迷糊，近日作業都有未完成現象，請爸媽多留心。（課本）
　　　不用錢啦！教務處說「再」丟才會收錢。

10.2
導師：宗林說課本「又」不見！哎！怎麼辦？
母親：唉！我也不知道要怎麼說他！已請宗林自己明天到學校好好地找一
　　　找！

10.3

導師：媽咪！他已找過了，不然再等等，也許會出現。

10.11

導師：找不到數課，是否考慮購買？

10.12

母親：宗林的爸爸有打電話到教務處詢問課本一事（因找了重慶南路書局問，沒有販賣康軒教科書），陳朝慶（化名）老師告以今日會拿到教室給宗林，如陳老師未到班上時，則請宗林自己到教務處找陳老師，結果今天宗林不敢到教務處（也不知道教務處在哪裡），又把47元帶回家了。

10.13

導師：哎呀！今天幫他處理，請放心。

母親：謝謝老師，昨天宗林得意地展示數學課本。

11.3

導師：國語考試簿沒帶，0分計1次。

宗林：老師，我會努力記住（注音）。（導師要宗林自己先在聯絡簿回饋）

導師：加油，衝啊～

11.16

導師：親愛的媽咪，宗林真的，真的，真的……太「散」了，要麻煩家長多加督促呀！

11.17

母親：親愛的老師，唉！我每天好像一個嘮叨的老太婆，又像是氣炸的熱水瓶，可是依然「脫線」，稍有鬆懈，就會忘這忘那，我們會繼續努力督促，希望他能夠「專注」！謝謝老師！

11.18

導師：其實有很多事，他表現非常好，不知為何作業常出亂子，上課課本也常忘了帶，要您別氣，好像您不關心，好！我們今天一起「氣」，不過他今天不錯，算了！今天就不要氣他了。

給宗林：媽媽很可憐，你要努力「記住」，要孝順。

11.24

母親：唉！宗林又忘了帶生活習作回家寫了……我……我……我……很想……Q_Q

導師：已補了。

11.29

母親：宗林又忘了帶國生字回家寫了！怎麼罵、怎麼唸他，都沒用呢！真無力！

11.30

導師：昨天一整天狀況不斷（雪上加霜 Q_Q）被老師罵。ps. 不過呀！天才好像幼年時代都這樣，咱們就忍忍吧！搞不好有一位天才在我們的容忍下誕生了！

母親：感謝老師，我們就再忍忍了！

（資料來源：張民杰（2017）的研究紀錄）

【問題討論】

　　以上是近兩個月，國小一年級的級任老師在聯絡簿上與家長的對話，請問：

1. 針對宗林小朋友常常忘了帶或掉簿本，級任老師和家長該如何教導？
2. 這位級任教師與家長在聯絡簿的對話，有何值得學習的地方？或有何可以再改善的地方呢？
3. 如果你知道這位家長是一位地方法院檢察官，身為級任教師的你，會不會有溝通壓力？如何克服或減低這項壓力？
4. 你覺得國中小導師每天大概要花多少時間批改聯絡簿？可就近詢問國中小導師個人的經驗。也可以自己親自批改看看並計時。

9.1.3　面對面溝通

　　面對面溝通的特點，是直接與互動性，能即時回饋和調整。可觀察和

運用非語言訊息，並有情感交流。限制是需要花時間和空間安排，教師和家長必須親自到場，時間、人力成本大，不適合經常實施。而面對面溝通裡，代價最高的當屬家庭訪問。因此以下就以家庭訪問為實例，帶領大家討論。家庭訪問，在現今社會還有需要存在嗎？什麼對象、什麼事情需要家庭訪問？家庭訪問又應該如何進行？訪問後又應該如何後續處理呢？

一、家庭訪問的定義

家庭訪問（home visits）是什麼呢？就是教師或學校人員親自到學生的居住處所，對其家屬進行訪談詢問。雖然教育部（2009）在《教育部強化國民中小學家庭訪問實施原則》規定其方式可採到府訪問、電話訪問、個別約談、班親會或其他方式，擴大了家庭訪問的定義，然而如此會跟其他溝通網絡混淆，因此本書採到府訪問的狹義定義。

誰去家庭訪問？訪問誰？教育部（2009）規定訪問者是導師，而受訪者是班上所有學生家長，但以適應不佳、急需協助之高關懷學生及家庭突遭變故需要協助學生為優先對象（嘉義縣，2022）。而以《高級中等以下學校提供家庭教育諮商或輔導辦法》（教育部，2020b）規定，家庭訪問者是學校相關人員，而受訪對象是有重大違規事件學生及其家長、監護人或實際照顧學生之人員。

以下綜合《教育部強化國民中小學家庭訪問實施原則》（教育部，2009）、《嘉義縣國民中小學家庭訪問實施原則》（嘉義縣，2022）、林礽麟（1981）、鄭來長（2021b）、Ferlazzo（2011）、Graff（2017）、美國加州薩克拉門托（Sacramento, CA）的「親師家庭訪問方案」（parent-teacher home visits project, PTHVP）（PTHVP, 2022）的意見，說明家庭訪問前準備工作、實施過程及後續處理。

二、家庭訪問實施前的準備

家庭訪問實施前的準備，包括：

（一）教師準備好自己：自願、接受培訓或講習，是否結伴、配對進行等。

（二）了解學生及其家庭：詳閱學生資料、針對家庭背景和環境做初步認識、學生在校生活及學習情形。

（三）家庭訪問的目的：建立合作關係，為學生的福祉而努力，討論希望、夢想和目標，了解家庭狀況，尋求資源協助等。

（四）規劃交通路線並通知家長：規劃訪問對象及交通路線，排定合適時間，並通知學生及家長，說明拜訪目的。

（五）確定訪問隨行人員：學生不應擔任翻譯人員，因此是否需要翻譯人員，並在訪問前一天或當天再確認一次。

三、家庭訪問實施過程

家庭訪問實施過程，前五項是可以進行的事項，而後五項是避免事項，如下：

（一）拜訪時間應為 20-30 分鐘。

（二）初步了解學生的家庭情況，了解他們是否還有其他孩子在學校就讀。

（三）談論家人對孩子的期望並分享希望與夢想，並且和家長討論如何合作來協助學生達成。傾聽家長教養這個孩子的智慧，而不在告訴家長，學校對學生在校的期望。把握三明治策略等溝通技巧，也可作為家庭訪問時參考。

（四）詢問家人需要你做什麼，並擬訂未來再次聯繫的計畫。

（五）可以簡單帶點給家長或學生的伴手禮或學校紀念品，以示重視。

（六）避免現場做筆記或進行文書工作，這會讓家人覺得他們正在接受評核，並可能導致緊張和拒絕參與。如果需要分享訪問後的文書資料，請於訪問結束後，受訪家長不在場的地方再發送。

（七）如需將對學生的期望告知家長，應以理性的態度或應用友善的

溝通技巧，減少使用情緒性話語，避免在家長面前斥責或數落學生。

（八）涉及學生家庭祕密事項，應避免打聽或隨意批評。

（九）重大事項無法即時回應或解決時，宜委婉轉告，待返校再衡酌辦理，以免發生誤會或衝突。

（十）避免長談與接受招待、對家長的不合作也不做批評。

四、家庭訪問結束的後續處理

家庭訪問結束的後續處理，包括：

（一）邀請家人參加學校即將舉行的活動。

（二）以打電話、發簡訊或寫感謝卡方式，感謝家長或監護人參加此次會面活動。

（三）做訪問紀錄，並與適當的人員討論與分享結果。

（四）訪問期間出現的任何資源需求，應於事後設法解決或持續說明。

關於事後處理這點，在《嘉義縣國民中小學家庭訪問實施原則》（嘉義縣，2022）有具體的以下 6 點說明，值得參考：

（一）整理及記錄家庭訪問紀錄表，家庭訪問資料應保密，適當時機答覆家長於家訪時所提相關問題，另與學生諮商晤談，如有必要，可請家長陪同。

（二）對適應困難學生，問題較嚴重者，應結合相關資源及認輔制度等，提供必要協助。

（三）參考高關懷學生評估指標及安置輔導建議表，針對個案學生（一般學生、第一級高關懷學生、第二級高關懷學生）採取必要作為。

（四）經家庭訪問發現有違反《兒童及少年福利與權益保障法》、或危害學生人權者，須依法即時通報相關機關（構）並追蹤輔導。

（五）經家庭訪問發現學生家庭有經濟或其他需求者，應協助通報相關單位導入資源協助。

（六）各校家庭訪問紀錄表應依《個人資料保護法》規定，執行保密及妥善保管，以確保當事人之隱私，並移交納入學生輔導資料。

五、家庭訪問的成效與可能遭遇之困難

歸納學者間的意見（許裕呈，1999；Bhavangri & Krolikowski, 2000; Cowen, et al., 2002; Duenas, 2014; Gomby, 2005; Jiles, 2015; Lin & Bates, 2010; Lucas, 2017; Meyer, et al., 2006; Meyer, et al., 2011; Waldbart, et al., 2006; Waters, 2001; Soule & Curtis, 2021），說明如下：

（一）家庭訪問的成效：有以下 4 點多數人認為的成效，包括：1. 讓教師發展出對不同背景的家庭更多同情心和善解人意的態度，並給予教師第一手了解學生不同背景的絕佳機會。2. 讓教師和家長有機會交流彼此的關心和分享彼此的經驗。親師可一對一對話，也讓家長和學生更熟悉老師、收到更多和重要的資訊，並詢問問題，而降低不確定感和憂慮，建立相互支持和信任，後來有需要時也有比較多的聯繫。3. 讓教師反思自己的教學實務，並包含從家庭訪問得到的知識融入日常教學。4. 接受家庭訪問的家長，事後也表達對家訪的感激之情，受到家長接受和歡迎，而持續五年家庭訪問學生，長期曠課率每年都較低、畢業率提高。但沒有持續實施家庭訪問的學校，無法看出學生學業和行為的改善（Waters, 2001）。

（二）推動家庭訪問可能遭遇的困難：推動家庭訪問可能遭遇的困難主要來自家庭與家長、及學校與教師兩方面：

1. 在家庭與家長方面：有少數家長不願意排定家庭訪問時間，或約定時間不在家、或搬離該址。有些家長不喜歡家裡有陌生人。家長尷尬於讓教師看到家裡的狀況，或是擔心自己的教養品質受到批判。因此家庭訪問一定要顧慮到訪問對象的看法，要在家長信任教師，在其同意之下，才能夠實施。教師可變通做法和家長約到讓其感到舒適自在、鄰近於家庭住所的地方，例如：咖啡廳、圖書館或公園，或改用親師座談會或電話等溝通方式。

2. 在學校與教師方面：教師在班級需要完成很多工作，如果期待他們還要完成家庭訪問，負擔太過於沉重。家庭訪問可能時間排不出來、難以聯繫家長、或害怕會進入危險地區。教師家訪最大的挑戰，來自對未知的恐懼（fear of unknown）。因此要進行家庭訪問的教師需要有講習訓練，爲家訪作準備，對於家訪的成功，及教師與家庭的合作，至關重要。

案例 9.1.3　　偏遠小學全校性家庭訪問

　　花木國小（化名）位居都會邊陲山區，家長務農，全校學生不到 100 位，陳校長剛上任時，學生人數更少，甚至每個年級人數少到頻臨廢校的處境。陳校長投入辦學，爲了要增加生源，積極主動、創新教學，全校性的家庭訪問是她的策略之一，持續實施了十多年，以下是作者訪談陳校長、教務主任、輔導主任、及一位級任老師的對話。作者把所有受訪者整合成爲第一人稱我們，來敍説該校家庭訪問的經驗。

　　我們花木國小和家長互動的方式有 6 種，其中有 3 種是家庭訪問。第一種是：小一新生的家庭訪問：我們一年級新生要入學前，大概在 8 月份的時候，校長還有教務主任和教學組長，還有一年級導師，會一起到這些新生的家裡面去做拜訪，因爲我們是偏鄉學校，學生人數比較少，大概在 15 人左右，所以我們這樣做，可能比較方便，市區學校可能就比較不方便這麼做。這個新生入學前的拜訪，我們一直持續在做，即使前兩年疫情，我們也在線上舉行。先由導師用電話跟這些新生家長做聯繫，成立 LINE 群組，再訂 8 月開學前時間，用 Google Meet，讓這些新生的家長跟小朋友互相認識一下，我們行政方面也先做一些校務的報告。疫情過後，恢復一群人到孩子家裡面。

　　第二種是每學期的週三下午，我們會排一次家庭訪問的時間，讓老師可以利用這個時間跟家長做一些聯繫。

　　第三種是我們六年級畢業前，一樣會有校長、行政人員、六年級導

師，有時再加上一些六年級的家長會幫忙開車，然後載送學生到每一個畢業生的家裡去拜訪同學的家，讓學生在畢業前可以到每個同學的家去認識一下大家家裡面的情況，畢業後如果有機會也可以互相聯繫。

第四種是我們學校比較特別的地方，因為學校學區內的學生比較少，大概有 2/3 左右的學生是學區外家長載進來就讀的。所以在新生報到前，有很多學區外家長打電話進來說想要參觀一下、了解一下學校，我們就會由教務處跟家長聯繫，安排他們先到學校來跟校長面談、溝通，了解家長對學校的期待，還有學校可以提供給學區外學生的協助和服務，並參觀校園，讓家長依學校的實際情況，決定要不要讓孩子前來就讀，而不要只是聽親朋好友介紹，雙方彼此充分溝通後，再讓家長決定要不要讓小孩子來這裡快樂的讀 6 年。

而第五種是我們每學期會有一次班親會的活動，邀請家長到學校來，大概都是利用晚上的時間，老師可以跟這些家長做一些面對面的溝通。

第六種是導師如果有需要的話，就會隨時用家庭聯絡簿、或是電話，還有現在大家都有成立 LINE 群組，和學生家長溝通，其實導師幾乎每天隨時都有做這樣的的溝通。

【問題討論】

1. 如果你是花木國小新進導師，又接任一年級級任教師的工作，校長和行政人員邀請你一起進行學生家庭訪問，你的想法和看法如何？
2. 如果你是花木國小新生的家長，你對校長和行政人員進行學生家庭訪問，還有提供的親師互動網絡，你的想法和看法如何？

9.1.4 資通科技輔助的溝通

資通科技（information communication technology）輔助的溝通特點是便利與即時性，任何時間和地點都可進行溝通；多樣化和彈性，文字、

語音、視訊等都可以，還可以運用互動平台，促進社群和網絡的建立，具有社交性與互動性。限制是可能資訊超載，讓人不勝負荷；訊息過快，讓人來不急處理，更加焦慮和困擾（張民杰，2015b）。以下案例 9.1.4 就以即時通訊軟體 LINE 作為例子來探討。

案例 9.1.4　　發生在高中的 LINE 對話

11 月 5 日下午 6：00

老師說：小明上週六在教室丟球，被記一支警告。

爸爸說：抱歉，想請教老師，本次小明是不聽勸告仍於（教）室丟球導致又被記警（告）？

老師說：上週六，已放學在教室內和其他同（學）丟球。

爸爸說：所以其他同學也被記？

爸爸說：老師警告仍不聽？

媽說：請問是先口頭警告（，）履勸不聽嗎？

11 月 6 日上午 8：30

老師說：3 位同學一起都被記警告。

媽媽說：請問教官有先口頭告誡，而他們卻置之不理嗎？

老師說：放學，教官巡視室發現的，直接記警告，違反校園安全。

媽媽說：難道真的不能先告誡，再來執行校規嗎？

老師說：當下情況，我並不完全了解，問教官及同學，如此說明。

媽媽說：那如果我想申訴，請問需透過何種管道？

爸爸說：我想，學校教育的目及功能，（教）官老師們家長都很清楚，只是這一陣子，學校的作法，讓我覺得懲罰已經變成唯一手段。我們小孩也許與學校認知的好學生有一段差距，我們也（一）直想盡各種方法來引導糾正他，行為上真違反校規而被記警告或小過，我從來都認同配合，但學校最近讓（我）感覺非常不好，講

重一點的話，好像要追殺到底（的）樣子，叫家長情何以堪？請
學校也站在（我們的）立場幫我們想，謝（謝）老師。

老師說：依《學生獎懲實施要點》第 8 條對如有不服，於送達通知日起
20 日內，向學生申訴評議委員會提起（輔導室負責）。

老師說：可以體會家長的心情，但學校也有規定，若一時疏忽（可以）改
過或消（銷）過（，）之後不要在（再）犯同樣的錯（誤）。

老師說：像昨天早上考國文，小明寫沒幾分鐘便趴著睡覺。

老師說：實習課，也不做，躲到旁邊與小花（抽菸那位同學）聊天。

媽媽說：他覺得怎麼做都沒有用，所以只好擺爛。

老師說：我看他的座位，一堆電阻接腳全扭捆在（一）起（已無法再使
用），其他零件也到處散落，看了就好心疼，家長老師用（心）
計較的再為他準備一份材料（，）而卻如此的不知珍惜。

媽媽說：雖然我們鼓勵他正面思考，但學校卻是小過／警告一直記，我想
他心裡也很不好受。

媽媽說：正面的力量多了，我相信就會慢慢改變這個孩子。

註：（　）括符內為漏字補充，或錯字更正。

（資料來源：張民杰（2024a）之研究紀錄）

【問題討論】

1. LINE 對話裡的老師應該算是認真負責的老師，因為 LINE 的方便，他
總是利用 LINE 跟家長溝通，每位學生家長還設立了社群，就像案例裡
的這位學生的爸媽和老師的 LINE 群組，你覺得這位導師在溝通網絡的
運用，要注意些什麼呢？

2. 在以上的 LINE 對話，你發現了哪些值得討論的議題？老師處理問題的
順序如何？這個問題應該選用的溝通網絡為何？老師此次溝通的目的在
哪裡？如果你是這對家長，老師和他們之間的對話，效果如何？

本節問題討論或實務演練

Q9.1.1　請討論平常都用哪些溝通網絡聯繫別人？家人、朋友、老師、其他人士，有何不同？選擇採取這種溝通網絡的原因為何？

Q9.1.2　請舉出實例，說明哪些情境，適合採用何種網絡優於其他類型網絡？

Q9.1.3　請訪問現職教師，了解目前運用的溝通網絡有哪些？為何會選用這些網絡呢？

Q9.1.4　聯絡簿應該是親師書面溝通經常運用的溝通網絡，請詢問教師或家長運用聯絡簿親師溝通的經驗。

Q9.1.5　家庭訪問的溝通網絡目前採用頻率應屬最低，請訪問有家庭訪問經驗的教師，分享當初採用家庭訪問進行親師溝通的原因如何？家庭訪問過程訪問的經驗，以及家庭訪問結束後的心得和感想。如果你目前擔任導師，會不會再進行家庭訪問呢？

9.2 親師溝通策略

　　策略（strategies）和技巧（skills）都是親師溝通的潤滑劑，有助於溝通目的和效果的達成。而這些溝通策略，首應注重非語言訊息與所持的態度，也重視理性與情緒同時對溝通的影響。再者，可以熟練有關鍵要素或具體步驟的溝通策略，例如：核心關注策略，以及三明治策略，還有一些須提醒和注意的溝通技巧，可以參考。

9.2.1 非語言訊息與所持的態度

　　當接收者發現傳送者的語言訊息和非語言訊息不一致時，會視非語言訊息才是真實的，而情緒感染（emotional contagion）更是溝通一開始就

發生的，因此覺察非語言訊息和情緒狀態，視為溝通首務。

一、善用與覺察非語言訊息

在溝通的過程要包括：非語言訊息，溝通訊息才算是完整，非語言訊息如下（Verderber, & Verderber, 2013/2015）：

（一）肢體語言（body language）：包括：眼神接觸、臉部表情、手勢、姿勢和身體接觸。我們不能小覷肢體語言，因為姿勢決定你是誰（Cuddy, 2016）。

（二）超語言（paralanguage）：包括：音高、音量、速度、音質、腔調等。

（三）空間使用：包括：個人空間、談話距離、聲音空間、領域對空間所有權的宣示、裝飾領域的人造物品。

（四）自我展現的訊息：包括：外貌、使用時間的方式、味道和氣味等。

溝通的過程，語言訊息會伴隨者非語言訊息，非語言訊息可以是刻意的也可以是不自覺的，是溝通的關鍵。非語言訊息有提供訊息、規範互動、展現或隱藏情緒、塑造形象、展現地位、權力和控制的功能，因此在親師溝通時，教師應該有以下的行為舉止（張民杰，2015a）：

（一）在溝通過程中有合宜的服裝儀容，含肢體接觸、臉部表情、手勢、姿勢、姿態等要合宜。

（二）在溝通過程留意自己的聲音，含音量、語調起伏、語速、流暢度、清晰度，避免口頭禪等。

（三）營造良好的溝通環境，含事前聯繫、溝通時間長短與適當性、空間的溫度、通風、照明，及噪音等干擾之避免，甚至包括：桌椅的舒適度、茶水提供等。

二、溝通時抱持的情緒和態度

教師所持情緒與態度會出現在語言訊息，但更多呈現非語言訊息，甚至溝通的傳送者或接收者都不自知。綜合學者看法（張民杰，2024；Couchenour & Chrisman, 2011; Hanhan, 2008; Olender et al., 2010; Whitaker & Fiore, 2001），將此情意面向分為 2 個小部分，分別是教師溝通時所持的情緒特徵，以及溝通過程，教師應持的態度，敘述如下：

（一）教師溝通時所持的情緒特徵：教師在溝通時，有以下情緒特徵，有助於維持健康的親師關係：1. 高自尊（high self-esteem）；2. 自由免於依賴（freedom from codependency）；3. 眞誠（genuineness）；4. 感受激勵（energizing feeling）。

（二）教師溝通過程應持的態度：教師和家長溝通過程，應持以下的態度，讓雙方成爲合作夥伴：1. 對等關係；2. 信任關係；3. 主動傾聽、同理心回應；4. 溫馨與公平。

另外，尊重隱私、適度離線也很重要。這對於教師和家長同等重要，教師有重要的事情也儘量不要在一般假日或休息時間連絡家長；同時，家長也應該尊重教師的離線權。親師溝通是要有品質的溝通，而不是密切頻繁就好。溝通次數多，然而卻未收到效果，會降低溝通的功能和效果。因此親師雙方應該互相尊重，兩者約定上課時間或假日時間，除非緊急，不打電話或運用其他溝通網絡聯絡。

9.2.2 核心關注策略的運用

五大核心關注（core concerns），主要是 Fishe 與 Shapiro（2005/2020）發現在溝通過程，傳送者和接收者都會受到情緒的影響，不可能在溝通過程沒有情緒、或忽略情緒，而直接面對情緒，身體、想

法、和行為又很容易受到情緒左右，因此不如轉移注意力，直搗黃龍，放到情緒起源的五大核心關注，來接手我們在溝通或談判時，可能出現的情緒。

一、五大核心關注的內涵

此五大核心關注內容如下：

（一）**賞識**：對方的想法、感受與行動的價值得到認可。例如：教師要肯定家長對孩子的付出，甚至孩子雖然有許多困擾行為出現，也要體恤他的辛苦和處境。

（二）**親和感**：把對方看成是工作上的合作夥伴，不是陌生人，更不是敵人。展現親和感就先要找出共同的連結，含私人的連結和組織的連結。親師雙方要先有聯繫，建立信任關係、合作關係，為了學生／孩子的學習成長，一起體會成就感、或共同努力解決問題。

（三）**自主權**：尊重對方決定重要事項的自主權，而不是忽略或侵犯其自由意志。教師應視事情的重要程度與個人隱私程度，知會、徵詢或協商家長，做決定之前，儘量徵求對方意見。而教師有時也會不具自主權，例如：校園霸凌或性平事件發生，受害學生家長會要求對加害學生的處分或懲罰，由於老師不一定有最後決定權，反而可以彈性地聽聽家長的意見。因此以「自主權」作為框架，思考如何尊重家長，也依循法律規定或現行體制，對親師溝通都有幫助。

（四）**地位**：尊重對方社會地位，每個人依其經驗和專長都有不同的地位，不要跟對方爭奪地位，也不要貶損對方，肯定對方、也肯定自己。親師溝通教師是教育專家，而家長可能是某領域的專家，更是孩子的專家，而且地位也是有升有降，不尊重對方地位，對方可能就會有負面情緒，影響彼此的溝通。

（五）**角色**：每個人在溝通中都希望自己扮演的角色得到認可，並且賦予該角色實際的意義，因此家長的行為看在老師眼裡，可能不理解，但

可能原因是家長想要扮演好他的角色。例如：本書第 8 章提到的家長認為自己是小孩權力的最主要保護者（Walters & Frei, 2007/2010）。透過明確和強化各自的角色，親師雙方可以更有效地達成共識。在溝通中，家長作為孩子的陪伴者，教師作為學生的引導者，雙方可以討論如何透過具體的行動使這些角色更有意義。例如：家長可以思考哪些陪伴活動能夠更好地支持孩子的成長，而教師則可以在溝通中不僅僅是教育者的角色，還可以作為家長的學習夥伴，從家長的回饋中汲取經驗，共同為孩子創造更有利的成長環境。溝通過程可以為雙方塑造有意義的角色。

二、五大核心關注的省思

　　五大核心關注考慮到了「白熊效應」，跟情緒保持一段距離，把注意力放在容易讓對方感受到正向情緒的 5 項核心關注。這項策略符合大腦的運作，也就是說，情緒出現時，不會壓抑情緒，刻意要表現沒有情緒，或要自己忽略情緒，甚至表達不同於隱藏的情緒，而是覺察情緒的出現，和情緒保持一段距離，另立一個思考框架，聚焦於思考有助於正向情緒的核心關注。

　　傳送者溝通時，要賞賜接收者而不是否定對方，要把接收者看成是合作夥伴而不是敵人，要讓接收者有自主權而不是控制對方，要尊重接收者的地位而不是貶低對方，要滿足接收者的角色任務，而不是無視對方，甚至可以扮演臨時角色，讓雙方更能滿足需求。而這些核心關注，事實上是彼此關聯的，例如：賞賜對方，也可能尊重對方的地位，給予親和感，同樣也可能尊重對方的地位。而要做出這 5 項核心關注，第一個要有同理心才知道如何賞賜、如何展現親和感，也才能了解對方要扮演的角色，平等心才能尊重對方的地位而不降低自己的身分。

　　這項溝通策略說明了覺察自己和對方的情緒的重要，知彼解己，先了解對方，然後再告訴對方其行為對自己造成的影響（註：可以運用我訊息告知），而且每次溝通前，都要有些準備，因為了解對方的觀點和立場，

才能夠善用這五項核心關注，達成溝通的目的和效果，也因此溝通不是愈密切愈好，而是能適時運用五大核心關注，促進溝通品質。

案例 9.2.1　車禍事故雙方可以是合作夥伴嗎？

　　小張開車從大馬路進入巷弄，雖然他有減速，但因為地上交通標記「停」字也模糊，不知道要停車再開。這時左側有個機車騎士疾駛過來，路旁因停放車輛妨礙視線，雙方都沒有看到對方，於是在路口，機車直接撞擊汽車，騎士還往前翻轉了兩圈，躺在地上，交通事故發生了。

　　小張見狀也受到驚嚇，趕緊打 119 通知救護車前來，路人還提醒要打 110 報案，不久警察也過來了，做了丈量，騎士送到醫院，而小張也把行車記錄器給了警察。雙方酒測值均為零，小張趕到醫院，對方家人也趕到，拒絕小張探視，雙方情緒強烈。

　　小張後來依照警察所給資料，電話聯繫上對方，對方傷勢不輕，後來還轉診其他醫院，對方情緒平穩後，同意小張探視，騎士臉部戳傷、胸口疼痛、左手骨折，持續住院半個月，回家休養近 3 個月後才慢慢復原，事發 4 個月後，雙方才協商賠償事宜。

　　由於交通事故裁決結果，小張在支幹道未禮讓主幹道有過失，須負起全部損害賠償責任。協商由騎士找民意代表主持，保險公司原屬意地方調解委員會調解，後來尊重騎士決定。協商當天有民意代表、騎士及其配偶和妹妹、民意代表請的法務人員、小張、保險公司共 7 人，騎士開出損害賠償金額約新臺幣 50 萬元，其中包括：醫藥費、3 個月薪資（雖然騎士已退休）、3 個月照顧費、及精神慰撫金 30 萬元，但保險公司只願意理賠 20 萬。民意代表同騎士家屬要保險公司代表提高金額，雖多所討論，但情緒平和，並未互相指責，只是認為精神慰撫金可否調低，在無法談攏金額時，民意代表轉而詢問小張意見，小張表示同意騎士開出的 50 萬元額度，保險公司不願意理賠部分由小張自行負擔，雙方於是達成和解。

【問題討論】

1. 請問小張沒有討價還價，直接就受傷騎士及其家屬提出的金額賠償，他不了解協商的一方都會先開出一個較高的金額，讓另一方砍價的心理嗎？你贊成小張的作法嗎？

2. 詢問小張會這樣做的原因，是因爲他把那位騎士看成是這次交通事故的夥伴，她受傷了但責任判定在自己，因此希望合作解決這件事。騎士三個月來身體遭受痛苦，精神上也受到折磨，生活受到很大影響，因此，自己願意承擔對方開出的賠償金額，並期望她早日康復，就此和解。你贊同他的想法嗎？如果說交通事故的雙方不是敵對的，也可以是合作夥伴，你認同嗎？

9.2.3 三明治策略的運用

三明治策略（sandwich strategy）可說是較爲人知的溝通策略，其做法主要是溝通開始正向陳述，期間提出特定成長領域，最後是計畫未來，因爲有三大部分，因此稱爲三明治策略。

一、三明治策略的步驟

Gless & Braron（1988）提出針對親師溝通的五大步驟，可以說完整詮釋了三明治策略，而且還列舉了親師面談、親師座談、家庭訪問時，教師在各步驟的說詞（張民杰，2019）。以下加以介紹：

（一）歡迎家長：教師可以說的話，包括：

1. 今天很高興您能夠加入談話，和我一起合作。（面談）

2. 很高興有機會和您分享孩子（家長的孩子名字，以下均可用名字代替孩子）的進展。（面談）

3. 我們今天會談的目的是……。（親師座談、家庭訪問、面談）

4. 您對孩子的學習和認知，感到興趣的是什麼？（面談）

5. 您想要知道孩子的什麼事情呢？（面談）

6. 您最了解自己的孩子了，我想從您那邊知道怎樣幫助孩子在學校裡有成功表現？

7. 以家庭環境作為橋梁：例如：詢問相片、藝術品或鄰居等先開始。（家庭訪問）

8. 感謝家長願意撥冗參加親師座談，今天座談的目的是……。座談的程序是……。（親師座談）

9. 我是孩子的老師，很高興有機會和您一起談談孩子的表現。（面談、電話）

（二）強調正向：教師可以說的話，包括：

1. 分享你看到孩子的優勢（用過去的事件）、個人特質、學業表現（用評量的資料）。

2. 我們運用學生內容標準作為引導，孩子能夠做……。

3. 這項作業顯示了孩子在音樂方面有特殊的表現……。

4. 這項評量顯示了孩子的數學能力很強……。

5. 請告訴我，您孩子的優勢？您想注意他的是什麼事情呢？

6. 我需要注意些什麼呢？

（三）特定成長的領域：教師可以說的話，包括：

1. 您對孩子進展的關心在哪些事項？您在家裡看到的情況又是如何呢？

2. 我注意到孩子在什麼地方有些困難……。

3. 這項作業顯示，有時候他會……。

4. 學年結束，學生們都被期望能夠……，您的孩子可能……。

5. 我很關心，因為曾經和孩子談過，他希望家長……。

6. 詢問家長：您注意到孩子成長的特定領域是什麼？今年您想要看到什麼？學生想要學習的是什麼？

7. 分享許多學生必須要聚焦的內容標準，但不要太多。

（四）計畫下一步驟，讓我們一起來……。教師可以說的話，包括：

1. 所以，我們為了孩子，訂定的目標是……。

2. 有一項可以在家裡幫忙的事項是…。

3. 假如怎樣的話，孩子他會變得如何呢？

4. 我要連繫（教務處、學務處、輔導室、心理醫生、社工師、資源專家或校長等），去建立一個……

5. 有一些資源或方案可以運用嗎？

6. 有什麼最好的方法可以確保……

7. 關於孩子的進展，保持聯繫的最好方法是什麼？

（五）分享給學生和持續行動：教師可以說的話，包括：

1. 我們將把這個計畫和孩子分享，讓他看到我們的合作。

2. 我將每兩個星期和您做一次聯絡，看事情進行得如何？打電話的時間何時較佳？

3. 我們一起和孩子分享我們的計畫，讓他知道我們做了良好的溝通，想要讓他成功。我將把這個計畫記錄起來。

二、三明治策略的省思

三明治策略之所以值得推廣，在於以下 6 項原因：

（一）步驟明確、容易實施，並且聚焦在學生／孩子。

（二）溝通訊息正向，並給溝通雙方較為全面的視野，例如：發送訊息者開始正向陳述，可以避免接收者防衛機轉，而且可以讓發送者思考，溝通目的對象（學生／孩子）的全貌，不只是單一個事件，因為從本書各項理論（如生態系統理論、家庭系統理論等），都可以看到學生／孩子的行為受到很多因素的影響，絕不只於其個人因素，周遭家人、同學、師長等，都會影響他，需要全面思考。

（三）教師作為訊息發送者，也可能對溝通目的對象（學生／孩子）

有第一預感或刻板印象，或是因互動經驗而形成固定行為模式，而使判斷僵化。開始正向陳述，可以讓教師更全面地思考這位學生／孩子的其他行為，避免以偏概全或認知偏誤，而且可能引發新的創意和想法。

（四）在特定成長領域，先聽聽家長意見，有利於對學生／孩子在家，與父母互動的了解，而且讓家長先提出意見，教師尊重家長合作的態度，親師發展夥伴關係。

（五）計畫下一個步驟，讓溝通雙方都有持續合作的具體行動，而分享決定給學生／孩子時，可以讓他／她體驗教師和家長雙方對他／她的重視，體現其作為親師溝通目的對象的意義。如果學生／孩子年齡較大，也可以視事件性質，進行親師生三方的溝通或會談。

（六）三明治策略不該僅看成「話術」，前述教師所持的態度：真誠、感受激勵、溫馨與公平也是此策略的核心，它是給親師溝通前省思溝通時的表達方式，並腦力激盪問題解決策略的可能方案，以及持續合作的邀請，三個步驟都有其意義。

三、其他促進溝通的技巧

上述核心關注策略及三明治策略是比較有系統和具體步驟的方法，尚有一些促進溝通的技巧，以下依照發送者與接收者、溝通網絡與環境兩大項加以歸納說明（Couchenour & Chrisman, 2011; Hanhan, 2008; Olender et al., 2010; Whitaker & Fiore, 2016）：

（一）運用發送者與接收者的溝通要素促進溝通

1. 在接收者心理狀態適合傾聽時，發送自己的訊息。

2. 受自己內在動機驅動，充滿說服力地去溝通。

3. 彼此討論參照框架的異同。

4. 盡可能減少防衛性溝通（defensive communication）。

5. 利用鏡像（mirrioring）來建立和諧關係。鏡像指仔細地模仿對方，甚至是對方呼吸的方式，可以很快建立和諧關係。難怪看別人抽菸，有抽

菸的人會順手抽起菸來，然後彼此就會開始對話、聊天。

（二）運用溝通網絡與環境的溝通要素促進溝通

　　1. 使用多種溝通管道，重複訊息。

　　2. 排除像命令、威脅性等語言溝通的障礙，

　　3. 教師與家長一起處理困難情境時，可以運用諸如：壓低聲量、聚焦在未來等技巧，進行溝通。

　　4. 避免溝通超載。

　　5. 可參與閒談和建設性聊天，促進信任、正面訊息會建立權威和信用；但要避免負面訊息或抱怨、評論別人，因為如此反而會破壞你對他人的吸引力。

　　6. 確認別人的理解和感受。

　　7. 尋找溝通有效性的回饋，多人回饋可以更具體地找到可改進之處。

本節問題討論或實務演練

Q9.2.1　請覺察自己與別人溝通時所持的情緒和態度，面對溝通的目的和效果的達成，有何影響？

Q9.2.2　核心關注策略似乎是在說，要達成溝通效果和目的，不一定要說贏對方、貶低對方、給對方眼色、控制對方、不尊重對方，你贊同嗎？

Q9.2.3　三明治策略平常就可以運用在人際溝通，作為練習或實踐，請你分享運用的經驗和心得。

Q9.2.4　除了本章所提到的溝通策略和技巧，你個人還有運用哪些溝通策略或技巧，或搜尋到哪些溝通策略或技巧，請分享。

9.3 親師溝通的障礙

　　前節描述的溝通策略和技巧，有可能就是用來克服溝通所遭遇到的障礙，或是溝通不具策略或技巧，容易造成溝通障礙。以下就來了解親師溝通經常遭遇到的障礙，並分為個人層次和組織層次來加以說明：

9.3.1 個人層次的親師溝通障礙

　　溝通的障礙發生在個人層次溝通過程的關鍵要素，以下分成兩大類來加以說明（DuBrin, 2013/2014）：

一、障礙發生在發送者及接收者之間

　　（一）對別人缺乏了解：溝通時如果不能夠好好了解接收者，溝通效果就會大打折扣，因此溝通儘量要能同理接收者，以對方為中心，而不要以發送者為中心，教師要學生完成作業，這樣對學生的學習才會有幫助，而不是學生寫了作業，教師才算完成教學工作。

　　（二）單向溝通：單向溝通未完成溝通的整個歷程，接收者要回饋發送者，雙向溝通才算完成溝通的歷程。

　　（三）對詞語解讀不同：每個人對於相同「詞語」，因為不同成長背景及環境脈絡，解讀可能不一樣。例如：家長跟教師說：「老師這個行業不錯喔！」但解讀可能不同，教師這個行業可以協助學生學習、成長，是對社會進步和國家發展很有貢獻的好行業；還是老師的薪資待遇不錯，寒暑假假期時間較多，福利還不錯的好行業。

　　（三）訊息傳送者的可信度和混合訊息：家長信任教師程度愈高，溝通就愈順暢。但如果發送者肢體語言與口語內涵不一致，造成訊息混合，會降低溝通的清晰度。

（四）不同的立場、觀點和經驗：過去不同經驗、所處不同社會地位、文化背景的差異，都可能造成溝通障礙。

（五）情感和態度：情緒激動或憤怒、不具同理心，情緒冷靜與和緩、能同情理解，前者有礙溝通。

（六）溝通超載：多工處理各式各樣訊息，以至於無法對訊息做出有效的回覆。

（七）口語表達不佳：口語說明不清楚、或有地方口音、音量過大或過小等，都會造成障礙。

二、障礙發生在溝通網絡和環境

（一）訊息失真：接收者解碼和發送者的訊息不一致，以接收者自己想聽的內容扭曲訊息。

（三）文化和語言上的障礙；各國人士都說英語，也未必彼此都能夠聽得懂。

（四）不恰當的時間或環境：雙方溝通時所處的情境脈絡不適當。例如：在全班學生面前就不是恰當的環境。

（五）溝通過程受到噪音影響：包括：外在、語意、內在三種噪音。

案例 9.3.1　忍不住的怒氣

張老師是國中七年三班的導師，平時與學生相處融洽，總是積極鼓勵學生思考，同時也會嚴厲要求學生的表現。班上的小明個性活潑，在課堂上常常不舉手發言，也會和隔壁同學大聲聊天，影響到老師及其他同學。小明的爸媽曾經在張老師家訪的時候，提出希望張老師可以在學校更加嚴厲管教小明。

某次英文課下課後，新任的英文老師向張老師反映小明上課講話，還

多次頂嘴的行為。張老師當下直接前往教室訓斥小明，小明覺得自己被英文老師針對，因此大聲反駁：「我只是沒有舉手發言，又沒有頂嘴，而且其他人也這樣啊！」

　　聽到小明的反駁，張老師一氣之下，把他過肩摔，導致他的牙齒撞到黑板而斷裂。事後張老師將小明緊急送醫並當面向家長致歉，雖然家長沒有太過責怪張老師，但最後學校還是決定換掉張老師的導師職務。（修改自課堂徵集學生的案例）

【問題討論】

1. 如果你是張老師，聽到英文老師的反映，你會怎麼做？
2. 當老師面對師生衝突而情緒失控時，可以怎麼做？
3. 當家長希望老師在學校要更加嚴厲管教自己的孩子，老師怎麼辦？

9.3.2 組織層次的親師溝通障礙

　　在組織層次上，親師溝通的障礙不只是來自個人溝通技巧或態度，還牽涉到學校組織中的文化、政策、溝通流程，家長和教師在學校的定位，以及家庭組織成員教養與意見的一致性。以下是常見的組織層次的親師溝通障礙：

一、學校溝通網絡與態度不明確

　　（一）學校溝通網絡、責任歸屬不明確：家長對班級和個別學生的意見，主要反映給導師，然而部分家長如對導師作為有建議，要反映到哪個處室，溝通對象是誰？如何溝通？部分學校並沒有明確的溝通窗口（日本茨城縣教育廳福利厚生課，2010；Morgan, 2017），以致無法快速回應家長的需求。加上部分家長對學校各處室業務職掌不熟悉，形成溝通障礙，甚而尋找體制外的民意代表或媒體投訴，如此未必能解決問題，反而引起

雙方的不滿或負面反應。

（二）缺乏以學生需求為中心的思維：學校文化若偏重成績或校方利益，忽略學生需求，會讓親師溝通失去焦點。加上學校在親師溝通上分工不清，使家長無法快速找到合適的人員協助解決問題，容易感覺學校只是「做樣子」，缺乏真誠的關懷。有些學校或老師不夠重視家長參與，可能認為家長的角色只是提供生活照顧，沒有參與教育決策的必要，這會讓家長感到自己被邊緣化或不被尊重。

二、家庭成員教養方式與教育期望不一致

（一）家庭成員教養方式的差異：家中的主要照顧者之間（如父母、祖父母）對於孩子的教養方式可能有所不同，例如：某些家長重視紀律、規矩，而另一方則偏向溺愛或放任，這樣的矛盾可能會讓孩子在學校的行為不一致，進而影響老師對孩子的觀察與理解。當教師與家長溝通時，若家長間無法統一教養方式，教師可能無法有效協助孩子解決問題。

（二）家庭成員對教育期望的分歧：在家長之間，對於孩子的教育成就或學習態度，可能存在期望差距。例如：有些家長期待孩子追求高成績和名次，另一方則強調均衡發展或興趣導向的學習。當家長之間的教育觀念分歧，教師在推動學習計畫或行為輔導時，往往難以取得雙方支持，無法達到良好的親師合作效果。

三、親師雙方資源的限制

（一）教師工作量過重：老師常常在教學和行政工作的雙重壓力下，可能沒有時間深入與家長溝通，尤其在學校人手不足或經費有限的情況下，親師溝通會明顯受到影響。

（二）家長工作性質無法配合：家長因為工作上的需要，無法撥出時間與教師進行溝通，或因工作性質、工作單位的限制，無法和教師溝通。

本節問題討論或實務演練

Q9.3.1　請說明溝通在個人層次產生障礙的經驗，並分析一下這些障礙哪些屬於傳送者或接收者？哪些屬於溝通網絡和環境呢？

Q9.3.2　請說明溝通在組織層次產生障礙的經驗，並分析一下這些障礙哪些屬於學校或家庭？對於克服這些障礙，有哪些建議呢？

9.4 親師溝通效果評估

　　家長蒞臨學校面對面溝通，一定有他在意的事情要來學校找相關人士談談，所以如何應對就很重要，因此以下先提出其應對檢核；再者，親師電話溝通也是經常運用的網絡，因此再來就針對電話溝通做檢核。第三、是全班學生的家長座談會，由於是一位教師對應全班家長的場合，因此也提出檢核；第四、是一位教師面對一位家長或少數家長的溝通，其溝通過程或角色扮演時的規準，也在最後加以探討。

9.4.1 家長蒞臨學校的應對檢核

　　日本茨城縣教育廳福利厚生課（2010）在《創建一所值得信賴的學校》（信賴される学校づくりをめざして）裡提出，家長對於學校的印象將取決於第一個面對的教職員。因此家長蒞臨學校時，應對者要以代表學校的心態來接待，並具以下 4 種基本的應對態度：

　　一、親切：不論對誰，都以有誠意的態度，站在對方的立場，親切的應對。

　　二、有禮：注意說話時的用字遣詞與態度。

　　三、正確：用積極的態度，正確了解家長的來意，正確處理家長請託的事情。

　　四、迅速：沉穩且快速的應對。茲將其提出的學校接待窗口應對的基本用語，搭配情境和原因，整理列表如 9.4.1 加以說明，並將其提出的學校接待窗口應對家長檢核表，整理成表 9.4.2，可以給學校第一線接待家長的人員自我檢核使用。

表 9.4.1

學校接待窗口應對的基本用語

情境	基本用語	原因
1. 看到來賓（家長）時	早安、你好	給予良好的印象
2. 接受請求時	我了解了	給予安心感
3. 需要請對方稍待時，讓對方等待之後	請您稍等一下、讓您久等了	尊重對方的時間
4. 來賓（家長）欲離校時	感謝您、您辛苦了	表達感謝的意思
5. 向來賓（家長）致歉時	實在非常抱歉	表達反省的意思
6. 需要來賓（家長）協助時	不好意思	表達有禮、謙讓的意思

表 9.4.2

學校接待窗口應對家長檢核表

檢核	【自身狀況】
☐	1. 穿著是否乾淨整齊（是否適合學校職場的穿著）
☐	2. 是否給予來校者莊重不隨便的印象
	【應對】
☐	3. 若對方使用不客氣的語氣，在應對的過程中，是否我方也在不知不覺中使用不客氣的言語
☐	4. 在午休時間或下班後，是否不經意的表露出「怎麼會選在午休時間」或「都已經下班了」的態度
☐	5. 是否在應對過程中，與內部人員竊竊私語
☐	6. 是否在對方尚未完全說完就了解其意思時，突然插話，而沒有等對方把話說完

9.4.2 打電話給家長的應對檢核

在該份資料裡，日本茨城縣教育廳福利厚生課（2010）也列出了打電話給家長的應對重點，以及表 9.4.3 的電話應對的重點檢核表，可以供教師在打電話給家長後，自我檢視可以精進之處。

一、電話應對的重點

電話是「學校看不見的溝通窗口」，明確的掌握要領，隨時細心的進行應對，其重點有四：

（一）以正確的姿勢進行應對：家長雖看不到我的姿勢，但仍能感受到我的態度與氣氛。

（二）以平易近人的言語，口齒清晰的回應：電話是完全靠聲音來傳達，用字遣詞要十分注意。

（三）配合對方的步調：每個人都有不相同的說話緩急速度。

（四）記住 5W2H 簡潔的說話：打電話是需要成本的，因此應該簡明扼要和家長說明：（註：目前可打網路電話或運用通訊軟體，不過雖然省了金錢，時間成本還是需要的。）1.Why—為什麼？2.What—是什麼？3.Who—誰？4.When—何時？5.Where—何處？6.How—怎麼？如何？7.How much—多少？

表 9.4.3

電話應對的重點檢核表

檢核	項　　目
☐	1. 儘量不使用專業用語、省略用語。
☐	2. 容易誤會的姓名或地名，以不同方式補充說明。
☐	3. 注意自己的口頭禪。
☐	4. 不要過度使用「喂～」。

檢核	項　　目
☐	5. 不要在他人講電話的同時，發出巨大聲響或噪音。
☐	6. 對於打錯電話的人也要親切應對。
☐	7. 小心謹慎地拿取話筒。
☐	8. 避免忘了說重點而需重打，不講非必要的事情。

9.4.3 親師座談會效果的評估檢核

Walker 與 Dotger（2012）提出「親師會議溝通能力模式」（parent–teacher conferences competences, PTCC model），分為有效的親師會議順序，以及有效的親師會議心理結構，來評估教師召開親師會議的效果，並以時間管理和情緒管理，來管理親師會議。

一、有效的家長會議順序

親師會議在初始階段要：1. 正向開放：教師應立即透過友好的方式向家長打招呼，並以明確親師會議的目標來建立對話的背景。2. 蒐集訊息：教師透過提問和積極傾聽，從家長那裡蒐集相關訊息。3. 分享訊息：教師以家長角度來解釋情況，包括：提供具體訊息和例子，並以家長可以理解的方式進行溝通。而在最後階段時要：4. 達成協議：教師透過提出可能的解決方案，以及儘量採納家長的想法，從而讓行動方案達成一致。5. 正向結束：教師透過正向的方式結束對話，並進一步就如何監控進度和進一步合作達成一致，會議結束時，以友好的方式向家長告別。教師在整個親師會議過程，要做時間管理，並運用權限來管理家長座談會的結構、會議流程，保證效率。

二、有效家長會議的心理結構

　　教師在會議期間要接受父母的情緒，首先識別情緒，適度讓家長發洩情緒，並對父母情緒狀態表達同理心。保持正向的關係，教師透過對家長行為，保持友好和鼓勵，以及對情況表現出興趣和理解來維持正向關係。教師透過管理家長的情緒，並讓談話集中在主題上，來管理家長會議中的心理結構流動。

9.4.4 親師面對面溝通效果的評估規準

　　張民杰（2024a）曾以 Couchenour 與 Chrisman（2011）的研究資料，發展出一份「親師面對面溝通角色扮演規準」如表 9.4.4，分為：1. 服儀、聲音與環境；2. 溝通態度與技巧；3. 溝通內容與目標等三個向度，可作為親師面對面溝通效果評估的規準。

表 9.4.4
親師面對面溝通角色扮演規準

一、服儀、聲音與環境　參考指標：

1. 服裝儀容（含穿著打扮、肢體接觸合宜性等）。
2. 肢體動作（含眼神接觸、臉部表情、手勢、姿勢、姿態）。
3. 聲音（含音量、語調起伏、語速、流暢度、清晰度，避免口頭禪）。
4. 溝通環境的營造（含溝通的時間長短與適當性、空間的溫度、通風、照明，及噪音等干擾之避免、座位安排、茶水提供）。

二、溝通態度與技巧　參考指標：

1. 傾聽技巧：專注行為、開放式引導表達、澄清（鼓勵、釋義）、情感反應、聆聽他人說話態度、個人魅力與自信、臨場機智反應、對信賴度的提升等。
2. 談話技巧：如同理反應技巧、運用正向開始和結束、把改善和建議放在談話中段的三明治策略、把結論講在開頭，再說明過程與事件責任釐清的金字塔策略，或是把人與問題分開、找出雙方利益及背後原因、發想方案選項、找

出可供雙方依循的客觀標準的協商技巧、或運用核心關注，引導思考雙贏策略等。

三、溝通內容與目標　參考指標：

1. 提出有助於問題解決的策略。
2. 達成預定的親師溝通目標。
3. 語言內容符應教育原理與教師信念的程度。

　　以上是親師溝通時，在家長蒞校、打電話給家長、親師座談會、面對面溝通的效果評估準則。但要特別注意的是，教師與家長溝通，不是愈頻繁愈好，而是要有品質。有句話說「多不見得就是好」（More isn't always better.）（Alder, et al., 2013/2016），教師在和家長建立信任關係後，應該跟家長約定離線時間或約定適合聯繫時間，例如：上課時間除非事情緊急，不然不要打電話來；而家長平常上班也很辛苦，教師要避免隨性干擾，約定親師互相比較好的溝通時間，可以讓親師溝通穩定有品質，增進溝通的效果。

本節問題討論或實務演練

Q9.4.1　請運用學校接待窗口應對家長檢核表，觀察其他教師與家長的應對、或自我檢驗過去經歷在校接待家長的應對經驗。

Q9.4.2　請運用電話應對的重點檢核表，自我檢核過去接聽公務電話或與家長電話交談的應對經驗。

Q9.4.3　請運用親師會議效果評估檢核，觀摩一場親師座談會，觀察教師和家長的互動情形，並說明教師是否能做好時間管理、情緒管理，讓談話集中在主題，而達成親師會談的目的。

Q9.4.4　透過真實情境，在課堂上角色扮演，評估演練者能否達成各項面對面溝通的規準？

第 **10** 章

親師合作與親師衝突

　　本章旨在探討親師合作與衝突因應的核心議題。透過研讀本章，讀者將理解親師合作的基本目的與方法，並能有效促進雙方合作以支持學生的學習與成長。再者，將深入探討如何覺察親師衝突的徵兆及預防之道，並提供實用的策略來妥善應對衝突，確保雙方能共同處理可能出現的困難情況。最後，本章將介紹調解或協商等衝突解決方式，以促進良好親師關係的建立與維護。

本章的學習目標

　　研讀本章，可以回答以下問題：

G10.1.1　能夠說明親師合作的目的。
G10.1.2　能了解親師合作的方法。
G10.1.3　能描述親師合作的事項。
G10.2.1　能覺察親師衝突的徵兆，並知道預防之道。
G10.2.2　能妥善因應親師衝突，並與家長共同處理困難事件。
G10.2.3　能了解調解或協商等親師或家長間的衝突解決方式。

10.1 親師合作促進

美國州際教師評量與支持聯盟（Council of Chief State School Officers' Interstate Teacher Assessment and Support Consortium, 2013）制定了一套「教師核心教學標準與學習進展的範例」（Model Core Teaching Standards and Learning Progressions for Teachers 1.0），其中的能力指標提到：「教師能夠和家庭、社區、同儕以及其他專業人員協力合作促進學習者的成長和發展」、「教師應了解整合家庭、學校和社區的範疇，來增進學生的學習」，都說明了教師與家長合作的重要。而如何促進親師合作呢？首先要了解親師合作的目的；再則，熟悉親師合作的方法，並且知道合作的內涵，說明如下：

10.1.1 親師合作目的

在法律基礎上，親師合作目的是維護學生受教權；在專業基礎上，親師應該各以自己的專業成為夥伴，互相合作；在情感基礎上，教師是基於教育愛，而家長是基於對子女的愛，以下從 3 個方面加以討論：

一、合作目的在維護學生受教權

親師合作有其法律基礎。在許多國家和地區，法律明確規定了學生的受教權，如：我國的《教育基本法》第 2 條即明定，並且要求學校和家庭有共同維護達成的責任。這不僅是學校的義務，家長也有責任參與教育過程，以確保學生能夠在安全、尊重的環境中，獲得平等的教育機會。親師合作即應該依照這些法令規定，以防止教育上的疏忽。而法律與政策，也有很多規範家長和教師之間的合作事務，已具體展現法律對親師合作的支持。

二、親師是專業上的合作夥伴

親師合作有其專業基礎。家長和教師各自擁有不同的專業知識和經驗。教師專注於教育和教學方法，家長則對孩子的性格、興趣和家庭環境有深入了解。教師了解學生在校的行為和表現，家長了解孩子在家的行為和表現，雙方的合作可以互補彼此不足，從而提供更加全面的支持和引導，促進學生的全面發展。透過親師合作，雙方的專業，家長和教師可以共同制定適合學生的教育目標和策略，這種協作能確保學校的教育計畫與家庭的期望一致，有助於提高教育效果。中小學 108 課綱制定時，特別明訂：學校應鼓勵家長會成立家長學習社群或親師共學社群，增進親職教養知能，強化親師之間的協同合作，支持學生有效學習與適性發展。

三、教師的教育愛與父母對子女的愛

親師合作也有其情感基礎。教師對學生的教育愛及家長對孩子的父母之愛，是合作的情感基礎。如此加強學生／孩子的安全感及愛與隸屬的需求，使他們在學校和家庭中都感受到關愛和支持，這對學生／孩子的心理健康和學習動機有積極影響。而教師和家長都要以身作則，成為學生／孩子的學習榜樣。教師對學生的是教育愛，公平對待和關懷每位學生，不會因種族、階級、家庭背景、性別而有差別，但可能因為學習狀況、身心障礙、家庭狀況，而給予積極差別待遇；父母對子女的愛，是無條件的愛、保護和照顧孩子、栽培和引導孩子，對孩子犧牲和奉獻，給予孩子激勵與期望，是一種充滿深情的、無私的、持久的愛，就像家庭的功能和有功能的家庭一樣，父母在情感、心理、道德和社會等各個方面支持孩子。這種愛與教師的教育愛相輔相成，共同促進子女的全面發展。

10.1.2 促進親師合作的方法

如何促進親師合作呢？有 2 個創新的構想和倡議，一是透過引導家長詢問適切問題來達成（Santana, et al., 2016）；另一是建議學校成立家長參與承辦單位人員（family engagement officer）（Morgan, 2017）來達成，以下介紹其作法。

一、引導家長詢問適切問題來達成合作

Santana 等人（2016）認為強化學校和家庭夥伴關係的有力策略，可以透過引導家長詢問適切問題來達成。所謂適切問題策略（right question strategy）有 3 個組成：1. 使用問題形成技術（question formulation technique）來詢問問題。2. 運用負責任決策架構（framework for accountable decision making）來詢問決定的問題。3. 父母扮演 3 個角色，分別是支持、督促和提倡。從 Lareau（2011/2021）的研究發現；勞動階級或貧困家庭的父母親，較少論據說理的習慣，如果能夠引導家長適切問題策略，是提升親師溝通和合作有力的方法。詳細說明如下：

（一）問題形成技術

問題形成技術（question formulation technique），有以下 5 個程序：

1. 產生你自己的問題：使用主題或問題焦點來詢問決策的問題，有以下 4 個規則來產生你自己的問題：(1) 盡所能詢問問題。(2) 不要停下來判斷或嘗試回答問題。(3) 準確寫下想到的問題。(4) 改變任何陳述變成問題。

2. 改善你自己的問題：將問題分類為只有對錯或簡單一句話的封閉（closed-ended）問題，和需要加以解釋為什麼、什麼、如何的開放（open-ended）問題。可以了解兩個類型問題有利和有弊的地方，並且兩類問題可以加以轉換。

3. 問題排序：選擇 3 個最重要問題，並思考為何這 3 個問題最重要。

4. 下一步的策略：思考下一個步驟，你仍然需要什麼訊息？你需要實施什麼任務？

5. 反思：學習到什麼？如何使用它？

(二) 負責任決策的架構

負責任決策的架構（framework for accountable decision making），有以下 6 個程序：

1. 定義決策：決策是由 2 個或以上選項中，擇一的過程。

2. 探討負責任決策的 3 項規準：任何影響決策中需要了解的事項，包括：(1) 決策的理由：這是決策基礎。(2) 決策的過程：包括：採取的步驟、地點、影響者。(3) 角色：在決策過程你所扮演的角色。

3. 詢問決策的問題：使用主題或問題焦點來詢問決策的問題，有以下 4 個規則：(1) 盡所能詢問問題。(2) 不要停下來判斷或嘗試回答問題。(3) 準確寫下想到的問題。(4) 改變任何陳述變成問題。

4. 分類問題：將問題分類為只有對錯的封閉（closed-ended）問題和開放（open-ended）問題。

5. 確認問題的理由、過程和角色：如前述負責任決策的 3 個規準。

6. 反思：學習到什麼？如何使用它？

(三) 父母扮演的角色

父母可以扮演支持、督促和提倡 3 個角色：

1. 支持（support）：家長在這個角色，可以有以下作為：(1) 符應兒童的基本健康、營養和情緒需求。(2) 溝通教育的優先性，在家裡營造讓孩子做學校作業的空間和時間。(3) 確保孩子能夠安全地上下學。(4) 代表孩子支持學校和老師的工作。

2. 督促（monitor）：家長在這個角色，可以有以下作為：(1) 追蹤孩子的進步、(2) 注意孩子的需求、(3) 督促孩子的整體學校經驗、(4) 督促孩子學業和社交的學習、(5) 督促學校是否符應孩子需求。

3. 提倡（advocate）：家長在這個角色，可以有以下作為：(1) 代表孩子說出來具體的要求、(2) 作為符應所有孩子需求的提倡者、(3) 處理個別的議題或作為教室、學校、學區層級組織團體的成員（Santana, et al., 2016）。

透過上述策略，家長能夠更有效地參與孩子的教育過程，提升與教師的溝通品質，並在學校決策發揮更積極對話的作用。這不僅有助於解決家庭與學校之間的溝通障礙，也能形成更加緊密和合作的親師夥伴關係，最終有利於孩子的全面發展。然而要如何引導家長詢問適切問題呢？或許教師可以示範，然後家長如果有提問的話，可以將問題歸納，引導家長建設性地提問，提升家長的專業，展現教師是家長合作夥伴的誠意。

二、推動全校性家長參與

學校重視家長參與，主要表現在組織和人員的設置，以及經費預算的編列和籌措。中央與地方主管教育行政機關應該編列預算或籌措經費來辦理家長參與各項活動和事務。由於《家庭教育法》的規定，目前直轄市、縣（市）主管機關教育局處均已設置家庭教育中心，中心可以協助各級學校家長參與的推動。而學校更應該建立全校性家長參與的機制，在校務發展計畫、年度預算和行事曆、分層負責明細表，規範家長參與的推動項目、活動、經費和承辦人員。最後每年度並有評估家長參與辦理成效的機制。

（一）家長參與列入校務發展計畫：在校務發展計畫中納入「社區及家長參與」項目，如此可以在計畫階段就全盤思考全校性家長參與的計畫和活動，並檢視目前各項教育法規的規範，把需要有家長會代表或家長參與事項，有系統和完整的整理出來，並透過研習、工作坊或說明會，讓家長具備參與的知能，以及協助孩子所需要的教育專業知能。如此在制定學校發展方向時，能夠考慮到家庭的支持與需求，從而促進學校和家庭的合作，是學校校務發展務必要列入的重要事項。而擬定校務計畫時，也可以考慮家長代表參與討論。

（二）家長參與活動列入年度預算及行事曆：校務計畫擬定後，可以作為辦理家長參與活動預算編列或經費籌措和排定行事曆的依據。如此才有經費據以辦理各項活動，「巧婦難為無米之炊」，沒有經費，活動就難以為繼，或發揮巧思，在經費少的情況下，也能達到辦理的目的和效果。再則，這些家長參與活動或事項可以列入學校學年度行事曆，逐項逐步實施。家長參與活動列入學校行事曆，有助於各項活動舉辦的時間和功能的邏輯性、事前妥善規劃，各處室和老師們分工合作、全力配合，按部就班實施和完成（鄭來長，2021a）。

（三）家長參與業務設置整合辦理窗口：學校的分層負責明細表，如果是班級層級的家長組織，設置班級代表，是導師需要處理的業務，如果是學校的學生家長會，目前辦理的窗口並未明確，一般由校長指定，在高中是祕書、在國中或國小可能是總務主任、輔導主任或學務主任，因為總務處和編列預算及學校空間規劃有關，輔導室辦理家庭教育或親職教育相關研習或活動，而學務處和學生事務、家庭急難救助有關，也可能籌劃家庭訪視及親師座談會事宜（此項業務也可能在輔導室），各校作法不一，建議至少要有明確整合的辦理窗口，統一事權。

英國的 Morgan（2017）倡議全校性的家長參與，建議學校應該有家長參與的窗口，如此，家長有明確的聯繫對象，而且家長不必把相同訊息重複跟不同的教育人員說明，如此更能夠營造機會和家長建立尊重和信任的關係，而且對話窗口的支持更容易貼近家長的需求。雖然目前各校校內均有家長會的辦公空間，而個別學生家長如果是對班級事務有意見，就會直接反應給導師，然而如果是對學校事務有意見，若並未透過學校學生家長會，就會直接反應給業務單位，然而家長並不一定了解學校業務職掌，如果學校沒有家長參與對應接待窗口，容易造成家長不清楚承辦單位，而各處室互丟皮球的狀況，而造成處理的效率和家長誤解。雖然各校指派的處室可能不同，但讓家長知道有明確的對應接待窗口是必要的。本書第9章提到日本茨城縣教育廳福利厚生課所編製的家長蒞校、打電話的應對檢

核，就是提供接待窗口，作為平常和家長互動時運用（日本茨城縣教育廳福利厚生課，2010）。

尤有進者，學校可以建立家長蒞校的標準作業流程（standard operating procedure, SOP），從校門口警衛登記引導、承辦人員窗口接待、親師會談空間規劃，到相關人員的通知參與，直到家長離校，以協助家長化解不必要的誤解和衝突，也保護學校人員，促進學校和家庭的關係。

（四）檢核與評估學校辦理家長參與成效：學校可以應用本書第 7 章列出的美國親師協會提出的《家庭學校夥伴關係全國標準》及國內學者制定的國小家長參與學校教育指標（鄭來長，2021a），來檢核和評估學校實施家長參與的成效。

10.1.3 促進親師合作的事項

如何促進親師合作，有哪些事項？同樣可以用 Epstein（2001）的學校、家庭與社區 6 種模式來思考，這是親師合作的內涵，而本小節則以合作的層次，包括：學生個人、班級事務、學校與社區、地方與全國教育事務的親師合作來說明。

一、學生個人事務的合作

這一個層次是親師合作最密切的層次，有很多親師合作事項。舉凡家長的教養、與教師的溝通、擔任班級志工、學生在家的學習參與、學生個人或班級事務的決定，班級與社區的合作等都是。在學生個人事務方面，老師透過聯絡簿、電話、LINE 定期或不定期連絡家長，並應主動提供家長教養資源及學生進路輔導等相關訊息，讓家長可以參與孩子的學習和成長。

《國民教育階段家長參與學校教育事務辦法》第 6 條第 1 項規定：

「學校應主動公開下列資訊：1. 學校校務經營計畫。2. 班級或學校年度課程規劃、教學計畫與教學評量方式及標準。3. 學校年度行事曆。4. 學校輔導與管教方式、重要章則及其相關事項。5. 有關學生權益之法令規定、權利救濟途徑等相關資訊。6. 其他有助學生學習之資訊。」第 2 項規定：「家長得請求前項以外與其子女教育有關之資訊，除法令另有規定外，教師或學校不得拒絕」。教師應該依法辦理，讓家長有知悉和參與的機會。

二、班級事務的合作

《國民教育階段家長參與學校教育事務辦法》第 8 條第 1 項：「學校應於每學期開學前 1 週至開學後 3 週內，舉辦家長日，介紹任課教師及學校相關行政人員，並說明有關班級經營計畫、教學計畫、學生學習計畫或其他相關事項。」教師可以在學校安排的家長日前，熟悉家長背景和學生特性與行為表現，在家長日跟家長有初步良好的互動。同法第 6 條第 3 項規定：「每學年開學後 2 週內，班級教師應協助成立班級家長會，並提供其相關資訊。」然而學校導師一般都會在第一學期的家長日選出班級家長代表，因此實際上產生班級家長會會隨著家長日的舉辦才完成。

由於同法第 7 條第 1 項規定：「家長或學校家長會對學校所提供之課程規劃、教學計畫、教學內容、教學方法、教學評量、輔導與管教學生方式、學校教育事務及其他相關事項有不同意見時，得向教師或學校提出意見。」第 2 項規定：「教師或學校於接獲意見時，應主動溝通協調，認為家長意見有理由時，應主動修正或調整；認為無理由時，應提出說明。」班級家長會成立後，上述意見的提出就不僅限於個別家長，班級家長會也可以針對全班情況提出意見，教師也應主動修正或調整，或提出理由說明。然同法第 6 條第 4 項也規定：「前項學生家長資訊之提供，其涉及家長個人資料者，除依相關法令規定辦理外，並應徵得該家長書面同意。」例如：班級家長會代表對於這次段考學生成績有意見，那麼教師應提供其去識別化的統計分析，除非各該家長同意，不得提供其他個別學生的成績

給班級家長會代表。

　　志工服務也是家長參與班級事務的模式之一，教師應該事前有所規劃並提出需求、或考慮家長的意願和專長，於家長日或正式場合，或藉由發送全班的溝通網絡，邀請家長參與。

案例 10.1.1　施老師要不要跟家長合作？

　　施老師是國小五年級的導師，這學期接五年級的級任老師，開學後第三週的家長座談會召開時，全班超過五分之四家長都來開會了，這麼多家長參加，施老師知道除了因為自己寫邀請信誠摯邀請家長外，由於社區在都會地區的商業地段，家長也很重視孩子的學校教育，剛升上國小高年級，更換級任教師和許多科任老師，家長也想到學校熟悉一下。

　　家長座談會舉行將近尾聲時，許多家長會私下留下來跟施老師打個招呼，針對自己的孩子聊個幾句，本次家長會也是。這時班上學生小芳的爸爸也留下來了，小芳是個活潑愛玩的孩子，成績平平，作業也能如期完成，只是相當草率，不像班上許多聰明又肯努力的同學。

　　小芳爸爸跟施老師聊了幾句以後，跟施老師表明自己在大學教書，剛好有個計畫想要研究國小學生的家庭作業，想尋求施老師合作。合作事項就是日常會記錄施老師聯絡簿指派的作業內容，期間會針對發現的情形，訪談施老師，尋求施老師的看法。小芳爸爸也說明研究對象不只有施老師，他還找了其他學校、其他年級的級任老師，希望對國小學生的家庭作業有比較完整的了解。

【問題討論】

1. 如果你是施老師，會答應小芳爸爸參與研究嗎？請你分析要不要參與的因素有哪些？還是會再請小芳爸爸提相關資料來作判斷？
2. 如果你婉拒參與，接下來你會怎麼對小芳爸爸說明？
3. 如果你慨然答應，接下來你會對小芳爸爸提出什麼要求？
4. 本案例是不是親師合作事項呢？

三、學校與社區事務的合作

家長參與學校與社區事務，主要有三大類，以下分別加以敘述：

（一）**學校學生家長會的參與**：《國民教育階段家長參與學校教育事務辦法》第 5 條第 1 項規定：「學校應依法設家長會，每位家長應依相關法令參與家長會」、第 5 條第 2 項：「前項學生家長會得分為班級家長會、家長代表大會及家長委員會。」第 6 條第 3 項規定：「每學年開學 1 個月內，學校應協助成立全校家長代表大會，並提供相關資訊，以協助成立家長委員會。」然而如先前所述，班級家長會於召開家長日後，選出班級家長代表，召開家長代表大會，選出家長委員後才選出會長，因此通常每年 9 月開學，10 月底或 11 月初才會選出家長會長，該年度之學生家長會才算正式成立。

由於同法第 4 條第 6 項規定，家長應該積極參與學校所設家長會，這是家長為維護子女學習權益及協助其正常成長所需擔負之責任，因此政府特別重視學校層級的學生家長會，同法第 5 條第 2 項明定要求主管機關、學校及教師應協助家長成立及參與學校家長會。因此如本書第 5 章及第 8 章所述之各項相關法規，均明定學生家長會代表參與教育事務的權利。以下表 10.1.1 即以臺北市為例，列出家長會代表依據法令規定參與會議一覽表。

表 10.1.1
家長會代表依據法令規定參與會議一覽表

會議名稱	置家長會代表所依據之法令規定（以臺北市為例）
校務會議	國民教育法第 10 條、高級中等教育法第 25 條、臺北市國民中小學校務會議實施要點
教師評審委員會	教師法第 11 條、臺北市高級中等以下學校教師評審委員會設置辦法
課程發展委員會	教育部 12 年國民基本教育課程綱要總綱

會議名稱	置家長會代表所依據之法令規定（以臺北市為例）
學生獎懲委員會	教育部學校訂定教師輔導與管教學生辦法注意事項
學生申訴評議委員會	國民教育法第 46 條、臺北市國民中小學學生申訴處理要點
校長遴選委員會	臺北市國民中小學校長遴選自治條例
教科圖書選用委員會	臺北市國民小學選用教科圖書參考事項
午餐供應委員會	臺北市立國民小學午餐供應執行要點

資料來源：研究者自行整理。另《臺北市中小學校學生家長會設置自治條例》第 8 條第 5 款列有「選派代表參與學校各種依法令必須參與之委員會會議」的概括規定。

　　（二）**學校志工組織的參與**：學校志工目前係依教育部《校外人士協助高級中等以下學校教學或活動注意事項》實施，該注意事項明確規範校外人士資格、協助教學之課程內容及教材規範、遵守相關法規（如《教育基本法》、《性別平等教育法》）及國際人權公約之規定，不得為特定政治團體或宗教信仰從事宣傳或活動，亦不得有商業或為其他利益衝突之行為。如為志願服務者依《志願服務法》規定並提供必要之職能訓練，指定專責單位負責。各校志工應依此注意事項辦理。

　　由於學校志工乃自願提供服務，不收取報酬，服務範疇從協助學校交通導護、圖書管理、校園環境維護及支援教學等，有學校層級，也有班級層級的服務工作。但學校還是應該有志工團體的組織與管理、權利與義務、相關招募和培訓、遵守學校的規範和指導，獎勵與表揚，例如：運用《教育業務志願服務獎勵辦法》獎勵和表揚等。

　　（三）**學校與社區合作的參與**：在 108 課綱推動後，學校與社區合作更為密切，其中包括：社區進入學校，協助課程教學工作或各項資源，如獎助學金的提供等；學校進入社區：包括：學生參與社區活動、服務學

習、鄉土課程、彈性課程等。

四、中央與地方教育事務的合作

　　學生家長參與班級家長會和學校家長會，依《國民教育階段家長參與學校教育事務辦法》第 4 條規定，是家長的責任，但家長得依人民團體法組成不同層級之家長團體，則屬於人民的集會結社權利，是家長權利而非責任。因此中央或地方層級的家長團體是依《人民團體法》組成的，學生家長可依自由意願參加。家長團體的成立本書第 8 章的家長權利，至少包括下列幾項：組織團結權（如：成立臺北市家長會長協會、全國家長會長聯盟、全國家長團體聯盟）、參與決定權（如：依《教育基本法》成立的教育審議委員會的家長會代表）、資訊請求權、倡議遊說權等之行使。

本節問題討論或實務演練

Q10.1.1　何謂直升機家長？這可能是家長在親子教養出現一些現象，請問教師如何協助這類型的家長？

Q10.1.2　引導家長詢問適切問題來達成合作，是蠻有創意的親師合作方法，但不容易做到，除了教師可以自己做引導和示範外，還有沒有其他可行的做法？

Q10.1.3　公立學校透過單位預算獲得經費，但教育經費有限，學校常抓襟見肘，因此需要家長會的捐款，因此學校也有點期望家長會能夠為學校出錢又出力，因此有所謂職務捐，例如：學生家長會長就要固定捐款金額，主管教育行政機關已多次說明此職務捐屬違法不當，你對家長會捐款的看法如何？

Q10.1.4　目前學校的家長會和志工組織都由學生家長會設置的地方自治條例所規範，也就是以學生家長會為主體，有意願者擔任志工，再擴展到社區人士，然而家長會和志工（可能孩子畢

業多年仍擔任志工），成員有些不同之處，因此家長會長和志工組織領導者（例如：志工團團長）會有意見不一致時，學校該如何處理？就曾有學校出現過志工團長改選在前，確定後；家長會長改選在後，確定後，家長會長不同意志工團長人選，如何解決？

10.2 親師衝突因應

衝突（conflict）是必然會發生的，個體在面臨外在事物或生活事件時，就會出現雙趨衝突、雙避衝突和趨避衝突，而親師之間也不例外，必定會有衝突發生，只是我們想讓它能夠幫助孩子／學生的學習和成長，而不是破壞親師生的生活。以下先談談衝突的定義及其功能。

一、衝突的定義

人際衝突（interpersonal conflict）的定義是一方感覺對方對自己關心的事情預估或實際產生不利影響時，隨之出現的過程。這個過程可能發生在資源分配不如預期、目標不一致、價值觀差異、權力與地位爭奪、溝通障礙、角色期望衝突、利益衝突等等。

二、衝突的功能

傳統觀點認為衝突就是功能失調，但是從互動衝突（interactionist view of conflict）的現代觀點，同時有功能性衝突（functional conflict）和失能性衝突（dysfunctional conflict）的存在。前者能夠支持群體的目標和績效，是建設性的衝突；後者破壞群體績效，是破壞性的衝突。

因此衝突可能帶來正面後果（positive consequences），例如：激發

創意與問題解決能力、滿足攻擊需求、可能讓共同經歷的團體更加緊密、可以帶來批判思考，避免從眾而獲得不良決策；但衝突也可能帶來個人、組織和社會的負面後果（negative consequences），例如：長期衝突損害個人生理和心理健康、破壞人際關係，妨礙個人及組織績效、浪費可以用在其他事情的時間和精力、更多考慮個人利益，忽略組織、家庭與社會利益、極端衝突造成經濟和情緒上損失、過多衝突讓人感到精疲力盡。而且現在的衝突，可能起因於過去的衝突，也就是現在的衝突，也埋了未來衝突的原因。

雖說有建設性衝突，但華人社會重視和諧，儘管小衝突難以避免，但能預防衝突就儘量預防，因此張民杰（2015a）的研究，請教育人員填寫層級分析問卷時，對於親師衝突，指標權重較高的還是能判斷容易發生的衝突事件，察覺徵兆，能預防儘量預防，如果衝突發生了，就要妥適因應、化危機為轉機，並採用可以解決衝突的方式。少有教育人員表示要適度引入衝突，來促進組織進步，這種衝突建設性的思考，實際運作起來並不容易。

然而我們也應該用比較平常心來看待衝突，畢竟衝突是必然會發生的，例如：親師觀點不同，意見不一致產生的內在衝突，但這個內在衝突未必會以外顯的語言或行為表達出來。衝突同時會帶正面後果和負面後果，為了維持表面和諧，反而無法獲得衝突的正面後果。因此面對衝突、分析衝突、處理或忽略衝突，是因應衝突的重要內涵。

10.2.1 覺察徵兆

親師衝突的發生，如果在價值觀或教育理念上，比較能產生正向的衝突後果，然而衝突的發生如果是因為違反法律規定、或言語行為有違專業要求，就有改善空間，可以加以預防。

一、判斷容易發生衝突的原因和事件

以下從主觀心理層面、教育事務以及學習生活事件，來說明親師容易發生衝突的原因和事件：

（一）親師主觀心理層面：依據張民杰（2021）歸納1997-2020年間，國內50篇有關親師衝突的論文，發生親師衝突的原因主要有六：1. 親師理念不同；2. 責任歸屬爭議；3. 溝通互動不良；4. 彼此要求不合理；5. 家長對教師沒有信心；6. 親師彼此不相信對方。這六大因素比較屬於心理層面的，是平常親師互動的產物，因此預防之道建立在教師平常的教學和輔導行為，及親師互動的品質。

（二）親師容易衝突的教育事務：包括：課程與教學理念、學生的評量與安置、學生輔導管教、教育中立（張民杰，2021），尤其關係到家長和學生權益的收費、編班、鑑定、安置、作業、或行為要求、評量、獎懲、升學等，都是親師容易發生衝突的教育事務。

（三）親師容易衝突的生活事件：親師衝突不只在教師和家長之間觀點或立場不一致，學生的觀點和立場可能和親師也不一致，學生在追求獨立自主過程，很多學習生活事件，跟老師或家長想法和做法可能也不一樣。這類衝突也可能有親子間的衝突，然後成為親師生衝突的可能。像是：1. 要就讀哪個學校、類組、科系？2. 學生玩社團，以致功課退步了。3. 學生可不可以交男（女）朋友？國小、國中，高中也不同？4. 要不要管學生的交友對象或狀況？5. 要不要吃早餐？6. 要不要早點睡？7. 要不要在意字的筆劃順序？8. 要不要重視字體的工整或漂亮？9. 在校可不可以穿便服？10. 在校可不可以叫外食？等。

二、秉持教育專業、依法行政、民主參與預防衝突發生

對於上述容易發生親師衝突的原因和事件，學校或教師應秉持教育專業，先作整體的規劃，然後在實施前應考慮有無法律依據，依法行政，並

有民主參與的過程，例如：以學校彈性課程、彈性時間或自主學習的規劃為例，學校教師先依照教育專業擬定課程大綱、各單元教材、教學策略、學習評量方法等，再參照 108 課綱的規範，是否符合課綱的規定，然後邀請家長（甚至學生）參與討論、影響決策，然後再據以實施，將可預防後續可能引發的親師衝突。由於事情有輕重緩急，有些情形無法徵詢到家長或學生意見，也可以觀點取替方式，站在家長和學生的觀點和立場，檢視擬定的計畫、課程、方案、措施等各項決定，再做一些調整與修正。很多教育人員對服務學校、社區環境十分熟悉和投入，就能提升敏銳度，找出可能引發家長重視和關切的關鍵和隱藏因素，預防衝突於無形。

案例 10.2.1　都是新冠肺炎惹的禍？

　　小君是七年級學生，寒假期間發生新型冠狀病毒肺炎疫情。開學前，班導陳老師透過班級 LINE 群組傳遞防疫訊息給學生家長，請家長替孩子準備口罩，以及洗手用的肥皂或消毒酒精。

　　開學當天，陳老師告訴學生：「明天開始，要準備兩個口罩，一個上課時配戴，另一個備用喔！」學校學務處衛生組也透過全校廣播……「學務處廣播、學務處廣播，各位同學在領取午餐團膳時，請務必戴好口罩，洗淨雙手才可以打餐，取餐時，嚴禁交談。」

　　開學第二天，生物老師在課堂上說明：「口罩有顏色的外層是防水層，可以防止飛沫或血液噴濺，中間一層有過濾作用，白色的內層則為吸水層，同學可以將不用的口罩拿來做實驗看看。」好奇的小君於是利用下課時間走到教室陽台的洗手台做實驗。當天中午，由於小君沒有準備兩個口罩，唯一的口罩又在實驗的時候弄濕了，因此沒有戴口罩就去取餐，正巧被路過巡查的學務主任發現，當場糾正制止。午休時間，學務主任向陳老師說明此事，並請他務必再次提醒學生避免此種行為。午休結束，陳老師在辦公室大聲訓斥小君，要求他寫行為自述表並拿回家給父母簽名。

　　隔天早自習前，小君媽媽到學校找陳老師，表示無法接受老師的懲處，會再找學務主任和校長溝通。隨即憤怒地離開辦公室，留下十分錯愕的陳老師（修改自陳英杰老師提供的案例，張民杰，2024）。

【問題討論】

1. 如果你是陳老師，當你知道小君沒有戴口罩就去取餐後，你會如何處理？
2. 小君媽媽去跟校長告狀後，如果你是陳老師，接下來，你會如何進行親師溝通呢？

案例 10.2.2　戀愛行不行？

　　升上國中八年級的小美和阿明，互相吸引，成了班對，但是班導林老師禁止同學談戀愛，還公開在班會上說：「偷偷交往的，只要被我抓到，我一定把你們拆散！」

　　平時小美和阿明在學校都小心翼翼，深怕被發現，然而紙包不住火，有一次兩人在校園內手牽手被林老師看見，讓老師非常生氣。

　　林老師認為學生談戀愛會荒廢課業，而且小美和阿明在學校的成績本來就不太理想，考試成績常常在校排倒數幾名。但兩人非常堅持，不願放棄彼此，林老師請雙方家長來到學校談論這件事，沒想到雙方家長都不反對兩人交往，還樂觀其成，林老師堅決認為兩人都違反班規，所以要記警告。

　　阿明不服氣，請爸媽去跟林老師談判，但仍無法改變林老師的決定。許多年後，同學們才知道，原來當時林老師的婚姻狀況不太好，為了處理離婚和孩子監護權的官司，耗盡了許多心力。

　　回想起小美和阿明的班對事件，林老師的怒氣來源除了是擔心學生因為感情受挫而受傷，也是擔心他們的課業會受到影響，再加上自己當時的婚姻狀況，因此影響了對這件事的判斷。

【問題討論】

1. 如果你是林老師，當你知道班上的學生在談戀愛，你會怎麼做？請分別以教育和法律的觀點加以分析。
2. 國中生談戀愛，雙方父母又都支持，身為導師的你會如何處理呢？
3. 導師自己的生活事件也是壓力來源，但老師也是人，很難不受影響，像林老師當時的處境，有什麼資源可以協助她？

10.2.2 妥適因應

衝突的因應策略有五種，包括：合作、順應、逃避、競爭、妥協。這五種因應策略，沒有好壞，只有適合與否的問題，而且每個衝突事件，有可能隨著階段的發展，而有不同策略因應，或順隨著情事發展，要有不同的因應策略（張民杰，2021）。以下以教師應該視家長為合作夥伴，以溝通目標對象學生為主體、先知曉家長的觀點和立場，再讓家長了解教師自己的觀點和立場，共同腦力激盪，思考親師生三贏的解決策略。

一、教師應視家長為合作夥伴，共同面對困難與挑戰

由於教師和家長都是為了學生的健康、安全、學習和行為，期待學生／孩子的學習進步和成長發展，因此應該以合作夥伴來思維衝突的發生，以做餅的概念共同合作來增加學生的受益，而不是分餅的概念，只想把責任撇清。有以下 3 點可以供教師思考如何判斷衝突發生的原因，擬定解決策略並適時調整（張民杰，2015a）：

（一）教師能判斷親師衝突的主要原因。

（二）教師了解原因後，能夠依照衝突事項、原因、溝通對象特性與當時情境判斷，擬定適當的因應策略。

（三）教師能依親師溝通過程的變化，於衝突持續溝通歷程中，調整

因應策略，例如：原爲逃避策略改爲合作策略等，以求目標達成。

二、教師應先了解家長觀點和立場，再表達自己觀點和立場

教師要先傾聽家長和學生的觀點和立場，對衝突事件的想法和看法，表現同理心，換位思考、觀點取替地了解家長爲何會這麼想？爲何想要這麼做？然後教師做個「自持的人」（assertive people），表達具體情況下的需求和感受，讓家長了解，而不是做出咒罵、傷害感情和引起他人反感的言語和行爲。再者，自持的人在面對別人和自己意見不同時，能夠加以澄清，而不是反駁或直斥別人錯誤。如果教師確實存在疏忽的地方，可以承認或致歉，如此可以消除敵對狀態（disarming the opposition），這會比反擊家長更有效。

教師在衝突解決過程，如能表現的溫暖和善解人意，對化解衝突是有幫助，但憤怒則可能有反效果。但解決衝突就是要直接面對衝突，而不是任其發展或掩飾衝突，忽略或掩飾衝突是無法找出解決策略的眞正原因。教師要區辨溫暖和善解人意，以及忽略和掩飾衝突的不同。

三、教師應引導家長共同思考親師生三贏的解決策略

教師可以透過認知重建（cognitive restructuring）和提問（posing question），來重組衝突的情境，也是解決衝突的有效途徑。認知重建的做法，像是尋找情境中的有利因素。提問就是詢問自己一些問題，以找出解決方向，例如：對情境完全理解嗎？對方眞正意圖？對方是生氣、還是擔心焦慮？有遺漏重要訊息嗎？問題關鍵、換位思考，想被如何對待等。透過正視來問題解決（confrontation and problem solving），尋求親師生三贏的解決策略，以下 2 個觀點可以參考（張民杰，2015a）：

（一）教師能運用協商策略共謀親師生三贏的解決方案：能於親師衝突時適時運用協商策略，謀求親師生三贏的解決方案，並能適時結合校內外資源作爲第三者，介入協商的過程，以協助解決問題或衝突。

（二）教師能夠化危機為轉機，促進親師關係正向發展：能積極找出親師衝突的關鍵和隱藏因素，理性堅持教育專業，避免僅以息事寧人或維持表面和諧來因應親師衝突。教師並能運用適度的衝突，理解親師雙方所持的觀點，促進溝通事項的改善和關係的促進，維護學生受教權益。

案例 10.2.3　越區就讀的小明

小明的媽媽是環保局輔導的清潔工，爸爸已經過世了。他有 2 位姊姊，大姊就讀私立大學，二姊就讀私立高職。媽媽因為擔心小明在學區內的國中就讀，下午放學，媽媽未下班，小明會和朋友流連在不當場所、或養成像抽菸等壞習慣，所以堅持透過寄戶口方式，讓小明在母親工作地點附近，但離家很遠的明星國中就讀。

因為是家中唯一的男孩子，因此媽媽很寵小明，曾經花萬把塊幫小明買手機，小明帶手機到學校，曾發生遺失事件，導師未適時處理，媽媽以為有人拿走小明手機，到派出所報案，後來手機出現在講台下，找到了，但警察卻不肯銷案，小明媽媽曾經因此事和學校鬧得不愉快。

由於小明母親因為輪班關係，常常清晨五點出門，無法載送他上學，小明須自行搭公車約 50 分鐘到校。只有放學時，媽媽偶爾早下班，可以用摩托車接送小明回家。因為如此，小明也經常遲到，導師處罰每遲到 5 分鐘，就擦 1 塊地板，但超過 20 分鐘，中午午休到學務處立反省。小明不喜歡擦地板，遲到後就不肯先進教室，超過 20 分鐘後才進教室，寧願午休去站立反省。

小明的學業成績因為這些因素，從中等變為倒數幾名。上課也常打瞌睡，因為太早起或中午未午睡，沒興趣的課就直接趴著睡覺。作業亂寫或未按時完成，也未能融入班上的小團體，班上也沒有較好的朋友。小明喜歡打籃球、打電動，對於喜歡的老師上的課，例如：理化課，會認真聽講並和老師互動。

小明就讀的明星國中是額滿學校，許多父母也會送小孩越區到該校就

讀，同學中不乏這樣的同學。然而小明導師知道小明的家庭狀況後，曾經想說服媽媽不要讓小明這麼辛苦、這麼遠唸書，但小明媽媽表示她有上述的苦衷，導師雖不認同、但也無奈，然而也因此讓小明媽媽感受到導師較不理睬的消極態度（案例修改自：張民杰，2019）。

【問題討論】

1. 如果您繼任為小明的導師，請問接手班級後，您如何後續處理有關小明在課業和行為上的問題？

2. 導師有可能影響媽媽的教養觀念嗎？知道媽媽的觀點和立場後，如何化解親師意見不同的衝突？

10.2.3 調解或和解等衝突解決方式

衝突的解決方式，至少也有以下 5 種。教師需清楚角色定位與界限，以避免角色混淆與衝突複雜化。教師通常扮演調解人或和解人的角色，協助達成家長自願性的協議，但不應越界擔任仲裁人或法官，以確保處理過程的公正性和專業性。

一、衝突解決的五種方式

如果人跟人之間發生衝突，雙方要坐下來解決衝突，甚至有第三者協助，可能會出現以下 5 種情形：判決（judgement）、仲裁（arbitration）、調解（mediate）、談判（bargaining）、協商（negotiation）。判決是指由法院依據法律對訴訟案件做出的最終裁定。判決不服可依法上訴，但具有法律拘束力。仲裁是指當事人將爭議提交給第三方仲裁機構，由仲裁人依據雙方同意的仲裁規則做出裁決，仲裁也有法律拘束力，除非程序有問題，也不能上訴。調解是指第三方中立者（如調解員）協助雙方當事人達成協議的過程。調解結果取決於雙方的自願接受，除非經法院認可，否則

沒有法律效力。談判是指雙方當事人為了達成某種協議而進行的直接對話。談判結果完全取決於雙方的自願性，沒有法律拘束力。協商是比較正式的談判形式，可能涉及多方或代表人參與，亦無法律拘束力。談判或協商如書面化並經法律程序認可，才具法律約束力。

二、親師衝突解決在校常見方式

教師或家長遭遇衝突需要會談時，通常是以談判或協商的方式解決，談判通常不涉及第三者，就是當事人之間的直接對話；協商也通常沒有第三者，而是可能有協商代表，雙方或多方可能各自選定代表人進行討論，但這些代表人不是獨立的第三者。

如果學生們一方惡作劇，導致另一方學生受傷，雙方家長會談要解決傷害或損害賠償問題，那麼學校人員及教師的參與，算是調解人（mediator），是中立的第三者，協助雙方當事人達成自願協議，但不做出強制性的決定，因此教師也要明白告訴雙方家長教師的角色，以免家長有誤解或不當的期待。也因為如此，在學校召開的家長會議，僅在談判、協商、調解的性質，並依法令規定和法定程序實施，學校人員不存在有被當事人共同選定或依據仲裁規則指派的第三者：仲裁人（arbitrator）的角色，更沒有根據法律做出判決的第三者：法官（judge）的角色。

三、教師要清楚角色定位與界限

教師了解上述解決衝突方式的用語和意涵及其法律約束力後，在親師之間或家長間出現衝突雙方會談時，可以讓自己定位更清楚，也因此可以了解自己可以協助之處及要遵循的界線（boundaries）。如果教師自己和家長發生衝突，那麼就有談判和協商兩種解決方式出現；如果是家長之間的衝突，那麼教師只是幫助雙方在互相理解和讓步的基礎上達成自願協議，中立第三方的調解人角色。如果更積極一些，教師也可以更主動地幫助當事人找到一些具體解決方案，供雙方考慮的和解人（conciliator）角

色。

　　教師絕對不可以越俎代庖，擔任仲裁人或法官角色，除依法令規定、行政程序處理之外，不可以自居法官、仲裁者或決定者角色，才不會讓衝突事件變得更複雜，也不會讓自己「公親變事主」，徒增困擾。也因為如此，教師在調解或和解家長間的衝突時，如有家長表明要提告或上法院解決，教師也要保持中立態度，尊重家長申訴、訴願、或行政訴訟，民事、刑事案件處理的權益。教師遵守界限有助於避免角色混淆，確保處理過程的公正性和專業性。

　　而教師在處理家長和孩子間的親子衝突，同樣要遵守自己的界線，如同本書第 2 章提到的家庭系統理論，教師要讓親子自己處理解決，不要涉入三角關係，因為教師涉入，可能反而使事情更加複雜，不易處理。

案例 10.2.4　　好玩還是霸凌？

　　小明是國中七年級學生，因為越區就讀，所以班上比較沒有要好的朋友，不像小華、大雄和小夫是國小同學，升上國中後成為班上的小團體。有天上課，小華和大雄假裝吵架，拿粉筆丟小明，小明認為他是故意的，就說：「你幹嘛丟我」，小華說是不小心的，可是小明認為怎麼有人不小心，但丟粉筆時是整個頭和身體都轉過來，分明是故意的，小明很不高興，就大力推了小華一把，小華當時沒說什麼。

　　隔天，小華的好朋友小夫跟小明講有人找他，小明就跟著去教室後棟空地，小夫要小明和小華談，但兩人就昨天丟粉筆和推人事件吵來吵去，沒有結果，小夫就出手先脫了小明褲子，小明本來想穿上去，不理小夫，後來又發生爭吵，結果小夫就推了小明一下，等小夫再一次要推小明時，小明就動手打小夫，小華、小夫、大雄就合手打小明，雙方打得鼻青臉腫（案例修改自：張民杰，2019）。

【角色扮演】

　　導師在了解事情的來龍去脈，研擬相關處理措施後，請進行以下角色扮演、模擬演練？

1. 導師打電話請小明的媽媽到學校當面談。
2. 導師打電話請小夫的爸爸（或媽媽）到學校當面談。
3. 導師和小明的媽媽在學校當面談。
4. 導師和小夫的爸爸（或媽媽）在學校當面談。

案例 10.2.5　　事情的發展怎麼會這樣？

　　阿和是國中導師，平時除了認真教學之外，也很用心的輔導學生。班上小華功課平平，但常常在班上出現上課睡覺、和同學嬉鬧，不寫家庭作業等問題，由於小華家是單親家庭，媽媽因為家中經濟，忙於工作，常常無法在家陪伴小華，也因此阿和常常私下找小華面談，關心他的課業和行為，期待他的行為和學業有更正向的發展，而阿和與小華媽媽之間除聯絡簿外，也打電話溝通過幾次，媽媽的態度聽起來蠻配合老師的，願意共同來協助處理小華發生的人際關係和課業問題，讓小華成績進步。從上可見，阿和導師平常在小華身上及親師溝通上，投入不少時間和精力。

　　有次阿和聽到班上同學談論小華上週要媽媽坐高鐵南下到臺南買丹丹漢堡，還限定時間哩！阿和聽了感覺豈有此理，找來小華詢問，小華起初是不理會阿和老師，後來承認此事，此時阿和導師很生氣，罵了小華怎麼可以這樣對待媽媽。小華一副桀傲不遜的樣子，也不想多講，甚至掉頭不想理睬老師。這時阿和更生氣了，過程兩人有點爭執，老師好像動手揮到小華的臉頰。隔天，小華的媽媽告老師阿和體罰學生，這件事情讓阿和很錯愕，事情的發展怎麼會這樣呢？

　　原來，媽媽答應過小華很多事情，結果都因為工作忙碌或其他因素，爽約了，讓小華非常不高興。最近一次，媽媽提議要帶小華到遊樂園玩，然而小華有鑑於先前經驗，不以為然，媽媽就說這次一定沒問題，如

果沒做到，就到臺南買小華愛吃的丹丹漢堡作爲補償，小華勉爲其難的相信答應了，結果當天媽媽又因爲臨時有事，遊樂園沒去成，小華生氣的不跟媽媽說話了，媽媽只好當天坐高鐵從臺北到臺南買丹丹漢堡賠罪。（案例修改自：課堂徵集來賓分享）。

【問題討論】

1. 導師平常的教學和輔導十分投入，發生這件事讓他心灰意冷，事情發展怎麼會這樣呢？如果你是阿和，如何自省？後續又該如何處理？
2. 老師經常要解決很多問題，除了學校課務的問題之外，學生也會發生問題，常常因而疲於奔命，處理不完。因此只要問題一發生，常常想要快速把它解決，然而從發現問題到解決問題之間，是不是還有其他步驟或程序呢？

本節問題討論或實務演練

Q10.2.1 請以自身經歷分享親師生衝突事件，是怎樣的事件？發生衝突的原因、因應策略，後果如何呢？

Q10.2.2 何謂怪獸家長？這些家長的參與可能有太過或不及的情形，教師應如何因應這類型的家長？

Q10.2.3 本書中有不少理論，請問有哪些理論也可以運用來解決親師衝突？

Q10.2.4 學校或教師違反法律規定所造成的親師衝突，是最不容易妥適因應的，本書中提到教師有體罰之虞，就不容易解決。還有哪些可能涉及違法，教師應該要避免哪些言行？

Q10.2.5 目前中小學已依《高級中等以下學校教師解聘不續聘停聘或資遣辦法》規定，針對校園事件之檢舉、通報及受理，設置校事會議。請訪談有經驗之委員，在不涉及個人隱私的情況下，了解有無親師衝突所引起之事件，預防及處理之道。

Q10.2.6 請搜尋法院判例，找出親師衝突導致訴訟事件，請簡要摘述案發事實、判決結果。

參考文獻

一、中文部分

王以仁（2014）。**親職教育：有效的親子互動與溝通**。心理。

王永慈（2005）。台灣的貧窮問題：相關研究的檢視。**臺大社會工作學刊，10**，1-54。doi:10.6171/ntuswr2005.10.01

王明仁、周虹君（2011）。臺灣民間對貧困兒童的救助措施發展與轉變—以財團法人臺灣兒童暨家庭扶助基金會為例。**社區發展季刊，134**，414-427。

王舒芸、余漢儀（1997）。奶爸難為—雙薪家庭之父職角色初探。**婦女與兩性學刊，8**，115-149。

王夢萍（2007）。**父母是孩子的第一任老師**。知青頻道。

王叢桂（2000）。促進參與父職因素的探討。**應用心理研究，6**，131-171。

白雲霞（2024）。運用成就情緒理論提升學生對數學家庭作業的正向情緒。載於楊凱琳主編，**開發數學腦—情投意合的教與學**（頁 3-26）。高等教育。

江雪齡（2014）。貧富懸殊與學業成就差距。**師友月刊，561**，38-42。doi:10.6437/EM.201403_(561).0009

行政院主計總處（2010）。人口及住宅普查。http://ebas1.ebas.gov.tw/phc2010/chinese/51/a1.pdf

佘豐賜（2011）。**台南縣市國民小學家長參與學校事務及其相關問題之研究**（未出版碩士論文）。臺南師範學院教師在職進修學校行政碩士班。

沈姍姍（2006）。貧窮與教育關係之探討：兼論我國相關之教育政策。**教育研究與發展期刊，2**(3)，35-62。

沈瓊桃（2017）。離婚過後、親職仍在：建構判決離婚親職教育方案的模式初探。**臺大社工學刊，35**，93-136。

李宜玫（2019）。心理與社會發展。載於陳慧娟、張民杰、李宜玫、林志哲編著：**教育心理學**（頁 64-91）。國立空中大學。

李柏佳（2009）。家長參與學校教育權利之探討—以國民教育階段為例，**學校行政，60**，140-168。

李郁強、趙俊祥（2019）。從家內兒少受虐事件探討教育人員通報義務。**國會季刊，47**(1)，90-126。

李孟潮（2015）。中文版推薦序二。載於 Zoja, L. (2015)。**父權**（張敏、王錦霞、

米衛文譯）。世界圖書。（原著出版於 2000 年）

沈天勇（2009）。**以優勢觀點探討隔代教養青少年家庭之祖孫互動—以臺北市某國中為例**（未出版之碩士論文）。輔仁大學碩士論文，新北市。

林礽麟（1981）。怎樣做家庭訪問。**師友月刊，170**，29-31。

林尚俞（2003）。**桃園縣國民小學家庭作業實施現況之研究**，國立新竹教育大學國民教育研究所碩士論文，未出版，新竹市。

林佩璇（2023）。合作學習：文化回應教學的視角。**台灣教育研究期刊，4**(6)，1-23。

林雅萍、林惠雅（2009）。父母共親職互動歷程的面貌。**本土心理學，32**，41-97。

邱珍琬（2010）。國中生在隔代教養下的家庭教育。**家庭教育與諮商學刊，8**，33-66。http://dx.doi.org/10.6472/JFEC.201006.0033

邱珍琬（2013）。教養親職教育實際—一個跨年研究：探看教養內容與挑戰。**彰化師大教育學報，23**，63-84。

邱淑惠（2019）。**修復關係，成為更好的自己：Bowen 家庭系統理論與案例詮釋**。商周。

吳佳蓉、張德勝（2003）。隔代教養學生與非隔代教養學生學校生活適應之比較。**花蓮師院學報（教育類），16**，109-133。

吳清山（2013）。**培養教師核心能力**。檢索自 http://epaper.naer.edu.tw/index.php?edm_no=27&content_no=686

吳璧如（2022）。高中學生家長的教育參與：概念、理論與研究。**教育研究月刊，335**，004-022。10.53106/168063602022030335001

吳璧如（2000）。男性家長參與學校教育之實徵分析。**臺灣教育社會學研究，4**(2)，71-112。

吳黛宜（2003）。**已婚男性父職態度與實踐之研究—以台北市為例**（未出版之碩士論文）。國立臺灣師範大學人類發展與家庭研究所。

胡志偉（2023）。第一章緒論：心理科學發展簡史、研究取向與學術內涵，載於梁庚辰、周泰立主編，**心理學：身體、心靈與文化的整合（第二版）**（頁 403-444）。國立臺灣大學出版中心。

施宜煌（2017）。師資培育應培養師資生哪些核心能力？臺灣當前中小學教育場景的探思。**長庚科技學刊，26**，73-87。DOI：10.6192/CGUST.2017.6.26.9

袁了凡著、李亦安編（2018）。**了凡四訓：白話插圖版（明代）**。臺灣崇賢館文創。

許晉彰、盧玉雯編著（2009）。**台灣俗語諺語辭典**。五南。

許裕呈（1999）。家庭訪問妙用多。**師友月刊，385**，84-86。

許嘉家、林姿論、盧玟伶（2007）。我國隔代教養的現況及學校的因應策略：參以美國隔代教養方案。**學校行政，47**，335-347. http://dx.doi.org/10.6423/HHHC.200701.03352007/0

陳之華（2008）。**沒有資優班，珍視每個孩子的芬蘭教育**。木馬文化。

陳之華（2009）。**每個孩子都是第一名：芬蘭教育給台灣父母的 45 堂必修課**。天下文化。

陳之華（2010）。**成就每一個孩子：從芬蘭到台北，陳之華的教育觀察筆記**。親子天下。

陳秀如（2001）。**國小學生父親參與子女生活及學習相關活動之研究**（未出版之碩士論文）。靜宜大學青少年兒童福利研究所。

陳昭伶、陳嘉珩、白秀玲、梁嘉惠、廖淑台、鄭翠娟（2015）。**親職教育：從家庭、學校和社區關係探討**（第 3 版）。華騰文化。

陳翠臻（2009）。原鄉地區之隔代教養分析—以花蓮縣光復鄉爲例。**台灣原住民研究季刊，2**(2)，137-161。

陳雅玲（2006）。貧窮如何影響兒童。**教育研究月刊，146**，87-101。

陳慧娟（2019）。行爲取向的學習理論與應用。載於陳慧娟、張民杰、李宜玫、林志哲編著：**教育心理學**（頁 127-159）。國立空中大學。

陳燕慧、韓晶彥、陳曉蓉、張文（2014）。隔代教養對老年祖父母健康影響與護理之挑戰。**長庚科技學刊，20**，87-96。

陳曉惠（1999）。**國小學童父親性別角色態度、親職角色與親職教育需求之相關研究**（未出版之碩士論文）。國立高雄師範大學成人教育研究所。

許育典、陳碧玉（2009）。論國家限制侵權的憲法正當性—從虐童談起。**臺北大學法學論叢，69**，1-38。Doi:10.6774/TULR200903.0001

許育典、陳碧玉（2014）。國家公權力介入家庭後的衝突關係：以兒少保護爲核心。**東海大學法學研究，42**，1-52。

許麗芳（2011）。日本江戶時期唐通事教材《養兒子》與《小孩兒》的口語特徵與倫理關懷，**海洋文化學刊，10**，25-52。http://dx.doi.org/10.29473/OCJ.201106.0002 2011/06

郭李宗文、吳佩芳（2011）。原住民隔代教養眞的註定失敗嗎？**幼兒教育，301**，4-24。doi:10.6367/ECE.201104.0004

曾大千、林信志（2013）。中小學家長參與學校教育事務之法制分析。**教育科學期刊，12**(2)，65-81。

教育部師資培育及藝術教育司主編（2020）。**教師協作：教學輔導案例輯**（第 2
集）。五南。

張民杰（2014）。中小學生學習問題的預防與輔導—以家庭作業爲例。**教育研究月
刊，239**，5-17。

張民杰（2015a）。教師親師溝通能力指標及權重體系建構之研究。**教育政策論壇，
18**(3)，141-169。DOI 10.39661156082982015081803005

張民杰（2015b）。通訊軟體 LINE 做爲親師溝通管道之研究，載於中國教育學會主
編，**教育的想像：演化與創新**（頁 311-330）。學富。

張民杰（2017）。**案例法與班級經營之教師專業成長**。高等教育。

張民杰（2019）。**老師，你可以這樣帶班**（2 版 3 刷）。五南。

張民杰（2021）。**班級經營：學說與案例應用**（4 版）。五南。

張民杰（2024a）。以案例教學和角色扮演進行實習生親師溝通增能課程之研究。**大
學教學實務與研究學刊，8**(1)，95-131. DOI：10.6870/JTPRHE.202406_8(1).0004

張民杰（2024b）。教師情緒的自我覺察。**師友雙月刊，646**，15-18。

張民杰、賴光眞（編著）（2017）。**教師協作：教學輔導案例輯**。五南。

張春興（2007）。**教育心理學—三化取向的理論與實踐**（重修 2 版）。東華書局。

張書儀、傅郁涵、謝依妏（2017）。運用優勢觀點探討隔代教養之祖孫關係。**家庭
教育雙月刊，70**，59-66。

張楊（2024）。**我不是媽媽，是家庭 CEO：與其練成鋼鐵身，不如讓家人成爲神隊
友**。幸福文化。

黃永達編著（2005）。**臺灣客家俚諺語語典**。全威創意媒體。

黃迺毓、林如萍、唐先梅、陳芳茹（2001）。**家庭概論**。國立空中大學。

黃淑苓（2001）。**教育夥伴—家長參與學校教育**。偉明。

黃富強、李鳳葵、鄭燕萍（2013）。**家長情緒管理：認知行爲介入法的理論及應用**。
香港城市大學出版社。

彭婉婷（2006）。**撿拾失落的一隅—近身觀看國小家庭作業之面貌**，國立臺北教育
大學國民教育學系碩士論文（未出版）。臺北市。

楊宜靜、楊靜利（2024）。夜市工作者的教養策略與親子關係。**臺灣教育社會學研
究，24**(1)，83-137。

楊正維、劉芝麟（2006）。**動物之謎：智慧王**。新北市：南極熊。

臺北市教育局（2023）。**臺北市 112 學年度高級中等以下學校金融基礎教育融入教
學精進推廣計畫**。https://drive.google.com/file/d/1hnMPrXimrt7rKaFV7zZWpLZ5

jm5t44pD/view

趙麗榮（2018）。**德國媽媽這樣教自律：教出堅強、獨立、寬容、節約好孩子（暢銷慶功版）**。野人文化。

趙玉林（2006）。**俗語智慧**。培育文化。

葉光輝（2023）。第十二章性格，載於梁庚辰、周泰立主編，**心理學：身體、心靈與文化的整合（第二版）**（頁 403-444）。國立臺灣大學出版中心。

葉光輝（2000）。家庭共親職互動文化類型之探討。**中華心理衛生學刊，13**(4)，22-76。

葉重新（2011）。**心理學**（第 4 版）。心理。

劉美慧（2001）。新書評介：文化回應教學：理論、研究與實踐。**課程與教學，4**(4)，143-151。doi:10.6384/CIQ.200110.0143

鄭來長（2015）。美國夥伴關係學校全國網絡（NNPS）對我國學校經營之啟示。**學校行政雙月刊，96**，90-117。

鄭來長（2021a）。**我國國民小學家長參與學校教育指標建構之研究**（未出版博士論文）。國立政治大學教育研究所。

鄭來長（2021b）。家庭訪問的理論與實際，載於吳清基主編（2021）。**教育政策與議題趨勢**（頁 398-428）。五南。

蔡佳宜（2000）。**兒童知覺父親角色涉入之探討**（未出版之碩士論文）。國立彰化師範大學輔導系。

賴歆怡（2012）。國小離婚單親兒童之多元輔導運作模式。**家庭教育雙月刊，37**，54-65。doi:10.6422/JFEB.201205.0054

戴如欣（2020）。**原住民公費教師跨文化適應與文化回應教學經驗之探究**（未出版之碩士論文）。國立臺灣師範大學課程與教學研究所。

薛怡君（2009）。離婚：挑戰、改變及新契機。**諮商與輔導，283**，17-21。doi.org/10.29837/CG.200907.0007

謝文全（2022）。**教育行政學**（7 版 2 刷）。高等教育。

謝志龍（2015）。家庭生命事件與人類動力對於貧窮少年學業表現的影響：以臺灣兒童暨家庭扶助基金會經濟扶助對象為例。**當代教育研究季刊，23**(1)，025-072。

謝志龍（2021）。家長參與學校教育作為文化資本對臺灣國中學生教育成就之影響。**教育與多元文化研究，23**，1-45。

謝明華（2003）。**國小學童之父親參與、幸福感及學業成就之相關研究**（未出版之

碩士論文）。國立彰化師範大學教育研究所。

龍偉編著（2006）。**新編俗語一本通**。漢宇國際文化。

藍佩嘉（2019）。**拚教養：全球化、親職焦慮與不平等童年**。春山出版。

譚光鼎（2010）。**教育社會學**。學富。

Ciwang Teyra、黃炤愷、Lahok Ciwko（2022）。我不夠格嗎？都市原住民青年內外交困的歧視處境。**中華心理衛生學刊，35**(3)，249-274。doi:10.30074/FJMH.202209_35(3).0002

二、相關法規

十二年國民基本教育課程綱要總綱（2014 年制定）。https://edu.law.moe.gov.tw/LawContent.aspx?id=GL002057

公立學校國民小學及國民中學委託私人辦理條例（2021 年修正）。https://law.moj.gov.tw/LawClass/LawAll.aspx?pcode=H0070062

各級學校及幼兒園通報兒童少年保護與家庭暴力及性侵害事件注意事項及處理流程（2013 年修正）。https://edu.law.moe.gov.tw/LawContent.aspx?id=GL000547

民法（2022 年修正）。https://law.moj.gov.tw/LawClass/LawAll.aspx?pcode=B0000001

社會救助法（2015 年修正）。https://law.moj.gov.tw/LawClass/LawAll.aspx?pcode=D0050078

兒童及少年福利與權益保障法（2021 年修正）。https://law.moj.gov.tw/LawClass/LawAll.aspx?pcode=D0050001

性侵害犯罪防治法（2023 年修正）。https://law.moj.gov.tw/LawClass/LawAll.aspx?pcode=D0080079

家庭教育法（2019 年修正）。https://law.moj.gov.tw/LawClass/LawAll.aspx?pcode=H0080050

家庭暴力防治法（2023 年修正）。https://law.moj.gov.tw/LawClass/LawAll.aspx?pcode=D0050071

特殊教育法（2023 年修正）。https://law.moj.gov.tw/LawClass/LawAll.aspx?pcode=H0080027

高級中等以下教育階段非學校型態實驗教育條例（2018 年修正）。https://law.moj.gov.tw/LawClass/LawAll.aspx?pcode=H0070059

高級中等以下學校提供家庭教育諮商或輔導辦法（2020 年修正）。https://law.moj.gov.tw/LawClass/LawAll.aspx?PCODE=H0080059

高級中等學校學生家長會設置辦法（2014 年修正）。https://law.moj.gov.tw/LawClass/LawAll.aspx?pcode=H0000136

高級中等教育法（2023 年修正）。https://law.moj.gov.tw/LawClass/LawAll.aspx?pcode=H0060043

校外人士協助高級中等以下學校教學或活動注意事項（2020 年修正）。https://edu.law.moe.gov.tw/LawContent.aspx?id=GL001994#lawmenu

教師法（2019 年修正）。https://law.moj.gov.tw/LawClass/LawAll.aspx?pcode=H0020040

教育基本法（2013 年修正）。https://law.moj.gov.tw/LawClass/LawAll.aspx?pcode=H0020045

教育部強化國民中小學家庭訪問實施原則（2009 年修正）。

教育業務志願服務獎勵辦法（2016 年修正）。https://edu.law.moe.gov.tw/LawContent.aspx?id=FL008351#lawmenu

國民教育法（2023 年修正）。https://law.moj.gov.tw/LawClass/LawAll.aspx?pcode=H0070001

國民教育階段家長參與學校教育事務辦法（2023 年修正）。https://edu.law.moe.gov.tw/LawContent.aspx?id=FL039743

臺北市中小學校學生家長會設置自治條例（2002 年修正）。https://www.laws.taipei.gov.tw/Law/LawSearch/LawInformation/FL008528

臺北市中小學校學生家長會設置及運作監督準則（2020 年修正）。https://www.laws.taipei.gov.tw/Law/LawSearch/LawArticleContent/FL025520

嘉義縣國民中小學家庭訪問實施原則（2022 年修正）。

學校訂定教師輔導與管教學生辦法注意事項（2024 年修正）。https://edu.law.moe.gov.tw/LawContent.aspx?id=GL002147#lawmenu

學校型態實驗教育實施條例（2018 年修正）。https://law.moj.gov.tw/LawClass/LawAll.aspx?pcode=H0070060

Elementary and Secondary Education Act (2015 revised)。https://www2.ed.gov/documents/essa-act-of-1965.pdf

三、翻譯文獻

吳恩瑛（2012）。**史上最大教養戰爭！「沒意見爸爸」vs.「想太多媽媽」57 個教出好小孩衝突大哉問**（馬毓玲譯）。尖端。（原著出版於 2011 年）

島田洋七（2006）。**佐賀的超級阿嬤**（陳寶蓮譯）。先覺。（原著出版於 1987 年）

Adler, A. (2022)。**自卑與超越：陪你走出生命幽谷；啟發動能的阿德勒勇氣心理學**（吳勇立譯）。時報出版。（原著出版於 1932 年）

Adler, R., Elmhorst, J. M., & Lucas, K.(2016)。人際關係與溝通技巧（袁正綱譯）。美商麥格羅希爾、臺灣東華。（原著出版於 20135 年）

Berger, E. H. & Riojas-Cortez, M. (2022)。**親職教育與親師合作：家庭、學校與社區**（二版）（林妮燕、陳銀螢、郭李宗文、孫麗卿、蔡嫦娟、王淑清、羅育齡譯）。華騰文化。（原著出版於 2019 年）

Berger, E. H. & Riojas-Cortez, M. (2015)。**親職教育與親師合作：家庭、學校與社區**（楊雅惠、張耐、郭李宗文、孫麗卿、梁嘉惠譯）。華騰文化。（原著出版於 2013 年）

Brock, A. & Hundley, H. (2019)。**成長性思維：學習指南**（王素蓮譯）。親子天下。（原著出版於 2016 年）

Chance, Z. (2024)。**影響力是你的超能力：耶魯熱門課程，解鎖人際影響的心理運作，自信開口、聰明談判，讓人一口答應你**（洪慧芳譯）。天下。（原著出版於 2022 年）

Chua, A. (2011)。**虎媽的戰歌**（錢基蓮譯）。天下遠見。（原著出版於 2011 年）

Cuddy, A. (2016)。**姿勢決定你是誰：哈佛心理學家教你用身體語言把自卑變自信**（何玉美譯）。三采。（原著出版於 2016 年）

Cliton, H. R. (2006)。**舉全村之力**（曾桂娥譯）。上海三聯書店。（原著出版於 1996 年）

Coloroso, B. (2003)。**聰慧教養**（楊世凡，陳淑惠譯）。新迪文化。（原著出版於 2001 年）

Covey, S. R. & Covey, S. (2020)。**與成功有約：高效能人士的七個習慣**（30 周年全新增訂版）（顧淑馨譯）。天下文化。（原著出版於 2019 年）

Doucleff, M. (2022)。**自然教養：席捲歐美、破百萬熱潮全新型態教養！涉取千年原民文化智慧，培養高情商、自動自發、抗壓性強的孩子**（連婉婷譯）。商周。（原著出版於 2019 年）

DuBrin, A. J. (2014)。**人際關係：職業發展與個人成功心理學**（第 10 版）（姚翔、陸昌勤等譯）。北京機械工業。（原著出版於 2013 年）。

Dweck, C. S. (2019)。**心態致勝：全新成功心理學**（李芳齡譯）。天下文化。（原著出版於 2017 年）

Filliozat, I. (2022)。**最好的教養，從接受負面情緒開始**（周昭均譯）。遠流。（原著出版於 1999 年）

Fisher, R. & Shapiro, D. (2020)。**哈佛法學院的情緒談判課**（黃佳瑜譯）。商業週刊。（原著出版於 2005 年）

Gestwicki, C. (2015)。**從家庭、學校與社區關係探討－親職教育**（3 版）（陳昭伶、陳嘉珩、白秀玲、梁嘉惠、廖淑台、鄭翠娟譯）。華騰文化。（原著出版於 2015 年）

Gilbert, R. (2021)。**包文家庭系統理論之八大概念：一種思考個人與團體的新方法。**（江文賢、馬康哲、曾素玲譯）。包文理論顧問有限公司。（原著出版於 2018 年）

Gilbert, R. (2014)。**人生與領導的基石概念。**（江文賢、林芝華、許恩婷、林廉峻譯）。台灣婚姻與家庭輔導學會。（原著出版於 2008 年）

Gordon, T. (2015)。**教師效能訓練**（李明霞譯）。中國青年。（原著出版於 2003 年）

Gordon, T. (2012)。**父母效能訓練**（張珍麗、張海琳譯）。新雨。（原著出版於 2000 年）

Gross-Loh, C. (2015)。**教養無國界：芬蘭、瑞典、德國、法國、日本、義大利……的父母，如何教出優秀的孩子？教養要有國際觀，孩子才有競爭力！**（賴盈滿譯）。平安文化。（原著出版於 2013 年）

Harris, J. R. (2019)。**教養的迷思：父母的教養能不能決定孩子的人格發展？**（洪蘭、蘇奕君譯）。商周。（原著出版於 2009 年）

Kaufman, S. B. (2021)。**巔峰心態：需求層次理論的全新演繹，掌握自我實現的致勝關鍵**（張馨方譯）。馬可孛羅。（原著出版於 2020 年）

Kerr, M. E. (2019)。**一個家庭的故事－包文理論入門**（江文賢譯）。包文理論顧問有限公司。（原著出版於 2003 年）

Kohn, A. (2010)。**家庭作業的迷思**（項慧齡譯）。天下雜誌。（原著出版於 2006 年）。

Lareau, A. (2011/2021)。**不平等的童年：拚教養能翻轉階級嗎？**（林佑柔譯）。遠足。（原著出版於 2011 年）

Lewis, O. (2004)。貧窮文化：墨西哥五個家庭一日生活的實錄（丘延亮譯）。巨流。（原著出版於 1975 年）

McEwan, E. K. (2016)。**教師：如何與問題家長相處**（第 2 版）（王濛濛譯）。黑龍江教育。（原著出版於 2005 年）

Nelsen, J. & Gfroerer, K. (2021)。**溫和且堅定的正向教養：班級經營的有效工具，讓孩子在情緒、人際與課業都成功**（楊詠翔譯）。遠流。（原著出版於 2017 年）

Nelsen, J. (2024)。**溫和且堅定的正向教養：阿德勒式教養經典，教出自律、負責、的孩子，賦予孩子解決問題的能力**（初版 19 刷）（葉靈譯）。遠流。（原著出版於 2006 年）

Nelsen, J.& Lott, L. (2017)。**跟阿德勒學正向教養─青少年篇：溫和堅定的父母力，90 個守則，引導孩子放眼未來、邁向獨立**（葉靈譯）。大好書屋 / 日月文化。（原著出版於 2012 年）

Nelsen, J. & Lott, L. (2014)。**十幾歲孩子的正面管教**（尹莉莉譯）。北京聯合出版公司。（原著出版於 2012 年）

Olsen, G. & Fuller, M. L. (2010)。**家庭學校關係：親師合作的成功策略**（杜宜展譯）。學富文化。（原著出版於 2003 年）

Olson, D. H. & Defrain, J. (2006)。**家庭互動**（張資寧譯）。天恩出版。（原著出版於 2000 年）

Putnam, R. D. (2000/2011)。獨自打保齡球：美國社區的衰弱與復興（劉波等譯）。北京大學出版社。（原著出版於 2000 年）

Robbins, S. P. & Judge, T. A. (2016)。**組織行為學**（第 16 版）（孫健敏、王震、李原譯）。中國人民大學出版社。（原著出版於 2010 年）

Rogers, C. R. (2014)。**成為一個人：一個治療者對心理治療的觀點**（宋文里譯）。左岸文化。（原著出版於 1961 年）

Steinsaltz, A. (2015)。**塔木德精要**（朱怡康譯）。啟示。（原著出版於 2015 年）

Turnbull, A., Turnbull, R. Erwin, E. J. Soodak, L. C. & Shogren, K. A. (2013/2011)。**親師合作與家庭支援：由信任與夥伴關係創造雙贏**（王慧婷、陳淑瑜、邱春瑜、葛竹婷、任麗華、鄭雅莉、柯秋雪譯）。華藤。

Verderber, K. S. & Verderber, R. F. (2015)。**人際關係與溝通**（陸洛、周君倚、梁錦泉、陳楓媚、樊學良譯）。前程文化。（原著出版於 2013 年）

Walters, J. & Frei, S. (2010)。**別再說你管不動：教室管理原則與實務**（許恬寧譯）。師德文教。（原著出版於 2007 年）

Zoja, L. (2015)。**父權**（張敏、王錦霞、米衛文譯）。世界圖書。（原著出版於 2000 年）

四、外文部分

日本茨城縣教育廳福利厚生課（2010）。**信頼される学校づくりをめざして**。編者自印。

Adler, A. (2010). *Understanding human nature.*

Arnett, J. J. (2000). Emerging adulthood: A theory of development from the late teens through the twenties. *American Psychologist, 55*(5), 469-480. https://doi.org/10.1037/0003-066X.55.5.469

Arnett, J. J. (2004). *Emerging adulthood: The winding road from the late teens through the twenties.* Oxford University Press.

Auerbach, S. (2010). Beyond coffee with the principal: Toward leadership for authentic school-family partnerships. *Journal of school scholarship, 20*(4), 728-757.

Bennett, S. & Kalish, N. (2006). *The case against homework: How homework is hurting our children and what we can do about it.* New York: Crown Publishers.

Bhavangri, N. P. & Krolikowski, S. (2000). Home-community visits during an era of reform (1870-1920). *Early Childhood Research & Practice, 2*(1), 1-28.

Blacher, J. (1984). Sequential stages of parental adjustment to the birth of a child with handicaps: fact or artifact. *Metal Retardation, 22*(2), 55-68.

Bourdieu, P. (1973). Cultural reproduction and social reproduction. In R. Brown (Ed.), *Knowledge, education, and cultural change.* (pp.71-84). Tavistock.

Bourdieu, P. (1986). The forms of capital. In J. G. Richardson (Ed.), *Handbook of theory and research for the sociology of education.* (pp.241-258). Greenwood Press.

Brek, L. E. (2009). *Child development* (9Ed.), Allyn and Bacon.

Bronfenbrenner, U. (1979). *The ecology of human development: Experiments by nature and design.* Harvard University Press.

Bronfenbrenner, U. (1986). Ecology of the family as a context for human development: Research perspective. *Developmental Psychology, 22*(6), 723-742.

Bronfenbrenner, U. & Ceci, S. J. (1994). Nature-nurture reconceptualized in developmental perspective: Abio-ecological model. *Psychological Review, 101*, 568-586.

Calarco, J. M. (2018). *Negotiating opportunities: How the middle class secures advantages in school.* Oxford University Press.

Chin, J. M.-C., Lin, H.-C. & Chen, C.-W.(2022). Homework and learning achievements: How much homework is enough? *Educational Studies*, *48*(3), 408-423, DOI: 10.1080/03055698.2020.1766423

Coleman, J. S. (1987). Families and schools. *Educational Researcher*, *16*(6), 32-38.

Coleman, J. S. (1990). *Foundations of social theory.* Harvard University Press.

Comer, J. P. (1995). *School power: Implication of an intervention project.* Free Press.

Cooper, H. (1989). Synthesis of research on homework. *Educational Leadership*, *47*(3), 85-91.

Cooper, H. (1994). *The battle over homework: An administrator's guide to setting sound and effective policies.* Corwin Press.

Cooper, H. (2007). *The battle over homework: Common ground for administrators, teachers, and parents.* Corwin Press.

Couchenour, D. & Chrisman, K. (2011). *Families, schools, and communities: Together for young children.* (4th ed.), Wadsworth, Cengage Learning.

Council of Chief State School Officer's Interstate Teacher Assessment and Support Consortium (2013). *Model Core Teaching Standards and Learning Progressions for Teachers 1.0.* http://www.ccsso.org/Documents/2013/2013_INTASC_Learning_ Progressions_for_Teachers.pdf.

Covey, R. S. (1989). *The seven habits of highly effective people.* Simon & Schuster.

Cowen, G., Bobby, K., St. Roseman, P. & Echandia, A. (2002). Evaluation Report: The home visit project. (ERIC document reproduction service No. ED 466018)

Dale, N. (1996). *Working with families of children with special needs: Partnership and practice.* Routledge.

Dickinson, E. E. (2016). *Coleman Report set the standard for the study of public education.* https://hub.jhu.edu/magazine/2016/winter/coleman-report-public-education/

Duenas, E.(2014). *Can teachers visiting students at home change education?* Retrieved from http://www.care2.com/causes/can-teachers-visiting-students-at-home-change-education.html

Dweck, C. S. (2007). *Mindset: The new psychology of success.* BALLANTINE. http://www.care2.com/causes/can-teachers-visiting-students-at-home-change-education.html

Elder, G. H., Jr. (1974). *Children of the great depression: Social change in the life experience.* University of Chicago Press.

Epstein, J. L. (2001). *School, family, and community partnerships: Preparing educators and improving schools.* Westview Press.

Epstein, J. L., & Voorhis, F. L. V. (2001). More Than Minutes: Teachers' Roles in Designing Homework. *Educational Psychologist, 36*(3), 181-193.

Esteban-Guitart, M. & Moll, L. C. (2014). Funds of identity: A new concept based on the funds of knowledge approach. *Culture and Psychology, 20*(1), 31-48. https://doi. org/10.1177/1354067X13515934

Ferlazzo, L. (2011). Involvement or engagement? *Educational Leadership, 68*(8), 10-14.

Flynn, G. (2007). Increasing parental involvement in our schools: The need to overcome obstacles, promote critical behaviors, and provide teacher training. *Journal of College Teaching & Learning, 4*(2), 23-30.

Froiland, J. M. (2021). A comprehensive model of preschool through high school parent involvement with emphasis on the psychological facets. *School Psychology International, 42*(2), 103-131.

Fuller, M. L. (2008). Poverty: The enemy of children and families. In Olsen, G. & Fuller, M. L. (Eds.). *Home-school relations: working successfully with parents and families* (3rd), 271-286. Pearson/Allyn and Bacon.

Gestwicki, C. (2010). *Home, school & community* (7th ed). Wadsworth.

Gless, J. & Braron, W. (1988). Formative assessment materials, communicating with parents, In Moir, E. (Ed.), *The new teacher center formative assessment system.* New Teacher Center of University of California.

Gomby, D. (2005). *Home visitation in 2005: Outcomes for children and parents. Invest in kids working group.* Center of Economic Development.

Graff, C. S. (2017). Home Visits. http://www.edutopia.org/article/home-visit-cristina-Santamaria-Graff.

Greenwood, G. E. & Hickman, C. W. (1991). Research and practice in parent involvement: Implications for teacher education. *The Elementary School Journal, 91*(3), 279-288.

Grolnick, W. S. & Slowiaczek, M. L. (1994). Parent's involvement in children's schooling: A multidimensional conceptualization and motivational model. *Child*

Development, 65, 237-252.

Hanhan, S. F. (2008). Parent-teacher communication: Who's talking? In G. Olsen & M. L. Fuller (Eds.), *Home-school relations: Working successfully with parents and families* (3rd ed.) (pp. 104-126). Pearson.

Harris, A. (2009). *Do parents know they matter? Raising achievement through parental engagement.* Continuum International Publishing Group.

Hayslip, B., Fruhauf, C. A. and Dolbin-MacNab, M. L.(2019). Grandparents raising grandchildren: What have we learned over the past decade? *Gerontologist, 59*(3), e152–e163.doi:10.1093/geront/gnx106

Hennon, C. B., Olsen, G. & Palm, G. (2008). Fatherhood, society, and school. In Olsen, G. & Fuller, M. L. (Eds.). *Home-school relations: working successfully with parents and families* (3rd) (286-324). Pearson/Allyn and Bacon.

Hill, N. E. & Taylor, L. C. (2004). Parental school involvement and children's academic achievement- Pragmatics and issues. *Current Direction in Psychological Science, 13*(4), 161-164.

Ho, E. S. (2009). Educational leadership for parent involvement in an Asia context: Insights from Bourdieu's theory of practice. *The School Community Journal, 19*(2), 101-122.

Ho, H.-Z., Yeh, K.-H., Wu, C.-W., Tran, C. N. & Chen, W.-W. (2012). Father involvement in students' education in Taiwan. In Ho, H.-Z. and Hiatt-Michael, D. B. (Eds). *Promising practices for fathers' involvement in children's education.* Information Age Publishing, Inc..

Hoover-Dempsy, K. & Sandler, H. M. (1995). Parental involvement in children's education: Why does it make a difference? *Teacher College Record, 97*(2), 310-331.

Hoover-Dempsy, K. V., Walker, J. M. T., Sandler, H. M., Whetsel, D., Green, C. L., Wilkins, A. S. & Closson, K. (2005). Why do parents become involved? Research findings and implications. *Elementary School Journal, 106*(2), 105-130.

Hornby, G. (2011). *Parent involvement in childhood education: Building effective school-family partnership.* Springer.

Jensen, D. A. (2006). Using newsletters to create home-school connections. *The Reading Teacher, 60*(2), 186-190.

Jiles, T. (2015). Knock, knock, may I come in ?An integrative perspective on professional development concerns for home visits conducted by teachers. *Contemporary Issues in Early Childhood, 16*(1), 84-87.

Kohn, A. (2006). *The homework myth: Why our kids get too much of a bad thing. Cambridge.* Da Capo Press.

Kottke, S. (2019). *Core teaching practices congress.* Michigan Department of Education.

Kralovec, E. & Buell, J. (2000). The end of homework: How homework disrupts families, overburdens children, and limits learning. Boston: Beacon Press.

Lamont, M. & Lareau, A. (1986). Cultural capital: Allusions, gaps and glissandos in recent theoretical developments. *Sociological Theory, 6,* 153-168.

Lee, J. & Bowen, N. (2006). Parent involvement, cultural capital and the achievement gap among elementary school children. *American Educational Research Journal, 43*(2), 193-218.

Lim, S.-Y. (2008). Parent involvement in education. In Olsen, G. & Fuller, M. L. (Eds.). *Home-school relations: working successfully with parents and families* (3rd) (127-150). Pearson/Allyn and Bacon.

Lin, M. & Bates, A. B. (2010). Home visits: How do they affect teachers' beliefs about teaching and diversity？ *Early Childhood Education Journal, 38*(3), 179-185.

Lucas, M. A. (2017). *Bridging the gap between schools and families through teacher home visits (unpublished dissertation).* Lindenwood University, School of Education.

Manning, M. L.& Bucher K. T. (2017). *Classroom management: models, applications, and cases* (3rd). Upper Saddle River, N.J.: Pearson /Merrill Prentice Hall.

Marsiglio, W. & Roy, K. (2012). *Nurturing dads: Social initiatives for contemporary fatherhood.* Russell Sage Foundation.

Martin-Raugh, M. P., Reese, C. M., Tannenbaum, R. J., Steinberg, J. H., & Xu, J. (2016). *Investigating the relevance and importance of high-leverage practices for beginning elementary school teachers* (Research Memorandum No. RM-16-11). Educational Testing Service.

Marxen, C. & Fuller, M. L. (2008). Families and their functions-Past and present. In Olsen, G. & Fuller, M. L. (Eds.). *Home-school relations: working successfully with parents and families* (3rd)(13-40). Pearson/Allyn and Bacon.

Marzano , R. J.& Pickering, D. J. and Pollock, J. E. (2001). *Classroom instruction that* works: Research based strategies for increasing student achievement. Pearson.

McLeskey, J., Barringer, M-D., Billingsley, B., Brownell, M., Jackson, D., Kennedy, M., Lewis, T., Maheady, L., Rodriguez, J., Scheeler, M. C., Winn, J., & Ziegler, D. (2017). High-leverage practices in special education. Arlington, VA: Council for Exceptional Children & CEEDAR Center.

Mcleskey, J., Billingsley, B., & Ziegler, D. (2018). Using high-leverage practices in teacher preparation to reduce the research-to-practice gap in inclusive settings. Australasian Journal of Special and Inclusive Education, 42(1), 1-14. doi:10.1017/jsi.2018.3

Meyer, J. A., Mann, M. B., and Becker, J. (2006). Teachers' perceptions of the benefits of home visits for early elementary children, Early Childhood Education, 34(1): 93-97. DOI 10.1007/s10643-011-046-1.

Meyer, J. A., Mann, M. B., and Becker, J. (2011). A five-year follow-up: Teachers' perceptions of the benefits of home visits for early elementary children, Early Childhood Education, 39: 191-196. DOI 10.1007/s10643-011-046-1.

Miller, T. (2011). Making sense of fatherhood: Gender, caring and work. Cambridge University Press. https://doi.org/10.1017/CBO9780511778186

Moll, L., Amanti, C., Neff, D. & Gonzalez, N. (1992). Funds of knowledge for teaching: Using a qualitative approach to connect homes and classrooms. Theory into Practice, 31(2), 132-141.

Moll, L., C., & Greenberg, J. (1990). Creating zones of possibilities: Combing social contexts for instruction. In C. Moll (Ed.), Vygotsky and education (pp.319-348). Cambridge University Press.

Morgan, N. S. (2017). Engaging families in schools: Practical strategies to improve parental involvement. Routledge.

National Education Association (2003). Help your student get the most out of homework. https://www.sanchezclass.com/homework-mostout.htm

National PTA (2021). National standards for family-school partnership. http://www.pta.org/files/National_Standards.pdf.

Nelson, J. (2006). Positive discipline: The classic guide to helping children develop self-discipline responsibility, cooperation, and problem-solving skills. Ballantine Books.

Olender, R. A., Elias, J., & Mastroleo, R. D. (2010). The school-home connection:

Forging positive relationships with parents. Corwin Press.

Parent Teacher Home Visits Project, PTHVP (2022). The Five Non-Negotiable Core Practices. https://pthvp.org/pthv-model-2/five-non-negotiables/

Pleck, J. H. (2010). Paternal involvement: Revised conceptualization and theoretical linkages with child outcomes. In M. E. Lamb (Ed.), *The Role of the Father in Child Development* (5th ed., pp. 58-93). Wiley.

Poole, A. (2017). I want to be a furious leopard with magical wings and super power: Developing an ethico-interpretive framework for detecting Chinese students' funds of identity. *Cogent Education, 4*:1316915 https://doi.org/10.1080/233118 6X.2017.1316915

Poulter, S. B. (2004). F*ather your son: How to become the father you always wanted to be.* McGraw-Hill.

Putnam, R. D. (2000). *Bowling alone: The collapse and revival of American community. Simon and Schuster.* http://dx.doi.org/10.1145/358916.361990

Robbins, S. P., & Judge, T. A. (2022). *Organizational behavior* (18th). Pearson.

Ryan, W. (1976). *Blaming the victim* (revised, update edition). Vintage.

Santana, L., Rothstein, D. and Bain, A. (2016). *Parenting with parents to ask the right question: A powerful strategy for strengthening school-family partnerships.* ASCD

Schultz, T. W. (1963). *The economic value of education.* Cambridge University Press.

Seligman, M. (1991). *The family with a handicapped child.* Allyn and Bacon.

Soule, N. E. & Curtis, H. L. (2021). High school home visits: Parent-teacher relationships and student success. *School Community Journal, 31*(2), Available at http://www.schoolcommunitynetwork.org/SCJ.aspx

Sunim, H. (2018). *The things you can see only when you slow down: How to be calm in a busy world* (translated by Chi-Young Kim and Haemin Sunim). Penguin Life.

Swick, K., & Williams, R. (2006). An analysis of bronfenbrenner's bio-ecological perspective for early children educators: Implications for working with families experiences stress. *Early Childhood Education Journal, 33*(5), 371-378.

Swap, S. M. (1993). *Development home-school partnerships.* Teachers College Press.

Vatterott, C. (2009). *Rethinking homework: Best practices that support diverse needs.* Alexandria, Virginia: Association for Supervision and Curriculum Development.

Vinovskis, M. (2022). Federal compensatory education policies from Lyndon B. Johnson to Barack H. Obama. *History of Education Quarterly, 62*(3), 243-267. doi:10.1017/heq.2022.21.

Waldbart, A., Meyers, B. & Meyers, J. (2006). Invitation to families in an early literacy support program, *International Reading Association, 59*, 774-783.

Walker, J. M. T., & Dotger, B. H. (2012). Because wisdom can't be told: Using comparison of simulated parent-teacher conferences to assess teacher candidates' readiness for family-school partnership. *Journal of Teacher Education, 63*(1), 62-75.

Waters, M. S. (2001). *The home visits program at an elementary school in California: A summative evaluation.* ED 471700

Whitaker, T. & Fiore, D. J. (2016). *Dealing with Difficult Parents* (2nd Ed.). Routledge.

White, E., DeBoer, M., and Scharf, R. J. (2019). Associations between household chores and childhood self-competency. *Journal of Developmental & Behavioral Pediatrics, 40*(3), 176-182. doi:10.1097/DBP.0000000000000637.

Williams, T. T. & Sanchez, B. (2011). Identifying and decreasing barriers to parent involvement for inner-city parents. *Youth & Society, 45*(1), 54-74.

Willis, P. (1977). *Learning to labour: How working class kids get working class jobs.* Saxon House.

Yamamoto, Y. & Holloway, S. D. (2010). Parental expectations and children's academic performance in sociocultural context. *Educational Psychology Review, 22*, 189-214.

Yamamoto, Y. & Brinton, M. C. (2010). Cultural capital in East Asian educational systems: The case of Japan. *Journal Sociology of Education, 83*(1), 67-83.

Yamamoto, Y. & Li, J. (2012). What makes a high-quality preschool? Similarities and differences between Chinese immigrant and European American parents' views. *Journal Early Childhood Research Quarterly, 27*(2), 306-315.

Yamamoto, Y., Li, J. & Bempechat, J. (2022). Reconceptualizing parental involvement: A sociocultural model explaining Chinese immigrant parents' school-based and home-based involvement. *Educational Psychologist, 57* (4), 267-280.

Zambrana, R. and Zoppi, I. (2002). Latina students: Translating cultural wealth into social capital to improve academic success. *The Haworth Press, II* (1/2), 33-53.

國家圖書館出版品預行編目(CIP)資料

親職教育與親師合作：家庭與學校夥伴關係／
張民杰著. -- 初版. -- 臺北市：五南圖書
出版股份有限公司, 2025.01
面；　公分
ISBN 978-626-393-908-0(平裝)

1.CST: 親職教育　2.CST: 親子關係
3.CST: 親師關係　4.CST: 家庭與學校

528.2　　　　　　　　113016843

118G

親職教育與親師合作
家庭與學校夥伴關係

作　　者 ― 張民杰

編輯主編 ― 黃文瓊

責任編輯 ― 李敏華

文字校對 ― 許宸瑞

封面設計 ― 封怡彤

出 版 者 ― 五南圖書出版股份有限公司

發 行 人 ― 楊榮川

總 經 理 ― 楊士清

總 編 輯 ― 楊秀麗

地　　　址：106臺北市大安區和平東路二段339號4樓

電　　　話：(02)2705-5066　　傳　真：(02)2706-6100

網　　　址：https://www.wunan.com.tw

電子郵件：wunan@wunan.com.tw

劃撥帳號：01068953

戶　　　名：五南圖書出版股份有限公司

法律顧問　林勝安律師

出版日期　2025年1月初版一刷

定　　　價　新臺幣420元

經典永恆・名著常在

五十週年的獻禮——經典名著文庫

五南，五十年了，半個世紀，人生旅程的一大半，走過來了。

思索著，邁向百年的未來歷程，能為知識界、文化學術界作些什麼？

在速食文化的生態下，有什麼值得讓人雋永品味的？

歷代經典・當今名著，經過時間的洗禮，千錘百鍊，流傳至今，光芒耀人；

不僅使我們能領悟前人的智慧，同時也增深加廣我們思考的深度與視野。

我們決心投入巨資，有計畫的系統梳選，成立「經典名著文庫」，

希望收入古今中外思想性的、充滿睿智與獨見的經典、名著。

這是一項理想性的、永續性的巨大出版工程。

不在意讀者的眾寡，只考慮它的學術價值，力求完整展現先哲思想的軌跡；

為知識界開啟一片智慧之窗，營造一座百花綻放的世界文明公園，

任君遨遊、取菁吸蜜、嘉惠學子！